보험계리사

1차 | 한권으로 끝내기

4권 회계원리

SD에듀
(주)시대고시기획

목차

제1편   재무회계

CHAPTER 01	재무회계의 기본이해	3
	제1절 회계 기초이론	3
	제2절 재무회계의 이론체계	12
	실전대비문제	29

CHAPTER 02	자산	35
	제1절 현금 및 현금성자산과 채권채무	35
	제2절 금융자산	41
	제3절 재고자산	47
	제4절 유형자산 및 투자부동산	57
	제5절 무형자산	70
	실전대비문제	77

CHAPTER 03	자본과 부채	101
	제1절 자본	101
	제2절 금융부채와 사채	110
	제3절 충당부채와 퇴직급여	116
	실전대비문제	122

CHAPTER 04	수익 및 기타 회계이론	136
	제1절 수익	136
	제2절 회계변경 및 오류수정	143
	제3절 법인세 및 리스회계	148
	제4절 현금흐름표	154
	제5절 보고기간 후 사건	160
	실전대비문제	162

제2편 원가관리회계

CHAPTER 01   원가회계의 기본이해   **181**

제1절 원가관리회계의 기초이론   **181**

제2절 원가의 흐름 및 원가배분   **186**

제3절 개별원가계산, 종합원가계산 및 결합원가계산   **194**

실전대비문제   **199**

CHAPTER 02   관리회계   **213**

제1절 표준원가계산과 변동원가계산   **213**

제2절 원가추정과 CVP 분석   **218**

제3절 단기의사결정   **221**

제4절 장기적 원가관리   **224**

실전대비문제   **233**

보험계리사 1차

www.**sdedu**.co.kr

제1편

재무회계

CHAPTER 01   재무회계의 기본이해
CHAPTER 02   자산
CHAPTER 03   자본과 부채
CHAPTER 04   수익 및 기타 회계이론

보험계리사 1차

www.sdedu.co.kr

01 재무회계의 기본이해

제1절 회계 기초이론

1. 회계의 기초

(1) 회계의 의의

회계란 정보이용자가 합리적인 의사결정을 할 수 있도록 경제적 정보를 식별하고 측정하여 전달하는 과정이다.

| 경제적 정보 | → | 회계(식별, 측정, 전달) | → | 정보이용자의 합리적인 의사결정 |

> 투자자 : 투자의사결정
> 채권자 : 신용제공에 관한 의사결정
> 경영자 : 관리적 의사결정 및 수탁책임 보고
> 기타이용자 : 정책수립, 노사협상, 연구분석자료 등

(2) 회계의 분류

① 재무회계

재무회계란 회계학의 한 분야로 기업의 재무상태와 경영실적 정보 등을 측정하여 주주, 채권자, 정부 등과 같은 기업의 외부 이해관계자들에게 재무정보를 제공하기 위한 과정이다. 이러한 재무정보는 재무제표의 형태로 정보이용자에게 제공된다.

② 관리회계

관리회계란 경영자의 내부자원관리에 대한 의사결정과 부서 및 개인의 실적평가 등 내부적으로 유용한 정보를 이용하기 위해 회계정보를 구별·측정·분석하는 과정이다. 내부경영자를 위한 정보를 생성한다는 면에서 외부 이해관계자를 위한 정보를 생성하는 재무회계와 구별된다.

(3) 재무정보 및 회계원칙

① 재무정보와 재무보고

재무보고는 특정 기업실체의 경제적 자원 및 이에 관한 청구권과 이들을 변화시키는 경제활동에 관한 정보를 화폐로 측정하여 보고하는 것으로 재무정보의 전달수단이다.

㉠ 재무정보의 수요 : 투자자, 종업원, 대여자, 공급자와 그 밖의 거래채권자, 고객, 정부와 유관기관, 일반대중 등이다.

㉡ 재무정보의 공급 : 기업이 정기적으로 재무제표를 작성하여 공시한다.

② 기업회계기준

재무제표가 모든 정보이용자들에게 공통적으로 유용한 정보를 제공하기 위해서는 모든 외부 이해관계자가 동의할 수 있는 재무제표 작성 및 보고에 대한 원칙이 필요하다. 기업회계기준은 기업이 회계처리를 할 때 준수해야 할 기준으로서 기업회계의 실무에서 관습으로 발달한 것으로부터 일반적으로 공정 타당하다고 인정된 회계원칙(GAAP ; generally accepted accounting principles)을 논리적으로 요약·체계화한 것이다.

현행 기업회계기준은 한국채택국제회계기준, 일반기업회계기준 등이 있다. 관세사 시험은 국제회계기준을 기반으로 하여 우리나라에 적용시킨 한국채택국제회계기준의 범위에서 출제된다.

　㉠ 회계원칙의 특징

> ⓐ 회계실무의 지도원리이다.
> ⓑ 보편타당성을 갖는다.
> ⓒ 이해가능성, 신뢰성, 목적적합성 및 비교가능성을 갖는다.
> ⓓ 회계관습 및 회계절차 등을 체계화한 것이다.

　㉡ 국제회계기준(IFRS)의 특징 : 원칙 중심의 회계기준

> ⓐ 회계기준의 복잡성을 줄이기 위해 예외규정을 지양한다.
> ⓑ 회계기준 내에서 목적과 핵심원칙을 명확하게 기술한다.
> ⓒ 회계기준서 간 일관성을 유지한다.
> ⓓ 개념체계에 근거하여 규정한다.
> ⓔ 규정에 대한 해석은 전문가의 판단에 의존한다.
> ⓕ 지침은 꼭 필요한 경우에 한하여 최소한으로 제공한다.

③ 재무정보의 기능

　㉠ 재무정보는 자본시장에서 정보비대칭으로 인해 존재하는 역선택의 문제를 완화하여 자본이 투자자로부터 기업에게로 원활히 공급될 수 있도록 하는 데 도움을 준다.

　㉡ 재무정보는 자본시장에서 발생할 수 있는 대리인의 기회주의적인 행위인 도덕적 해이라는 문제를 해결하는 데 도움을 준다.

　㉢ 재무정보는 경제실체 간 자원의 이동에 관한 의사결정에 직·간접적으로 영향을 준다.

　㉣ 재무정보는 자본주의 시장경제체제에서 희소한 경제적 자원이 자본시장을 통해 효율적으로 배분되도록 하는 데 도움을 준다.

　㉤ 재무정보는 정부가 효율적이고 적절한 자원배분을 위한 정책을 수립하는 데 도움을 준다.

2. 회계의 순환과정

(1) 회계 순환과정의 의의

회계의 순환과정은 경영자와 정보이용자의 정기적인 정보전달의 순환과정을 말하며, 다음과 같은 순서로 이루어진다.

① 거래의 발생
② 분개 및 전기
③ 수정 전 시산표, 수정분개, 수정 후 시산표
④ 계정의 마감
⑤ 재무제표의 작성

(2) 거래(회계거래)

① 의의

회계거래란 회사의 재무상태인 자산·부채·자본에 증감변동을 주는 사건·상태로서, 일상적 의미의 거래와 일치하지 않는 경우도 있다.

② 회계거래의 구분

회계거래이나 일상적인 거래가 아닌 것	• 도난사건(예 창고에 보관 중이던 상품을 도난당했다) • 자산의 가치감소 • 화재로 인한 손실발생(예 건물이 화재로 소실되었다) • 상품 등의 파손이나 변질 • 건물을 임차계약하고 계약금을 지급 • 주주에게 주식을 배당
일상적인 거래이나 회계거래가 아닌 것	• 상품의 보관 • 각종 계약 • 매입의뢰 • 상품의 매매주문 • 담보물의 예치 또는 예수

(3) 분개

① 분개의 의의

회계거래를 기록하는 것을 분개라고 한다. 분개는 회계거래를 기록하는 방식으로 계정과목을 사용하며, 복식부기 방식으로 이루어진다.

② 부기와 회계기록의 비교

㉠ 부기 : '장부기록'의 약칭으로 기업 재산의 증감 변화를 일정한 원리와 방법에 따라 기록·계산·정리하여 그 증감 원인과 결과를 명백히 밝히는 기술적인 절차이다.

㉡ 회계기록 : 기업의 거래를 통하여 산출된 정보를 기업 내부와 외부의 정보이용자들에게 전달하여 합리적인 의사결정을 할 수 있도록 하는 방법으로 이론적·과학적인 측면이 강하다. 회계는 기업의 거래를 정교하게 기록하는 부기의 한 방법이다.

③ 부기의 방법
　㉠ 단식부기 : 거래의 순서대로 현금이나 재화의 증감변화만을 기록, 계산하는 방법으로 일반적으로 비영리, 소규모 상점에 적용한다.
　㉡ 복식부기 : 일정한 원리, 원칙에 따라 조직적으로 재화의 증감뿐만 아니라 손익의 발생도 기록·계산하는 방법으로 영리, 대규모 기업에 적용하는 부기이며, 자기검증기능이 있어 정확성이 높아 회계기록에 사용한다.
④ 계정의 의의
　계정은 각 항목별로 설정된 기록계산의 단위를 말하며, 각 계정의 위에 붙이는 이름을 계정과목이라 한다.
⑤ 거래의 8요소(계정의 기입방법)
　계정과목은 거래의 8요소를 기초로 기입한다.
　㉠ 재무상태표 계정

> ⓐ 자산계정 : 증가는 차변, 감소는 대변에 기입
> ⓑ 부채계정 : 증가는 대변, 감소는 차변에 기입
> ⓒ 자본계정 : 증가는 대변, 감소는 차변에 기입

　㉡ 포괄손익계산서 계정

> ⓐ 수익계정 : 발생은 대변, 소멸은 차변에 기입
> ⓑ 비용계정 : 발생은 차변, 감소는 대변에 기입

차변 기입항목(왼쪽)	대변 기입항목(오른쪽)
• 자산의 증가 • 부채의 감소 • 자본의 감소 • 비용의 발생	• 자산의 감소 • 부채의 증가 • 자본의 증가 • 수익의 발생

⑥ 분개의 특징
　㉠ 거래의 이중성 : 자산, 부채, 자본이 증감 변화하는 거래에서 차변에 발생한 거래는 반드시 대변에도 같은 금액의 거래가 발생하여 이중으로 기입하게 되는데, 이것을 '거래의 이중성'이라 한다.
　㉡ 대차평균의 원리
　　ⓐ 거래가 발생하면 분개를 통하여 어떤 계정의 차변과 또 다른 계정의 대변에 같은 금액을 기입하게 되며 일치하게 된다.
　　ⓑ 복식부기제도하에서 모든 회계거래는 반드시 어떤 계정의 차변과 다른 계정의 대변에 같은 금액을 기입한다. 따라서 아무리 많은 거래를 기입하더라도 계정의 차변 합계금액과 대변 합계금액은 반드시 일치해야 하는데 이것을 '대차평균의 원리'라고 한다.

(4) 전기

각 계정의 분개장에 기입한 분개를 모든 계정의 집합인 총계정원장에 옮겨 적는 절차를 말한다. 이때 T자 모양의 양식을 사용하기도 하는데, 이를 T계정에 전기한다고 말한다.

자산·비용계정		부채·자본·수익계정	
(차변)	(대변)	(차변)	(대변)
증가 또는 발생	감소	감소	증가 또는 발생

(5) 결산

① 결산의 의의

결산이란 회계기간의 말일에 일정 기간의 경영성과와 일정 시점의 재무상태를 명확히 하고 장부를 정리하는 일련의 절차를 말한다.

② 결산의 절차

결산의 예비절차 → 결산의 본절차 → 재무제표의 작성 순으로 이루어진다.

결산의 예비절차	• 시산표의 작성 • 재고조사표의 작성 • 결산정리분개(수정분개) • 정산표의 작성(임의선택사항)
결산의 본절차	• 수익·비용계정의 마감 • 집합손익계정의 마감 • 자산·부채·자본계정의 마감 • 이월시산표 작성 및 기타 장부 마감
재무제표의 작성 (결산보고서 작성)	• 포괄손익계산서의 작성 : 집합손익계정을 기초로 함 • 재무상태표의 작성 : 이월시산표를 기초로 함 • 자본변동표의 작성 • 현금흐름표의 작성

③ 시산표

회계기간 중 거래기록의 정확성을 검증하기 위하여 총계정원장의 각 계정금액을 집계하여 작성한 집계표로 합계시산표·잔액시산표·합계잔액시산표가 있다.

ⓐ 합계시산표 : 총계정원장의 각 계정의 차변합계와 대변합계를 모두 표시하는 시산표이다.

ⓑ 잔액시산표 : 총계정원장의 각 계정의 차변합계와 대변합계의 차이금액인 계정잔액을 기초로 작성되는 시산표이다.

ⓒ 합계잔액시산표 : 총계정원장상의 각 계정의 차변합계와 대변합계를 표시함과 동시에 차변합계와 대변합계의 차이금액인 잔액을 표시하는 시산표이다.

④ 결산수정분개

결산에 앞서 원장잔액과 실제액이 다를 경우 원장 각 계정의 잔액을 실제액에 맞추어 수정해야 하는데 이를 결산정리라고 하며, 결산정리를 위한 분개를 정리분개 또는 수정분개라고 한다.

⑤ 정산표

결산의 전 과정을 개략적으로 파악할 수 있도록 작성하는 일람표(잔액시산표를 기초로 하여 재무상태표와 포괄손익계산서의 작성과정을 한 표에 나타냄)를 말한다.

⑥ 계정의 마감

계정의 대차를 일치시켜서 계정잔액을 '0'으로 만드는 것이다.

⑦ 재무제표의 작성

잔액시산표를 이용하여 재무제표를 작성한다.

3. 재무제표

(1) 재무제표의 의의

① 어느 특정한 경제적 실체의 자원과 그 자원에 대한 청구권 및 이들의 변동을 일으키는 거래나 사건 및 모든 경제적 영향을 인식하여 측정한 결과를 일정한 양식에 의해 보고하는 회계보고서 또는 결산보고서가 재무제표이다.

② 재무제표는 재무보고의 중심적인 수단으로서 이를 통하여 기업에 관한 재무정보를 외부의 이해관계자에게 전달하게 된다.

③ 현행 이용되고 있는 재무제표는 재무상태표, 포괄손익계산서, 자본변동표, 현금흐름표이며 이에 대한 적절한 주석도 재무제표의 구성요소에 포함된다.

구분	내용
재무상태표	회사의 일정시점의 재무상태에 대한 보고서
손익계산서	회사의 일정기간의 경영성과에 대한 보고서
현금흐름표	회사의 일정기간의 현금유출입에 대한 보고서
자본변동표	회사의 일정기간의 자본변동에 대한 보고서
주석	기타 추가적인 정보에 관한 내용

(2) 재무제표의 목적

광범위한 정보이용자의 경제적 의사결정에 유용한 기업의 재무상태, 재무성과와 재무상태변동에 관한 정보를 제공하는 것이다.

(3) 재무제표의 정보제공 내용

재무제표의 목적을 충족하기 위하여 재무제표는 자산, 부채, 자본, 차익과 차손을 포함한 광의의 수익과 비용, 소유주로서의 자격을 행사하는 소유주에 의한 출자와 소유주에 대한 배분, 현금흐름 등의 기업정보를 제공한다.

① 재무제표에 의해 제공되는 정보는 대부분 과거에 발생한 거래나 사건에 관한 것으로 정확한 측정치가 아닌 추정에 의한 측정치도 포함한다.

② 재무제표에 인식되는 금액은 추정이나 판단에 의한 정보를 포함한다.

③ 당기 재무제표를 이해하는 데 목적적합하다면 서술형 정보의 경우에도 비교정보를 포함한다.

(4) 재무상태표

① 재무상태표의 의의

일정시점에 있어서 기업이 보유하고 있는 재무상태, 즉 기업의 자산, 부채, 자본의 상태를 나타내는 재무보고서이다.

② 재무상태표 공식

자산＝부채＋자본

③ 재무상태표 예시

재무상태표

(주)관세				(단위 : 원)
자산		부채		
유동자산		유동부채		
현금및현금성자산	1,000	단기차입금	3,000	
단기금융자산	1,500	매입채무	1,000	
매출채권	2,400	기타유동부채	1,300	
재고자산	6,500		5,300	
기타유동자산	2,600			
	14,000	비유동부채		
비유동자산		장기차입금	5,000	
유형자산	2,000	기타비유동부채	3,000	
장기금융자산	1,400		8,000	
무형자산	900	부채총계	13,300	
기타비유동자산	1,000	자본		
	5,300	납입자본	3,000	
		기타자본	2,000	
		이익잉여금	1,000	
		자본총계	6,000	
자산총계	19,300	자본 및 부채총계	19,300	

④ 재무상태표의 구성

㉠ 자산 : 기업의 경영활동을 영위하는 과정에서 과거 사건의 결과로 기업이 통제하고 있고 미래경제적 효익이 기업에 유입될 것으로 기대되는 각종 재화와 채권과 같은 경제적 자원을 말한다. 미래경제적 효익이란 직접 또는 간접으로 미래 현금 및 현금성자산의 기업에의 유입에 기여하게 될 잠재력을 말한다.

㉡ 부채 : 과거의 거래나 사건의 결과로 현재 기업실체가 부담하고 있고(즉 현재의무) 미래에 자원의 유출 또는 사용이 예상되는 것으로, 기업이 미래에 일정한 금액을 지급하거나 재화나 서비스 등을 제공하여 변제할 의무를 말한다.

㉢ 자본 : 기업이 보유하고 있는 자산총액에서 부채총액을 차감한 잔액을 말한다.

자본(순자산)＝자산－부채

(5) 포괄손익계산서

① 포괄손익계산서의 의의

일정기간 동안 기업의 경영성과를 나타내는 동태적 보고서이다. 경영성과란 일정기간 동안의 기업의 영업활동 결과로 나타나는 수익과 비용의 발생 상태를 의미하는 것이다.

② 포괄손익계산서의 구성

㉠ 수익 : 기업이 일정기간 동안 고객에게 판매하거나 제공한 재화·용역의 화폐액의 합계액

㉡ 비용 : 기업이 일정기간 동안 수익을 획득하기 위하여 소비한 원가

③ 포괄손익계산서 공식

이익(손익)＝수익－비용

④ 포괄손익계산서의 예시

포괄손익계산서

(주)관세		(단위 : 원)
매출액	10,000	
매출원가	8,000	
매출총이익		2,000
판매비와관리비	500	
영업이익		1,500
금융수익	300	
금융비용	200	
기타수익	500	
기타비용	200	
법인세차감전계속사업이익		1,900
법인세비용	150	
당기순이익		1,750

⑤ 손익의 구분계산

㉠ 매출총이익 : 매출액에서 매출원가를 차감한 금액이다.

매출총이익＝매출액－매출원가

ⓐ 매출액 : 기업이 회계기간 동안 영업활동을 수행하여 벌어들인 총매출액에서 매출에누리와 환입 및 매출할인을 차감하여 순매출액이 나타나도록 보고한다.

ⓑ 매출원가 : 판매된 제품이나 상품 등에 대한 제조원가 또는 매입원가이다.

㉡ 영업이익 : 매출총이익에서 영업관련 비용을 차감한 금액이다.

영업이익＝매출총이익－판매비와 관리비

ⓐ 판매비와 관리비 : 제품·상품 및 용역의 판매활동과 기업의 관리활동에서 발생하는 비용으로 급여, 퇴직급여, 복리후생비, 임차료, 보험료, 접대비, 감가상각비, 무형자산상각비, 세금과 공과, 광고선전비, 연구비, 경상개발비, 대손상각비 등 매출원가에 속하지 아니하는 모든 영업비용을 말한다.

ⓑ 영업이익은 회사가 진행하는 사업과 관련된 손익이므로 기업의 미래현금흐름의 예측에 유용한 정보를 제공한다.

© 법인세차감전순이익 : 영업이익에서 기타수익 및 금융수익 등을 가산하고 기타비용 및 금융비용 등을 차감하여 산출한다.

$$법인세차감전순이익 = 영업이익 \pm 기타수익비용$$

② 당기순이익 : 세전이익에서 법인세를 차감하여 구한 것으로 기업의 최종적인 일정기간의 손익을 말한다.

$$당기순이익 = 법인세차감전순이익 - 법인세비용$$

⑥ 순손익계산방법

㉠ 재산법(재무상태표 접근법, 자본유지접근법) : 당기순손익계산 시 기말자본과 기초자본을 비교하여 계산하는 방법으로 Stock 개념이다. 당기순이익을 간단히 구할 수 있는 이점이 있는 반면에 당기순이익의 발생원인을 알 수 없다는 단점이 있다.

$$포괄이익(손실) = 기말자본 - 기초자본$$

상기 산식에서 기타포괄이익이 발생하지 않은 경우, 포괄이익은 당기순이익으로 간주할 수 있다. 증자(추가출자 등)와 감자(인출 및 현금배당) 등 자본거래가 있는 경우에는 다음과 같은 산식이 성립된다.

$$기초자본 + 유상증자 - 감자(현금배당) \pm 당기순손익 \pm 기타포괄손익 = 기말자본$$

㉡ 손익법(포괄손익계산서 접근법, 거래접근법) : 일정기간 동안에 발생한 수익총액과 비용총액을 비교하여 당기순손익을 계산하는 방법으로 Flow 개념이다.

$$순이익(순손실) = 총수익 - 총비용$$

(6) 기타 재무제표

① 현금흐름표

일정기간 영업활동, 투자활동, 재무활동으로 인한 현금의 유입과 유출의 내역을 현금주의에 따라 작성한 보고서이다.

② 자본변동표

자본변동표는 한 회계기간 동안 발생한 소유주지분의 변동을 표시하는 재무보고서이다. 자본을 구성하고 있는 자본금, 이익잉여금 및 기타 자본구성요소의 각 항목별로 기초잔액, 변동사항, 기말잔액을 표시한다.

③ 주석

재무상태표, 포괄손익계산서, 자본변동표 및 현금흐름표에 표시하는 정보에 추가하여 제공된 정보이다. 주석은 상기 재무제표에 표시된 항목을 구체적으로 설명하거나 세분화하고, 상기 재무제표 인식요건을 충족하지 못하는 항목에 대한 정보를 제공한다.

1. 재무보고를 위한 개념체계

(1) 개념체계의 위상 및 목적

① 개념체계의 위상

개념체계는 외부 이용자를 위한 재무보고의 기초가 되는 개념을 정립한다. 개념체계는 한국채택국제회계기준이 아니므로 특정한 측정과 공시 문제에 관한 기준을 정하지 아니하며, 어떠한 특정 한국채택국제회계기준에 우선하지 아니한다.

② 개념체계의 목적

㉠ 새로운 한국채택국제회계기준의 제정 및 개정 검토에 도움을 준다.

㉡ 한국채택국제회계기준에서 허용하는 대체적인 회계처리방법의 수의 축소를 위한 근거를 제공한다.

㉢ 재무제표의 작성 시 한국채택국제회계기준을 적용하고 한국채택국제회계기준이 미비한 주제에 대한 회계처리를 하는 데 도움을 준다.

㉣ 재무제표가 한국채택국제회계기준을 따르고 있는지에 대해 감사인의 의견형성에 도움을 준다.

㉤ 재무제표에 포함된 정보를 재무제표의 이용자가 해석하는 데 도움을 준다.

㉥ 한국채택국제회계기준을 제정하는 데 사용한 접근방법에 대한 정보를 제공한다.

(2) 일반목적재무보고의 목적, 유용성 및 한계

① 일반목적재무보고의 목적

현재 및 잠재적 투자자, 대여자 및 기타 채권자가 기업에 자원을 제공하는 것에 대한 의사결정을 할 때 유용한 보고기업 재무정보를 제공하는 것이다. 그 의사결정은 지분상품 및 채무상품을 매수, 매도 또는 보유하는 것과 대여 및 기타 형태의 신용을 제공 또는 결제하는 것을 포함한다.

② 일반목적재무보고의 유용성 및 한계

㉠ 일반목적재무보고서는 보고기업의 재무상태에 관한 정보, 즉 기업의 경제적 자원과 보고기업에 대한 청구권에 관한 정보를 제공하고, 경제적 자원과 청구권을 변동시키는 거래와 그 밖의 사건의 영향에 대한 정보도 제공한다.

㉡ 현재 및 잠재적 투자자, 대여자 및 기타 채권자는 그들에게 직접 정보를 제공하도록 보고기업에 요구할 수 없고, 그들이 필요로 하는 재무정보의 많은 부분을 일반목적재무보고서에 의존해야만 한다.

㉢ 일반목적재무보고서는 현재 및 잠재적 투자자, 대여자 및 기타 채권자가 필요로 하는 모든 정보를 제공하지는 않으며 제공할 수도 없다.

㉣ 일반목적재무보고서는 보고기업의 가치를 보여주기 위해 고안된 것이 아니다.

㉤ 각 주요 이용자들의 정보 수요 및 욕구는 다르고 상충되기도 한다.

㉥ 보고기업의 경영진도 해당 기업에 대한 재무정보에 관심이 있다. 그러나 경영진은 그들이 필요로 하는 재무정보를 내부에서 구할 수 있기 때문에 일반목적재무보고서에 의존할 필요가 없다.

㉦ 재무보고서는 정확한 서술보다는 상당 부분 추정, 판단 및 모형에 근거한다.

◎ 경영진의 책임 이행에 대한 정보는 경영진의 행동에 대해 의결권을 가지거나 다른 방법으로 영향력을 행사하는 현재 투자자, 대여자 및 기타 채권자의 의사결정에도 유용하다.

(3) 일반목적재무보고서에서 제공되는 정보

① 보고기업의 경제적 자원과 청구권의 정보
② 보고기업의 경제적 자원 및 청구권의 변동에 관한 정보
③ 현금주의가 아닌 발생기준 회계가 반영된 재무성과
④ 과거 현금흐름이 반영된 재무성과
⑤ 재무성과에 기인하지 않은 경제적 자원 및 청구권의 변동(소유지분 발행 등 자본거래 사유)

(4) 유용한 재무정보의 질적 특성

① 근본적 질적 특성

정보가 유용하기 위해서는 목적적합하고 충실하게 표현되어야 한다. 목적적합성과 표현충실성이라는 두 근본적 질적 특성이 없는 재무정보는 유용하지 않으며, 더 비교가능하거나, 검증가능하거나, 적시성이 있거나, 이해가능하더라도 유용하게 할 수 없다. 그러나 목적적합하고 충실하게 표현된 재무정보는 보강적 질적 특성이 없더라도 여전히 유용할 수 있다.

㉠ 목적적합성 : 의사결정에 목적적합한 정보란 이용자가 과거, 현재 또는 미래의 사건을 평가하거나 과거의 평가를 확인 또는 수정하도록 도와줄 수 있는 특성을 갖고 있는 정보를 말한다. 목적적합한 재무정보는 정보이용자의 의사결정에 차이가 나도록 할 수 있다.

ⓐ 예측가치 : 미래에 대한 예측을 돕는 정보의 질적 특성으로, 정보이용자들이 미래 결과를 예측하기 위해 사용하는 절차의 투입요소로 재무정보가 사용될 수 있다면 그 재무정보는 예측가치를 갖는다. 재무정보가 예측가치를 갖기 위해서는 그 자체가 예측치 또는 예상치일 필요는 없다.

ⓑ 확인가치 : 과거의 기대치를 확인 또는 수정함으로써 정보이용자의 의사결정에 영향을 미칠 수 있는 질적 특성으로, 과거 평가에 대해 피드백을 제공한다면 (과거 평가를 확인하거나 변경시킨다면) 확인가치를 갖는다.

▷ 재무정보에 예측가치, 확인가치 또는 이 둘 모두가 있다면 그 재무정보는 의사결정에 차이가 나도록 할 수 있다. 재무정보의 예측가치와 확인가치는 상호 연관되어 있어서 예측가치를 갖는 정보는 확인가치도 갖는 경우가 많다.

ⓒ 중요성 : 정보가 누락되거나 잘못 기재된 경우 특정 보고기업의 재무정보에 근거한 정보이용자의 의사결정에 영향을 줄 수 있다면 그 정보는 중요한 것이다. 중요성은 개별 기업 재무보고서 관점에서 해당 정보와 관련된 항목의 성격이나 규모 또는 이 둘 모두에 근거하여 해당 기업에 특유한 측면의 목적적합성을 의미한다.

㉡ 충실한 표현 : 재무정보가 유용하기 위해서는 목적적합한 현상을 표현하는 것뿐만 아니라 나타내고자 하는 현상을 충실하게 표현해야 한다. 완벽하게 충실한 표현을 하기 위해서는 서술은 완전하고, 중립적이며, 오류가 없어야 할 것이다. 그러나 충실한 표현 그 자체가 반드시 유용한 정보를 만들어내는 것은 아니다.

ⓐ 완전한 서술 : 필요한 기술과 설명을 포함하여 정보이용자가 서술되는 현상을 이해하는 데 필요한 모든 정보를 포함하는 것이다.

ⓑ 중립적 서술 : 재무정보의 선택이나 표시에 편의가 없는 것이다. 중립적 정보는 목적이 없거나 행동에 대한 영향력이 없는 정보를 의미하지 않는다.

ⓒ 오류 없는 표현 : 충실한 표현은 모든 면에서 정확한 것을 의미하지는 않는다. 오류가 없다는 것은 현상의 기술에 오류나 누락이 없고, 보고 정보를 생산하는 데 사용되는 절차의 선택과 적용 시 절차상 오류가 없음을 의미한다.

② 보강적 질적 특성

㉠ 비교가능성 : 정보이용자가 항목 간의 유사점과 차이점을 식별하고 이해할 수 있게 하는 질적 특성이다.

ⓐ 비교가능성은 통일성이 아니다. 정보가 비교가능하기 위해서는 비슷한 것은 비슷하게 보여야 하고 다른 것은 다르게 보여야 한다.

ⓑ 일관성은 한 보고기업 내에서 기간 간 또는 같은 기간 동안에 기업 간, 동일한 항목에 대해 동일한 방법을 적용하는 것을 말한다. 일관성은 비교가능성과 관련은 되어 있지만 동일하지는 않다.

ⓒ 보고기업에 대한 정보는 다른 기업에 대한 유사한 정보 및 해당 기업에 대한 다른 기간이나 다른 일자의 유사한 정보와 비교할 수 있다면 더욱 유용하다.

㉡ 검증가능성 : 합리적인 판단력이 있고 독립적인 서로 다른 관찰자가 어떤 서술이 충실한 표현이라는 것에 대해 비록 반드시 완전히 일치하지는 못하더라도 의견이 일치할 수 있다는 것을 의미한다. 계량화된 정보가 검증가능하기 위해서 단일 점추정치이어야 할 필요는 없다. 가능한 금액의 범위 및 관련된 확률도 검증될 수 있다.

㉢ 적시성 : 의사결정에 영향을 미칠 수 있도록 의사결정자가 정보를 제때에 이용가능하게 하는 것을 의미한다. 일반적으로 정보는 오래될수록 유용성이 낮아지지만 일부 정보는 보고기간 말 후에도 오랫동안 적시성이 있을 수 있다.

㉣ 이해가능성 : 정보를 명확하고 간결하게 분류하고, 특징지으며, 표시하면 이해가능하게 된다.

㉤ 보강적 질적 특성의 적용

ⓐ 보강적 질적 특성은 가능한 한 극대화되어야 한다. 그러나 보강적 질적 특성은 정보가 목적적합하지 않거나 충실하게 표현되지 않으면, 개별적으로든 집단적으로든 그 정보를 유용하게 할 수 없다.

ⓑ 보강적 질적 특성을 적용하는 것은 어떤 규정된 순서를 따르지 않는 반복적인 과정이다. 때로는 하나의 보강적 질적 특성이 다른 질적 특성의 극대화를 위해 감소되어야 할 수도 있다.

(5) 유용한 재무보고에 대한 원가 제약

원가는 재무보고로 제공될 수 있는 정보에 대한 포괄적 제약요인이다. 재무정보의 보고에는 원가가 소요되고, 해당 정보 보고의 효익이 그 원가를 정당화한다는 것이 중요하다.

정보 보고의 효익 > 정보 보고의 원가

2. 재무제표 요소의 인식 및 측정

(1) 재무제표 요소의 인식

인식은 재무제표 요소의 정의에 부합하고 인식기준을 충족하는 항목을 재무상태표나 포괄손익계산서에 반영하는 과정을 말한다. 재무제표 요소의 정의에 부합하는 항목이 다음 기준을 모두 충족한다면 재무제표에 인식되어야 한다.

- 항목과 관련된 미래경제적효익이 기업에 유입되거나 기업으로부터 유출될 가능성이 높다.
- 그 항목의 원가 또는 가치를 신뢰성 있게 측정할 수 있다.

① 자산의 인식

자산은 미래경제적효익이 기업에 유입될 가능성이 높고 해당 항목의 원가 또는 가치를 신뢰성 있게 측정할 수 있을 때 재무상태표에 인식한다.

② 부채의 인식

부채는 현재 의무의 이행에 따라 경제적 효익을 갖는 자원의 유출 가능성이 높고 결제될 금액에 대해 신뢰성 있게 측정할 수 있을 때 재무상태표에 인식한다.

③ 수익의 인식

수익은 자산의 증가나 부채의 감소와 관련하여 미래경제적효익이 증가하고 이를 신뢰성 있게 측정할 수 있을 때 포괄손익계산서에 인식한다. 이는 실제로 수익의 인식이 자산의 증가나 부채의 감소에 대한 인식과 동시에 이루어짐을 의미한다.

④ 비용의 인식

⊙ 비용은 자산의 감소나 부채의 증가와 관련하여 미래경제적효익이 감소하고 이를 신뢰성 있게 측정할 수 있을 때 포괄손익계산서에 인식한다.

ⓛ 비용은 발생된 원가와 특정 수익항목의 가득 간에 존재하는 직접적인 관련성을 기준으로 포괄손익계산서에 인식한다.

ⓒ 경제적 효익이 여러 회계기간에 걸쳐 발생할 것으로 기대되고 수익과의 관련성이 단지 포괄적으로 또는 간접적으로만 결정될 수 있는 경우 비용은 체계적이고 합리적인 배분절차를 기준으로 포괄손익계산서에 인식된다.

ⓔ 미래경제적효익이 기대되지 않는 지출이거나, 미래경제적효익이 기대되더라도 재무상태표에 자산으로 인식되기 위한 조건을 원래 충족하지 못하거나 더 이상 충족하지 못하는 부분은 즉시 포괄손익계산서에 비용으로 인식되어야 한다.

ⓜ 제품보증에 따라 부채가 발생하는 경우와 같이 자산의 인식을 수반하지 않는 부채가 발생하는 경우에는 포괄손익계산서에 비용을 동시에 인식한다.

(2) 재무제표 요소의 측정

① 측정의 의의

측정은 재무상태표와 포괄손익계산서에 인식되고 평가되어야 할 재무제표 요소의 화폐금액을 결정하는 과정이다.

② 측정기준의 예

재무제표를 작성하기 위해서는 다수의 측정기준이 다양한 방법으로 결합되어 사용된다. 그러한 측정기준의 예는 다음과 같다.

㉠ 역사적 원가(취득원가)

ⓐ 자산은 취득의 대가로 취득 당시에 지급한 현금 또는 현금성자산이나 그 밖의 대가의 공정가치로 기록한다.

▷ 공정가치 : 합리적인 판단력과 거래의사가 있는 독립된 당사자 사이의 거래에서 자산이 교환되거나 부채가 결제될 수 있는 금액

ⓑ 부채는 부담하는 의무의 대가로 수취한 금액으로 기록한다.

㉡ 현행원가(현행대체원가)

ⓐ 자산은 동일하거나 또는 동등한 자산을 현재시점에서 취득할 경우에 그 대가로 지불하여야 할 현금이나 현금성자산의 금액으로 평가한다.

ⓑ 부채는 현재시점에서 그 의무를 이행하는 데 필요한 현금이나 현금성자산의 할인하지 아니한 금액으로 평가한다.

㉢ 실현가능(이행)가치(현행유출가치)

ⓐ 자산은 정상적으로 처분하는 경우 수취할 것으로 예상되는 현금이나 현금성자산의 금액으로 평가한다.

ⓑ 부채는 이행가치로 평가하는데 이는 정상적인 영업과정에서 부채를 상환하기 위해 지급될 것으로 예상되는 현금이나 현금성자산의 할인하지 아니한 금액으로 평가한다.

㉣ 현재가치

ⓐ 자산은 정상적인 영업과정에서 그 자산이 창출할 것으로 기대되는 미래 순현금유입액의 현재할인가치로 평가한다.

ⓑ 부채는 정상적인 영업과정에서 그 부채를 상환할 때 필요할 것으로 예상되는 미래 순현금유출액의 현재할인가치로 평가한다.

- 현재가치(Present Value)는 미래에 얻게 될 확실한 부(富)의 가치를 현재의 가치로 환산한 값을 말한다.
- 미래에 얻게 될 부는 명목적인 가치뿐만 아니라 시간의 흐름에 따른 기회비용인 시간가치가 포함되어 있기 때문에 현재 표면상으로 동일한 부를 가지고 있다 하더라도 미래부와 현재부의 가치는 달라진다. 예를 들어 현재 가지고 있는 1,000원과 미래의 1,000원은 그 가치가 동일하지 않은데, 현재의 1,000원으로 다른 자산에 투자하여 초과이익을 얻을 수 있기 때문이다.
- 일반적으로 동일한 금액일 경우 미래에 얻을 수 있는 부의 가치가 현재에 얻을 수 있는 부의 가치보다 작다. 그 이유는 현재의 부를 무위험자산에 투자한다면 최소한 무위험이자율만큼의 이익을 얻을 수 있으므로 결국 미래에는 더 큰 부를 얻을 수 있기 때문이다.

공식
- 1기간 후의 미래부를 현재부로 환산하는 식을 표현하면 다음과 같다.

$$PV = \frac{FV_n}{(1+r)^n}$$

- PV=현재가치(present value)
- r=무위험이자율
- FV=미래가치(future value)
- n=기간

- 1기간 후부터 n기간까지의 미래에 일정한 현금흐름이 반복된다면 이를 현재가치로 환산하는 식은 다음과 같다.

$$PV = \frac{CF_1}{(1+r)^1} + \frac{CF_2}{(1+r)^2} + \frac{CF_3}{(1+r)^3} + \cdots + \frac{CF_n}{(1+r)^n}$$

- PV=현재가치(present value)
- r=무위험이자율
- CV=현금흐름(cash flow)
- n=기간

(3) 자본유지개념

① 자본유지개념의 도출

자본유지개념은 기업이 유지하려고 하는 자본을 어떻게 정의하는지와 관련된다. 자본개념에 따라 다음과 같은 자본유지개념이 도출된다.

㉠ 재무자본유지 : 재무자본유지개념하에서 이익은 해당 기간 동안 소유주에게 배분하거나 소유주가 출연한 부분을 제외하고 기말 순자산의 재무적 측정금액(화폐금액)이 기초 순자산의 재무적 측정금액(화폐금액)을 초과하는 경우에만 발생한다. 재무자본유지는 명목화폐단위 또는 불변구매력단위를 이용하여 측정할 수 있다.

㉡ 실물자본유지 : 실물자본유지개념하에서 이익은 해당 기간 동안 소유주에게 배분하거나 소유주가 출연한 부분을 제외하고 기업의 기말 실물생산능력이나 조업능력(또는 그러한 생산능력을 갖추기 위해 필요한 자원이나 기금)이 기초 실물생산능력을 초과하는 경우에만 발생한다.

② 자본유지개념과 이익의 결정

㉠ 자본유지개념은 이익이 측정되는 준거기준을 제공함으로써 자본개념과 이익개념 사이의 연결고리를 제공하며, 기업의 자본에 대한 투자수익과 투자회수를 구분하기 위한 필수요건이다. 자본유지를 위해 필요한 금액을 초과하는 자산의 유입액만이 이익으로 간주될 수 있고 결과적으로 자본의 투자수익이 된다.

㉡ 실물자본유지개념을 사용하기 위해서는 현행원가기준에 따라 측정해야 한다. 그러나 재무자본유지개념은 특정한 측정기준의 적용을 요구하지 아니한다.

© 재무자본유지개념과 실물자본유지개념의 주된 차이는 기업의 자산과 부채에 대한 가격변동 영향의 처리방법에 있다. 일반적으로 기초에 가지고 있던 자본만큼을 기말에도 가지고 있다면 이 기업의 자본은 유지된 것이며, 기초 자본을 유지하기 위해 필요한 부분을 초과하는 금액이 이익이다.

③ 자본유지개념에 따른 이익의 계산
　　㉠ 자본을 명목화폐단위로 정의한 재무자본유지개념하에서 이익은 해당 기간 중 명목화폐자본의 증가액을 의미한다. 따라서 기간 중 보유한 자산가격의 증가 부분, 즉 보유이익은 개념적으로 이익에 속한다.

> 명목화폐단위로 측정 시 이익＝기말자본－기초자본

　　㉡ 재무자본유지개념이 불변구매력단위로 정의된다면 이익은 해당 기간 중 투자된 구매력의 증가를 의미하게 된다. 따라서 일반물가수준에 따른 가격상승을 초과하는 자산가격의 증가 부분만이 이익으로 간주되며, 그 이외의 가격증가 부분은 자본의 일부인 자본유지조정으로 처리된다.

> 불변구매력단위로 측정 시 이익＝기말자본－물가지수를 반영한 기초자본

　　㉢ 자본을 실물생산능력으로 정의한 실물자본유지개념하에서 이익은 해당 기간 중 실물생산능력의 증가를 의미한다. 기업의 자산과 부채에 영향을 미치는 모든 가격변동은 해당 기업의 실물생산능력에 대한 측정치의 변동으로 간주되어 이익이 아니라 자본의 일부인 자본유지조정으로 처리된다.

> 실물자본유지개념하의 이익＝기말자본－기초자본으로 구매한 동일 자원의 기말 구입가격

3. 재무제표의 표시

(1) 재무제표 작성과 표시의 일반사항

① 공정한 표시와 한국채택국제회계기준의 준수
　　㉠ 경제적 사실과 거래의 실질을 반영하여 기업의 재무상태, 재무성과 및 현금흐름을 공정하게 표시해야 한다.
　　㉡ 한국채택국제회계기준을 준수하여 재무제표를 작성하는 기업은 그러한 준수 사실을 주석에 명시적이고 제한 없이 기재한다.
　　㉢ 부적절한 회계정책은 이에 대하여 공시나 주석 또는 보충 자료를 통해 설명하더라도 정당화될 수 없다.
　　㉣ 한국채택국제회계기준을 준수하여 작성된 재무제표는 국제회계기준을 준수하여 작성된 재무제표임을 주석으로 공시할 수 있다.
　　㉤ 한국채택국제회계기준은 오직 재무제표에만 적용하며 연차보고서, 감독기구 제출서류 또는 다른 문서에 표시되는 그 밖의 정보에 반드시 적용하여야 하는 것은 아니다.
　　㉥ 한국채택국제회계기준을 준수하여 재무제표를 작성하는 기업은 그러한 준수 사실을 주석에 명시적이고 제한 없이 기재한다. 재무제표가 한국채택국제회계기준의 요구사항을 모두 충족한 경우가 아니라면 한국채택국제회계기준을 준수하여 작성되었다고 기재하여서는 아니 된다.

② 계속기업을 전제로 작성

　㉠ 재무제표는 일반적으로 기업이 계속기업이며 예상가능한 기간 동안 영업을 계속할 것이라는 가정하에 작성된다. 따라서 기업은 그 경영활동을 청산하거나 중요하게 축소할 의도나 필요성을 갖고 있지 않다는 가정을 적용한다.

　㉡ 경영진은 재무제표를 작성할 때 계속기업으로서의 존속가능성을 평가해야 한다.

　㉢ 계속기업의 가정이 적절한지의 여부를 평가할 때 경영진은 적어도 보고기간 말로부터 향후 12개월 기간에 대하여 이용가능한 모든 정보를 고려한다.

　㉣ 경영진이 기업을 청산하거나 경영활동을 중단할 의도를 가지고 있지 않거나, 청산 또는 경영활동의 중단 외에 다른 현실적 대안이 없는 경우가 아니면 계속기업을 전제로 재무제표를 작성한다.

③ 발생기준 회계

　㉠ 기업은 현금흐름 정보를 제외하고는 발생기준 회계를 사용하여 재무제표를 작성한다.

　㉡ 발생주의는 현금유출입시점과 관계없이 거래나 그 밖의 사건의 영향을 발생한 기간에 장부에 기록하고 재무제표에 표시하는 회계개념이다.

　㉢ 발생주의 회계에서는 현금의 증감을 야기할 수 있는 거래가 발생하였을 때 이를 인식하여 미래에 그에 따른 현금이 수입되거나 지출될 것이라는 것을 예측할 수 있도록 하기 때문에 현금주의보다 더 합리적인 회계처리방식이다.

　㉣ 수익·비용의 대응이 적절하게 성립되므로 적절한 기간손익, 경영성과를 파악할 수 있다.

　㉤ 발생주의 회계는 발생, 이연, 배분, 상각 등의 개념을 모두 포함하고 있다.

더 알아보기 발생기준, 현금기준, 보수주의, 역사적 원가주의, 공정가치 등의 개념

발생주의	현금유출입 시점과 관계없이 거래나 사건의 영향을 발생한 기간에 장부에 기록하는 회계 개념
현금주의	기업이 현금이나 현금성자산을 수취하거나 지급하는 시점에서 거래나 그 밖의 사건에 대한 영향을 장부에 기록하고 재무제표에 표시하는 회계 개념
보수주의	두 가지 이상의 선택 가능한 회계처리방법이 있는 경우 될 수 있는 한 자산과 수익은 적게, 부채와 비용은 많이 인식하는 방법을 선택하는 회계관습
역사적 원가주의	자산, 부채 및 수익·비용의 취득 및 발생을 취득 또는 발생일자의 취득원가로 계상하고, 일단 원가로 계상된 금액은 이후에도 계속 해당 자산의 가액으로 계상된다는 개념으로 다음의 금액이다. • 자산의 경우 : 취득의 대가로 취득 당시에 지급한 현금 또는 현금성자산, 그 밖의 대가의 공정가치 • 부채의 경우 : 부담하는 의무의 대가로 수취한 금액 또는 정상적인 영업과정에서 부채를 이행하기 위해 지급할 것으로 기대되는 현금이나 현금성 자산의 금액
공정가치	합리적인 판단력과 거래의사가 있는 독립된 당사자 사이에서 자신이 교환될 수 있는 금액

④ 중요성과 통합표시

　㉠ 유사한 항목은 중요성 분류에 따라 재무제표에 구분하여 표시한다. 상이한 성격이나 기능을 가진 항목은 구분하여 표시하지만 중요하지 않은 항목은 성격이나 기능이 유사한 항목과 통합하여 표시할 수 있다.

　㉡ 수많은 거래와 그 밖의 사건은 성격이나 기능에 따라 범주별로 통합되어 재무제표에 표시된다.

　㉢ 재무제표에는 중요하지 않아 구분하여 표시하지 않은 항목이라도 주석에서는 구분 표시해야 할 만큼 충분히 중요할 수 있다.

　㉣ 중요하지 않은 정보일 경우 한국채택국제회계기준에서 요구하는 특정 공시를 제공할 필요는 없다.

⑤ 상계표시 여부

㉠ 한국채택국제회계기준에서 요구하거나 허용하지 않는 한 자산과 부채 그리고 수익과 비용은 상계하지 아니한다.

㉡ 재고자산에 대한 재고자산평가충당금과 매출채권에 대한 대손충당금과 같은 평가충당금을 차감하여 관련 자산을 순액으로 측정하는 것은 상계표시에 해당하지 아니한다.

㉢ 외환손익 또는 단기매매 금융상품에서 발생하는 손익과 같이 유사한 거래의 집합에서 발생하는 차익과 차손은 순액으로 표시한다. 그러나 그러한 차익과 차손이 중요한 경우에는 구분하여 표시한다.

㉣ 투자자산 및 영업용자산을 포함한 비유동자산의 처분손익은 처분대가에서 그 자산의 장부금액과 관련처분비용을 차감하여 표시한다.

⑥ 보고빈도

전체 재무제표(비교정보를 포함)는 적어도 1년마다 작성한다. 보고기간종료일을 변경하여 재무제표의 보고기간이 1년을 초과하거나 미달하는 경우, 보고기간이 1년을 초과하거나 미달하게 된 이유와 재무제표에 표시된 금액이 완전하게 비교가능하지 않다는 사실을 추가로 공시한다. 일반적으로 재무제표는 일관성 있게 1년 단위로 작성한다. 그러나 실무적인 이유로 어떤 기업은 예를 들어 52주의 보고기간을 선호한다. 이 기준서는 이러한 보고관행을 금지하지 않는다.

⑦ 비교정보

㉠ 한국채택국제회계기준이 달리 허용하거나 요구하는 경우를 제외하고는 당기 재무제표에 보고되는 모든 금액에 대해 전기 비교정보를 표시한다. 당기 재무제표를 이해하는 데 목적적합하다면 서술형 정보의 경우에도 비교정보를 포함한다.

㉡ 최소한 두 개의 재무상태표와 두 개의 포괄손익계산서, 두 개의 별개 손익계산서(표시하는 경우), 두 개의 현금흐름표, 두 개의 자본변동표 그리고 관련 주석을 표시해야 한다.

⑧ 표시의 계속성

㉠ 재무제표 항목의 표시와 분류는 다음의 경우를 제외하고는 매기 동일하여야 한다.

ⓐ 사업내용의 유의적인 변화나 재무제표를 검토한 결과 다른 표시나 분류방법이 더 적절한 것이 명백한 경우

ⓑ 한국채택국제회계기준에서 표시방법의 변경을 요구하는 경우

㉡ 기업은 변경된 표시방법이 재무제표이용자에게 신뢰성 있고 더욱 목적적합한 정보를 제공하며, 변경된 구조가 지속적으로 유지될 가능성이 높아 비교가능성을 저해하지 않을 것으로 판단할 때에만 재무제표의 표시방법을 변경한다.

(2) 재무제표의 구조와 내용

① 재무상태표의 표시

㉠ 재무상태표에 표시되는 정보

ⓐ 재무상태표에는 적어도 다음에 해당하는 금액을 나타내는 항목을 표시한다.

자산	부채
• 유형자산 • 투자부동산 • 무형자산 • 금융자산(단, 지분법 적용 투자주식, 매출채권 및 기타 채권 및 현금및현금성자산은 제외) • 지분법에 따라 회계처리하는 투자자산 • 생물자산 • 재고자산 • 매출채권 및 기타채권 • 현금및현금성자산 • 매각예정으로 분류된 자산과 매각예정으로 분류된 처분 자산집단에 포함된 자산의 총계 • 당기 법인세와 관련한 자산 • 이연법인세자산	• 매입채무 및 기타채무 • 충당부채 • 금융부채(단, 매입채무 및 기타채무와 충당부채는 제외) • 당기 법인세와 관련한 부채 • 이연법인세부채 • 매각예정으로 분류된 처분자산집단에 포함된 부채
	자본
	• 자본에 표시된 비지배지분 • 지배기업의 소유주에게 귀속되는 납입자본과 적립금

ⓑ 기업의 재무상태를 이해하는 데 목적적합한 경우 재무상태표에 항목, 제목 및 중간합계를 추가하여 표시한다.

ⓒ 기업이 재무상태표에 유동자산과 비유동자산, 그리고 유동부채와 비유동부채로 구분하여 표시하는 경우, 이연법인세자산(부채)은 유동자산(부채)으로 분류하지 아니한다.

ⓓ 재무상태표에 표시되어야 할 항목의 순서나 형식을 규정하지 아니한다.

㉡ 유동과 비유동의 구분

ⓐ 유동성 순서에 따른 표시방법이 신뢰성 있고 더욱 목적적합한 정보를 제공하는 경우를 제외하고는 유동자산과 비유동자산, 유동부채와 비유동부채로 재무상태표에 구분하여 표시한다. 유동성 순서에 따른 표시방법을 적용할 경우 모든 자산과 부채는 유동성의 순서에 따라 표시한다.

ⓑ 어느 표시방법을 채택하더라도 자산과 부채의 각 개별 항목이 보고기간 후 12개월 이내와 보고기간 후 12개월 후에 회수되거나 결제될 것으로 기대되는 금액이 합산하여 표시되는 경우, 12개월 후에 회수되거나 결제될 것으로 기대되는 금액을 공시한다.

ⓒ 기업이 명확히 식별 가능한 영업주기 내에서 재화나 용역을 제공하는 경우, 재무상태표에 유동자산과 비유동자산 및 유동부채와 비유동부채를 구분하여 표시한다.

ⓓ 자산과 부채의 실현 예정일에 대한 정보는 기업의 유동성과 부채상환능력을 평가하는 데 유용하다.

㉢ 유동자산

ⓐ 자산은 다음의 경우에 유동자산으로 분류하며, 그 밖의 모든 자산은 비유동자산으로 분류한다.

> • 기업의 정상영업주기 내에 실현될 것으로 예상하거나, 정상영업주기 내에 판매하거나 소비할 의도가 있다.
> • 주로 단기매매 목적으로 보유하고 있다.
> • 보고기간 후 12개월 이내에 실현될 것으로 예상한다.
> • 현금이나 현금성자산으로서, 교환이나 부채 상환 목적으로의 사용에 대한 제한 기간이 보고기간 후 12개월 이상이 아니다.

ⓑ 영업주기는 영업활동을 위한 자산의 취득시점부터 그 자산이 현금이나 현금성자산으로 실현되는 시점까지 소요되는 기간이다. 정상영업주기를 명확히 식별할 수 없는 경우에는 그 기간이 12개월인 것으로 가정한다.

ⓒ 유동자산은 보고기간 후 12개월 이내에 실현될 것으로 예상되지 않는 경우에도 재고자산 및 매출채권과 같이 정상영업주기의 일부로서 판매, 소비 또는 실현되는 자산을 포함한다.

ⓔ 유동부채

ⓐ 부채는 다음의 경우에 유동부채로 분류하며, 그 밖의 모든 부채는 비유동부채로 분류한다.

> • 정상영업주기 내에 결제될 것으로 예상하고 있다.
> • 주로 단기매매 목적으로 보유하고 있다.
> • 보고기간 후 12개월 이내에 결제하기로 되어 있다.
> • 보고기간 후 12개월 이상 부채의 결제를 연기할 수 있는 무조건의 권리를 가지고 있지 않다. 계약 상대방의 선택에 따라, 지분상품의 발행으로 결제할 수 있는 부채의 조건은 그 분류에 영향을 미치지 아니한다.

ⓑ 매입채무 그리고 종업원 및 그 밖의 영업원가에 대한 미지급비용과 같은 유동부채는 기업의 정상영업주기 내에 사용되는 운전자본의 일부이다.

ⓒ 기타유동부채는 정상영업주기 이내에 결제되지는 않지만 보고기간 후 12개월 이내에 결제일이 도래하거나 주로 단기매매목적으로 보유한다.

ⓓ 기업이 기존의 대출계약조건에 따라 보고기간 후 적어도 12개월 이상 부채를 차환하거나 연장할 것으로 기대하고 있고, 그런 재량권이 있다면, 보고기간 후 12개월 이내에 만기가 도래한다 하더라도 비유동부채로 분류한다.

ⓔ 보고기간 말 이전에 장기차입약정을 위반했을 때 대여자가 즉시 상환을 요구할 수 있는 채무는 보고기간 후 재무제표 발행승인일 전에 채권자가 약정위반을 이유로 상환을 요구하지 않기로 합의하더라도 유동부채로 분류한다.

ⓜ 재무상태표 또는 주석에 표시되는 정보

ⓐ 기업은 재무제표에 표시된 개별항목을 기업의 영업활동을 나타내기에 적절한 방법으로 세분류하고, 그 추가적인 분류 내용을 재무상태표 또는 주석에 공시한다.

ⓑ 세분류상의 세부내용은 한국채택국제회계기준의 요구사항, 당해 금액의 크기, 성격 및 기능에 따라 달라진다. 공시의 범위는 각 항목별로 다르며, 예를 들면 다음과 같다.

> • 유형자산 항목은 토지, 토지와 건물, 기계장치, 선박, 항공기, 차량운반구, 집기, 사무용 비품 등으로 세분화한다.
> • 채권은 일반상거래 채권, 특수관계자 채권, 선급금과 기타금액으로 세분화한다.
> • 재고자산은 상품, 소모품, 원재료, 재공품 및 제품 등으로 세분화한다.
> • 충당부채는 종업원급여 충당부채와 기타 항목 충당부채로 세분화한다.
> • 납입자본과 적립금은 자본금, 주식발행초과금, 적립금 등과 같이 다양한 분류로 세분화한다.

② 포괄손익계산서

㉠ 포괄손익계산서의 표시

ⓐ 해당 기간에 인식한 모든 수익과 비용의 항목은 단일 포괄손익계산서 또는 두 개의 보고서(당기손익 부분을 표시하는 별개의 손익계산서와 포괄손익을 표시하는 보고서) 중 한 가지 방법으로 표시한다.

ⓑ 포괄손익계산서에는 당기손익 부분과 기타포괄손익 부분에 추가하여 다음을 표시한다.

- 당기순손익
- 총기타포괄손익
- 당기손익과 기타포괄손익을 합한 당기포괄손익

ⓒ 당기손익과 기타포괄손익은 단일의 포괄손익계산서에 두 부분으로 나누어 표시할 수 있다. 별개의 손익계산서를 표시하는 경우, 포괄손익을 표시하는 보고서에는 당기손익 부분을 표시하지 않는다.

ⓓ 비지배지분이 있는 경우에 회계기간의 당기순손익과 기타포괄손익은 비지배지분과 지배기업의 소유주에 귀속되는 몫으로 배분하여 포괄손익계산서에 공시한다.

ⓛ 당기손익 부분 또는 손익계산서에 표시되는 정보 : 당기손익 부분이나 손익계산서에는 당해기간의 다음 금액을 표시한다.

- ⓐ 수익
- ⓑ 영업이익
- ⓒ 금융원가
- ⓓ 지분법 적용대상인 관계기업과 공동기업의 당기순손익에 대한 지분
- ⓔ 법인세비용
- ⓕ 중단영업의 합계를 표시하는 단일금액

ⓒ 기타포괄손익 부분에 표시되는 정보

ⓐ 당해 기간의 기타포괄손익금액을 다른 한국채택국제회계기준서에 따라 후속적으로 당기손익으로 재분류되지 않는 항목과 재분류되는 항목을 각각 집단으로 묶어 표시하되 지분법으로 회계처리하는 관계기업과 공동기업의 기타손익에 대한 지분과 관련이 없으면 성격별로 분류한다.

ⓑ 기업의 재무성과를 이해하는 데 목적적합한 경우에는 당기손익과 기타포괄손익을 표시하는 보고서에 항목, 제목 및 중간합계를 추가하여 표시한다.

ⓒ 수익과 비용의 어느 항목도 당기손익과 기타포괄손익을 표시하는 보고서 또는 주석에 특별손익 항목으로 표시할 수 없다.

ⓓ 재분류조정은 당기나 과거 기간에 기타포괄손익으로 인식되었으나 당기손익으로 재분류된 금액을 말한다.

ⓔ 당기순손익 : 한 기간에 인식되는 모든 수익과 비용 항목은 한국채택국제회계기준이 달리 정하지 않는 한 당기손익으로 인식한다.

ⓜ 기타포괄손익

ⓐ 기타포괄손익은 다음의 당기손익으로 인식하지 않은 수익과 비용항목(재분류조정 포함)을 포함한다.

- 재평가잉여금의 변동
- 확정급여제도의 재측정요소
- 해외사업장의 재무제표 환산으로 인한 손익
- 기타포괄손익 – 공정가치측정금융자산의 재측정손익
- 현금흐름위험회피의 위험회피수단의 평가손익 중 효과적인 부분
- 지분법자본변동

ⓑ 기타포괄손익의 항목(재분류조정 포함)과 관련한 법인세비용 금액은 포괄손익계산서나 주석에 공시한다.

ⓒ 기타포괄손익의 항목은 관련 법인세비용을 차감한 순액으로 표시하거나, 법인세비용차감전금액으로 표시할 수 있다.

ⓓ 기타포괄손익의 구성요소와 관련된 재분류조정을 공시한다.

ⓔ 재분류조정은 포괄손익계산서나 주석에 표시할 수 있다. 재분류조정을 주석에 표시하는 경우에는 관련 재분류조정을 반영한 후에 기타포괄손익의 항목을 표시한다.

ⓗ 포괄손익계산서 또는 주석에 표시되는 정보

ⓐ 수익과 비용 항목이 중요한 경우, 그 성격과 금액을 별도로 공시한다.

ⓑ 기업은 비용의 성격별 또는 기능별 분류방법 중에서 신뢰성 있고 더욱 목적적합한 정보를 제공할 수 있는 방법을 적용하여 당기손익으로 인식한 비용의 분석내용을 표시한다.

ⓒ 비용은 빈도, 손익의 발생가능성 및 예측가능성의 측면에서 서로 다를 수 있는 재무성과의 구성요소를 강조하기 위해 세분류로 표시한다. 분석내용은 두 가지 형태 중 하나로 제공된다.

• 성격별 분류 : 당기손익에 포함된 비용은 그 성격(예 감가상각비, 원재료의 구입, 운송비, 종업원급여와 광고비)별로 통합하며, 기능별로 재배분하지 않는다. 비용을 기능별 분류로 배분할 필요가 없기 때문에 적용이 간단할 수 있다. 비용의 성격별 분류의 예는 다음과 같다.

수익		×
기타수익		×
제품과 재공품의 변동	×	
원재료와 소모품의 사용액	×	
종업원급여비용	×	
감가상각비와 기타상각비	×	
기타비용	×	
총비용		(×)
법인세비용차감전순이익		×

• 기능별 분류법(매출원가법) : 비용을 매출원가, 그리고 물류원가와 관리활동원가 등과 같이 기능별로 분류한다. 이 방법에서는 적어도 매출원가를 다른 비용과 분리하여 공시한다. 이 방법은 성격별 분류보다 재무제표이용자에게 더욱 목적적합한 정보를 제공할 수 있지만 비용을 기능별로 배분하는데 자의적인 배분과 상당한 정도의 판단이 개입될 수 있다. 비용의 기능별 분류의 예는 다음과 같다.

수익(매출액)	×
매출원가	(×)
매출총이익	×
기타수익	×
물류원가	(×)
관리비	(×)
기타비용	(×)
법인세비용차감전순이익	×

ⓓ 비용을 기능별로 분류하는 기업은 감가상각비, 기타상각비와 종업원급여비용을 포함하여 비용의 성격에 대한 추가 정보를 공시한다.

ⓔ 수익과 비용의 어느 항목도 당기손익과 기타포괄손익을 표시하는 보고서 또는 주석에 특별손익 항목으로 표시할 수 없다.

③ 주석

　ⓒ 주석이 제공하는 정보

　　ⓐ 재무제표 작성 근거와 구체적인 회계정책에 대한 정보

　　ⓑ 한국채택국제회계기준에서 요구하는 정보이지만 재무제표 어느 곳에도 표시되지 않는 정보

　　ⓒ 재무제표 어느 곳에도 표시되지 않지만 재무제표를 이해하는 데 목적적합한 정보

　ⓛ 주석 공시사항

　　ⓐ 재무제표 발행승인일 전에 제안 또는 선언되었으나 당해 기간 동안에 소유주에 대한 분배금으로 인식되지 아니한 배당금액과 주당배당금

　　ⓑ 미인식 누적우선주배당금

　ⓒ 기타 주석공시사항

　　ⓐ 상법 등 관련 법규에서 이익잉여금처분계산서(또는 결손금처리계산서)의 작성을 요구하는 경우에는 재무상태의 이익잉여금(또는 결손금)에 대한 보충정보로서 이익잉여금처분계산서(또는 결손금처리계산서)를 주석으로 공시한다.

　　ⓑ 기업은 수익에서 매출원가 및 판매비와관리비(물류원가 등을 포함)를 차감한 영업이익(또는 영업손실)을 포괄손익계산서에 구분하여 표시한다. 다만 영업의 특수성을 고려할 필요가 있는 경우(예 매출원가를 구분하기 어려운 경우)나 비용을 성격별로 분류하는 경우 영업수익에서 영업비용을 차감한 영업이익(또는 영업손실)을 포괄손익계산서에 구분하여 표시할 수 있다.

　　ⓒ 영업이익(또는 영업손실) 산출에 포함된 주요항목과 그 금액을 포괄손익계산서 본문에 표시하거나 주석으로 공시한다.

4. 재무비율 분석

기업의 과거 재무성과와 현재 재무상태를 평가하고 미래수익의 잠재력과 관련 위험을 예측하기 위하여, 재무정보이용자가 해당 기업의 재무제표를 기초로 행하는 여러 가지 회계적 분석인 재무제표 분석의 방법이다. 재무제표를 작성하여 재무정보이용자들에게 정보를 제공하는 궁극적인 목적은 정보이용자들의 의사결정에 유용하게 이용하도록 하는 데 있다.

(1) 단기지급능력 비율(유동성 비율)

① 의의

　　1년 이내에 만기가 도래하는 유동부채에 대하여 단기간 내에 현금화가 가능하여 상환재원이 될 수 있는 자산의 상대적인 비율로서 단기채무의 변제능력을 나타내는 재무비율이다.

② 종류
　ⓐ 유동비율 : 유동비율은 기업이 보유하는 지급능력 또는 그 신용능력을 판단하기 위하여 쓰이는 것으로 신용분석적 관점에서는 가장 중요하다. 이 비율이 클수록 그만큼 기업의 재무유동성은 크다. 일반적으로 200% 이상으로 유지되는 것이 이상적이다.

$$유동비율 = \frac{유동자산^*}{유동부채} \times 100$$

*당좌자산 + 재고자산

　ⓐ 유동비율은 유동자산을 유동부채로 나눈 비율로서 유동비율이 100% 미만인 상태에서 유동자산과 유동부채가 같은 금액으로 감소하면 유동비율이 감소하게 된다.
　ⓑ 유동자산이 증가하거나 유동부채가 감소하면 유동비율이 증가하고, 유동자산이 감소하거나 유동부채가 증가하면 유동비율이 감소한다.
　ⓒ 유동비율은 유동성을 평가하는 데 가장 보편적으로 이용된다. 만약 현금을 주고 기계장치를 구입한다면 유동자산(현금)은 감소하고 비유동자산인 기계장치가 증가하므로 유동비율은 더욱 감소하게 되지만 장기성 지급어음을 발행하여 현금을 수령하면 유동비율은 증가한다.

더 알아보기 유동비율의 증가 및 감소

증가하는 경우	감소하는 경우
• 건물을 처분하고 현금을 수령하는 경우 • 당기손익인식 금융자산을 장부가격 이상으로 처분하는 경우 • 장기어음을 발행하고 현금을 차입하는 경우	• 상품을 실사한 결과 감모손실이 발생한 경우 • 장기차입금의 상환기일이 결산일 현재 1년 이내로 도래한 경우 • 매출채권을 담보로 은행에서 단기로 차입한 경우

　ⓛ 당좌비율 : 당좌자산을 유동부채로 나눈 비율로서, 유동비율의 보조비율로 기업의 단기채무지급능력을 평가하는 지표이다. '당좌자산'이란 유동자산 중에서 현금 또는 바로 현금으로 바꿀 수 있는 성질을 가진 예금, 1년 이내에 처분 가능한 유가증권을 비롯해 외상매출금, 단기대여금 등의 수취채권 등이 포함된다.

$$당좌비율 = \frac{당좌자산}{유동부채} \times 100$$

(2) 장기지급능력 비율(안정성 비율)
① 의의
기업이 장기부채에 대한 원금과 이자를 원만하게 지급할 수 있는지를 평가하는 데 이용하는 재무비율이다.
② 종류
　⊙ 부채비율

$$부채비율 = \frac{타인자본(부채총계)}{자기자본(자본총계)} \times 100$$

ⓐ 부채비율은 기업이 갖고 있는 자산 중 부채가 어느 정도 차지하고 있는가를 나타내는 비율로서, 기업의 재무구조 특히 타인자본 의존도를 나타내는 대표적인 경영지표이다.

ⓑ 이는 상환해야 할 타인자본(부채총계)에 대해 자기자본이 어느 정도 준비되어 있는가를 나타내는 비율로 기업의 건전성을 평가하는 중요한 지표이다.

ⓒ 어느 기업의 부채비율이 200%라면 부채가 자본보다 2배 많음을 나타내는 것으로 일반적으로 100% 이하를 표준비율로 보고 있다.

ⓛ 이자보상비율(이자보상배율) : 이자보상비율은 기업의 채무상환능력을 나타내는 지표로 기업이 영업이익으로 이자를 감당할 수 있는가, 감당한 후 얼마나 여유가 있는가를 알아보는 지표이다.

$$이자보상비율 = \frac{영업이익}{이자비용}$$

(3) 수익성 비율

① 의의

일정기간의 영업성과를 나타내는 재무비율이다.

② 종류

㉠ 총자본순이익률(ROI ; return on investment) : 총자본은 자산을 의미하며 이에 따라 총자산이익률이라고도 한다. 경영자가 조달된 자본을 수익창출에 얼마나 효율적으로 이용하고 있는지를 나타내는 재무비율이다.

$$총자본순이익률 = \frac{당기순이익}{평균총자본} \times 100$$

㉡ 자기자본순이익률(ROE ; return on equity) : 자기자본이 얼마나 효율적으로 이용되고 있는지를 나타내는 비율이다.

$$자기자본순이익률 = \frac{당기순이익}{평균자기자본} \times 100$$

㉢ 매출이익률 : 매출액 중 매출총이익, 당기순이익이 차지하는 비율이다.

$$매출총이익률 = \frac{매출총이익}{매출액} \times 100$$

$$매출액순이익률 = \frac{당기순이익}{매출액} \times 100$$

㉣ 주가수익비율(PER ; price earning ratio) : 주가가 그 회사 1주당 수익의 몇 배가 되는가를 나타내는 지표로 주가를 1주당 순이익(납세 후)으로 나눈 것이다.

$$주가수익비율 = \frac{주가}{1주당 \; 당기순이익}$$

ⓐ 해당 기업의 순이익이 주식가격보다 크면 클수록 PER이 낮게 나타난다.

ⓑ PER이 낮으면 이익에 비해 주가가 낮다는 것이므로 그만큼 기업가치에 비해 주가가 저평가되어 있다는 의미로 해석할 수 있다. 반대로 PER이 높으면 이익에 비하여 주가가 높다는 것을 의미한다.

⑩ 배당성향 : 당기순이익에 대한 현금배당액의 비율로 배당지급률, 사외분배율이라고도 한다. 이 비율은 배당금 지급능력을 나타내는 지표로, 높으면 높을수록 배당금 지급비율이 크다는 것을 나타낸다.

$$배당성향 = \frac{배당총액}{당기순이익}$$

(4) 활동성 비율(효율성 비율)

① 의의

자산의 효율적인 운용 여부를 평가하고자 하는 재무비율이다.

② 종류

㉠ 총자산회전율과 자기자본회전율

ⓐ 총자산회전율 : 보유하고 있는 총자산이 수익을 창출하는 데 얼마나 효율적으로 이용되고 있는가를 평가할 수 있다.

$$총자산회전율 = \frac{매출액}{평균총자산}$$

ⓑ 자기자본회전율 : 자기자본의 효율성을 평가할 수 있다.

$$자기자본회전율 = \frac{매출액}{평균자기자본}$$

㉡ 매출채권회전율과 매출채권평균회수기간

ⓐ 매출채권회전율 : 매출채권이 현금화되는 속도를 나타낸다.

$$매출채권회전율 = \frac{매출액}{평균매출채권}$$

ⓑ 매출채권회수기간 : 매출채권이 한 번 회전하는 데 소요된 기간을 나타낸다.

$$매출채권회수기간 = \frac{365}{매출채권회전율}$$

㉢ 재고자산회전율과 재고자산평균회전기간

ⓐ 재고자산회전율 : 재고자산을 얼마나 효율적으로 관리하고 있는지를 나타내는 지표이다. 이 비율이 높을수록 재고자산이 효율적으로 관리되고 있다는 것을 나타낸다.

$$재고자산회전율 = \frac{매출원가}{평균재고자산}$$

ⓑ 재고자산회전기간 : 재고자산이 현금화하는 데 소요되는 시간을 나타낸다.

$$재고자산회전기간 = \frac{365}{재고자산회전율}$$

01 | 실전대비문제

01 포괄손익계산서에 대한 설명으로 옳지 않은 것은? (2019년)

① 한 기간에 인식되는 모든 수익과 비용 항목은 한국채택국제회계기준이 달리 정하지 않는 한 당기손익으로 인식한다.

② 비용을 기능별로 분류하는 기업은 감가상각비, 기타상각비와 종업원급여비용을 포함하여 비용의 성격에 대한 추가 정보를 공시한다.

③ 수익과 비용의 어느 항목도 당기손익과 기타포괄손익을 표시하는 보고서 또는 주석에 특별손익 항목으로 표시할 수 없다.

④ 기업은 수익에서 매출원가 및 판매비와 관리비를 차감한 경상이익을 포괄손익계산서에 구분하여 표시한다.

해설 경상이익은 한국채택국제회계기준 도입 이전의 기업회계기준에서 사용되던 항목으로, 현재의 한국채택국제회계기준에서는 경상이익이 표시되지 않는다. 현재의 포괄손익계산서에서 수익에서 매출원가 및 판매비와관리비를 차감한 이익을 영업이익이라고 표시한다.
① 한 기간에 인식되는 모든 수익과 비용 항목은 한국채택국제회계기준이 달리 정하지 않는 한 당기손익으로 인식한다.
② 한국채택국제회계기준은 신뢰성 있고 보다 목적적합한 표시방법을 경영진이 선택하도록 하고 있다. 그러나 비용의 성격에 대한 정보가 미래현금흐름을 예측하는 데 유용하기 때문에, 비용을 기능별로 분류하는 경우에는 비용의 성격에 의한 손익계산서의 추가 공시가 필요하다.
③ 수익과 비용의 어느 항목도 당기손익과 기타포괄손익을 표시하는 보고서 또는 주석에 특별손익 항목으로 표시할 수 없다.

답 ④

02 재무보고를 위한 개념체계에 관한 다음 설명 중 옳지 않은 것은? (2017년)

① 새로운 한국채택국제회계기준을 제정하거나 기존의 한국채택국제회계기준의 개정을 검토할 때 도움을 준다.

② 재무제표가 한국채택국제회계기준을 따르고 있는지에 대해 감사인이 의견을 형성하는 데 도움을 준다.

③ 재무보고를 위한 개념체계는 한국채택국제회계기준에 우선하므로 특정한 측정과 공시문제에 관한 기준을 정하는 데 도움을 준다.

④ 한국채택국제회계기준에서 허용하고 있는 대체적인 회계처리방법의 수를 축소하기 위한 근거를 제공하여 한국회계기준위원회가 재무제표의 표시와 관련되는 법규, 회계기준 및 절차의 조화를 촉진시킬 수 있도록 도움을 준다.

해설 한국채택국제회계기준이 재무보고를 위한 개념체계보다 우선한다.

답 ③

03 회계기준에 제시된 일반목적재무보고의 목적에 대한 설명으로 옳지 않은 것은? (2018년)

① 기업의 전망을 평가하기 위해 필요한 정보에 기업의 자원과 기업에 대한 청구권에 관한 정보는 포함되지만 경영진의 책임 이행에 대한 정보는 포함되지 않는다.

② 현재 및 잠재적 투자자, 대여자 및 기타 채권자는 기업에 유입될 미래 순현금유입에 대한 전망을 평가하는 데 도움을 주는 정보를 필요로 한다.

③ 일반목적재무보고의 목적은 '개념체계'의 기초를 형성한다.

④ 보고기업의 경영진도 해당 기업에 대한 재무정보에 관심이 있지만, 그들이 필요로 하는 재무정보를 내부에서 구할 수 있기 때문에 일반목적재무보고서에 의존할 필요가 없다.

[해설] 경영진은 소유주로부터 위탁받아서 기업을 경영하기 때문에 경영진의 수탁책임 결과도 보여준다.

[답] ①

04 회계정보의 질적 특성에 관한 설명으로 옳지 않은 것은? (2016년)

① 근본적 질적 특성을 만족하지 못하면 정보의 유용성이 심각하게 저해되거나 상실된다.

② 검증가능성은 정보를 가지고 있으면 없는 경우와 비교하여 의사결정을 함에 있어서 보다 유리한 차이를 낼 수 있음을 의미한다.

③ 장기적으로 목적적합성이나 표현의 충실성이 향상되면 비교가능성이 감소되는 것은 감수될 수 있다.

④ 비교가능성이 목표라면 일관성은 이를 달성하게 해 주는 수단이라고 할 수 있다.

[해설] 정보를 가지고 있으면 없는 경우와 비교하여 유리한 차이를 낼 수 있는 특성은 목적적합성의 특성이다.
재무정보의 질적 특성
• 근본적 질적 특성 : 목적적합성, 표현충실성
• 보강적 질적 특성 : 비교가능성, 검증가능성, 적시성, 이해가능성

[답] ②

05 다음 중 계속기업의 가정에 대한 설명으로 옳지 않은 것은? (2017년)

① 기업은 예상가능한 기간 동안 영업을 계속할 것이라는 가정이다.

② 계속기업의 가정에 따라 유형자산의 감가상각은 정당화된다.

③ 자산과 부채에 대한 유동 및 비유동 구분을 가능하게 한다.

④ 기업이 청산될 것으로 예상되는 경우 해당 기업의 자산은 역사적 원가에 의해서 측정되어야 한다.

[해설] 역사적 원가기준은 취득 당시에 지급한 금액으로 측정하는 방식으로 청산 예상 시에는 의미가 없다. 청산 예상 시에는 현행원가의 방법으로 측정해야 한다.

[답] ④

06 회계기준에 제시된 재무제표 표시의 일반사항에 대한 설명으로 옳지 않은 것은? (2018년)

① 재무제표 항목의 표시나 분류를 변경하는 경우 실무적으로 적용할 수 없는 것이 아니라면 비교금액도 재분류해야 한다.

② 경영진은 재무제표를 작성할 때 계속기업으로서의 존속가능성을 평가해야 한다.

③ 기업은 현금흐름 정보를 제외하고는 발생기준 회계를 사용하여 재무제표를 작성한다.

④ 한국채택국제회계기준에 특정 요구사항이 열거되어 있거나 최소한의 요구사항으로 기술되어 있다면 중요하지 않더라도 그 공시를 제공해야 한다.

[해설] 한국채택국제회계기준 요구에 따라 공시되는 정보가 중요하지 않다면 그 공시를 제공할 필요는 없다.

답 ④

07 회계기준에 제시된 재무상태표에 대한 설명으로 옳지 않은 것은? (2018년)

① 기업의 재무상태를 이해하는 데 목적적합한 경우 추가 표시하는 중간합계를 한국채택국제회계기준에서 요구하는 중간합계보다 부각되게 표시할 수 있다.

② 기업의 재무상태를 이해하는 데 목적적합한 정보를 제공하기 위해 기업과 거래의 성격에 따라 사용된 용어와 항목의 순서, 또는 유사 항목의 통합방법을 변경할 수 있다.

③ 금융회사와 같은 일부 기업의 경우에는 오름차순이나 내림차순의 유동성 순서에 따른 표시방법으로 자산과 부채를 표시하는 것이 유동/비유동 구분법보다 신뢰성 있고 더욱 목적적합한 정보를 제공한다.

④ 신뢰성 있고 더욱 목적적합한 정보를 제공한다면 자산과 부채의 일부는 유동/비유동 구분법으로, 나머지 는 유동성 순서에 따른 표시방법으로 표시하는 것이 허용된다.

[해설] 중간합계를 추가로 표시할 때 중간합계 구성항목은 한국채택국제회계기준에 따라 측정되어야 하고, 명확하게 이해할 수 있는 방법으로 표시하거나 명명하며, 일관성 있게 작성하고, 한국채택국제회계기준이 요구하는 중간합계와 합계보다 더 부각되지 않도록 해야 한다.

답 ①

08 재무제표 표시에 대한 설명으로 옳지 않은 것은? (2019년)

① 상이한 성격이나 기능을 가진 항목은 통합하여 표시하지만, 중요하지 않은 항목은 성격이나 기능이 유사한 항목과 구분하여 표시할 수 있다.

② 한국채택국제회계기준에서 요구하거나 허용하지 않는 한 자산과 부채 그리고 수익과 비용은 상계하지 아니한다.

③ 한국채택국제회계기준이 달리 허용하거나 요구하는 경우를 제외하고는 당기 재무제표에 보고되는 모든 금액에 대해 전기 비교정보를 공시한다.

④ 재무제표가 계속기업의 기준하에 작성되지 않는 경우에는 그 사실과 함께 재무제표가 작성된 기준 및 그 기업을 계속기업으로 보지 않는 이유를 공시하여야 한다.

[해설] 유사한 항목은 중요성 분류에 따라 재무제표에 구분하여 표시하고 상이한 성격이나 기능을 가진 항목은 구분하여 표시하며, 중요하지 않은 항목은 성격이나 기능이 유사한 항목과 통합하여 표시할 수 있다.
② 한국채택국제회계기준에서 요구하지 않는 한 자산과 부채 그리고 수익과 비용은 상계하지 아니하는 것이 원칙이다. 왜냐하면 상계표시는 미래현금흐름을 분석하는 재무제표 이용자의 능력을 저해하기 때문이다.
③ 한국채택국제회계기준이 달리 허용하거나 요구하는 경우를 제외하고는 당기 재무제표에 보고되는 모든 금액에 대해 전기 비교정보를 공시한다. 또한 당기 재무제표를 이해하는 데 목적적합하다면 서술형 정보의 경우에도 비교정보를 포함한다. 이때 최소한 두 개의 재무상태표와 두 개의 포괄손익계산서, 두 개의 별개 손익계산서, 두 개의 현금흐름표, 두 개의 자본변동표 그리고 관련 주석을 표시해야 한다.
④ 경영진은 재무제표를 작성할 때 계속기업으로서의 존속가능성을 평가해야 한다. 따라서 경영진이 기업을 청산하거나 경영활동을 중단할 의도를 가지고 있지 않거나, 청산 또는 경영활동의 중단 외에 다른 현실적 대안이 없는 경우가 아니면 계속기업을 전제로 재무제표를 작성한다. 또한 계속기업으로서의 존속능력에 유의적인 의문이 제기될 수 있는 사건이나 상황과 관련된 중요한 불확실성을 알게 된 경우, 경영진은 그러한 불확실성을 공시하여야 하며 재무제표가 계속기업의 기준하에 작성되지 않는 경우에는 그 사실과 함께 재무제표가 작성된 기준 및 그 기업을 계속기업으로 보지 않는 이유를 공시하여야 한다.

답 ①

09 회계기준에 제시된 포괄손익계산서에 대한 설명으로 옳은 것은? (2018년)

① 기타포괄손익의 구성요소(재분류조정 포함)와 관련한 법인세 비용 금액은 포괄손익계산서나 주석에 공시한다.

② 기업의 현금 및 현금성자산 창출능력과 기업의 현금흐름 사용 필요성에 대한 평가의 기초를 재무제표이용자에게 제공한다.

③ 비용의 기능에 대한 정보가 미래현금흐름을 예측하는 데 유용하기 때문에 비용을 성격별로 분류하는 경우에는 추가 공시가 필요하다.

④ 별개의 손익계산서를 표시하는 경우 포괄손익을 표시하는 보고서에 당기손익 부분을 표시한다.

[해설] ② 기업의 현금 및 현금성자산 창출능력과 기업의 현금흐름 사용 필요성에 대한 평가의 기초를 제공하는 것은 현금흐름표이다.
③ 비용을 기능별로 분류하는 기업의 경우 성격에 대한 추가정보를 주석으로 공시한다.
④ 당기손익부분은 별개의 손익계산서 부분에 표시한다.

답 ①

10 재무상태표에 관한 설명으로 옳지 않은 것은? (2020년)

① 보고기간 후 재무제표 발행승인일 전에 장기로 차환하는 약정이 체결된 경우라 하더라도 금융부채가 보고기간 후 12개월 이내에 결제일이 도래하면 이를 유동부채로 분류한다.

② 유동자산과 비유동자산, 유동부채와 비유동부채로 구분하는 표시방법이 신뢰성 있고 더욱 목적적합한 정보를 제공하는 경우를 제외하고는 자산과 부채는 유동성 순서에 따라 표시한다.

③ 기업은 재무제표에 표시된 개별항목을 기업의 영업활동을 나타내기에 적절한 방법으로 세분류하고, 그 추가적인 분류 내용을 재무상태표 또는 주석에 공시한다.

④ 유동자산은 보고기간 후 12개월 이내에 실현될 것으로 예상되지 않는 경우에도 재고자산과 매출채권과 같이 정상영업주기의 일부로서 판매, 소비 또는 실현되는 자산을 포함한다.

[해설] 유동성 순서에 따른 표시방법이 신뢰성 있고 더욱 목적적합한 정보를 제공하는 경우를 제외하고는 유동성, 비유동성 구분법에 따라 유동자산과 비유동자산, 그리고 유동부채와 비유동부채로 재무상태표에 구분하여 표시하며, 유동성 순서에 따른 표시방법이 신뢰성 있고 더욱 목적적합한 정보를 제공하는 경우에는 유동성 순서에 따른 표시방법을 적용하여 모든 자산과 부채를 유동성 순서에 따라 표시한다.

답 ②

11 자본시장과 회계정보에 대한 설명으로 옳은 것은? (2018년)

① 기업이 기업 관련 정보를 기업 외부에 제공하는 목적은 증권시장 관련 법률이나 감독 당국이 지정한 규제를 이행하기 위함이다.

② 자본시장 내에 기업과 관련하여 어떠한 정보도 제공되지 않는다면 자본시장은 존립할 수 없다.

③ 기업이 외부와의 거래에 있어서 외상과 같은 신용거래를 하지 않고 현금거래만 한다면 현금흐름과 이익흐름은 동일하다.

④ 외부감사인의 재무제표에 대한 감사의견은 해당 기업에 대한 투자적정성을 나타낸다.

[해설] ① 재무제표의 목적은 광범위한 정보이용자의 경제적 의사결정에 유용한 기업의 재무상태, 재무성과와 재무상태변동에 관한 정보를 제공하는 것이다.
③ 기업이 현금거래만 한다고 하더라도 기업은 현금의 유입이나 유출과 관계없이 수익과 비용이 발생하면 수익과 비용으로 기록하는 발생주의 회계를 적용하기 때문에 현금흐름과 이익흐름은 동일하지 않다.
④ 외부감사인의 감사의견은 기업이 기업회계기준에 따라 적절하게 재무제표를 작성했다는 의미이지 투자의 적정성을 평가하는 것이 아니다.

답 ②

12 아래 자료를 이용할 때, 자본유지개념 중 실물자본유지개념하에서 (주)한국의 당기손익은? (2018년)

> • 기초에 현금 ₩1,000으로 영업을 시작하였다.
> • 기초에 상품A를 단위당 ₩200에 4개를 구입하고, 기중에 2개를 단위당 ₩300에 판매하였다.
> • 당기 일반물가상승률은 10%이다.
> • 물가상승으로 인해 기말 현재 상품A의 가격은 ₩300이다.
> • 기말현재 자산은 현금 ₩800과 상품A 2개이다.

① 손실 ₩200　　　　　　　　　　　② 손실 ₩100
③ 이익 ₩100　　　　　　　　　　　④ 이익 ₩200

[해설] 기초상품 A를 5개 살 수 있는 자본을 보유하고 있다.
기말상품 A를 5개 살 수 있으려면 ₩1,500이 필요하다.
기말 현재 자산은 ₩800에 상품A 2개로 ₩1,400 보유하고 있으므로, 손실 ₩100이다.

답 ②

13 재무제표 요소의 측정에 관한 설명으로 옳지 않은 것은? (2020년)

① 공정가치가 활성시장에서 직접 관측되지 않는 경우에는 현금흐름기준 측정법 등을 사용하여 간접적으로 결정된다.
② 가격변동이 유의적일 경우, 현행원가를 기반으로 한 이익은 역사적 원가를 기반으로 한 이익보다 미래이익을 예측하는 데 더 유용할 수 있다.
③ 사용가치와 이행가치는 미래현금흐름에 기초하기 때문에 자산을 취득하거나 부채를 인수할 때 발생하는 거래원가는 포함하지 않는다.
④ 역사적 원가는 자산의 손상이나 손실부담에 따른 부채와 관련되는 변동과 같은 가치의 변동을 반영하지 않는다.

[해설] 역사적 원가는 자산의 손상이나 손실부담에 따른 부채와 관련되는 변동을 제외하고는 가치의 변동을 반영하지 않는다.

답 ④

02 | 자산

제1절 현금 및 현금성자산과 채권채무

---

1. 현금 및 현금성자산

(1) 현금

① 현금의 의의

> 현금 = 보유현금 + 요구불예금

② 보유현금 : 통화와 통화대용증권을 말한다.
　㉠ 통화 : 지폐, 주화 등 사용가능한 화폐
　㉡ 통화대용증권 : 타인발행수표(자기앞수표, 당좌수표, 가계수표, 송금수표), 우편환증서, 전신환증서, 만기도래어음, 일람출급어음, 지급일이 경과한 이자표, 배당금증서(통지서), 국고환급증서 등 통화와 유사하게 사용 가능한 지급수단

③ 요구불 예금 : 당좌예금, 보통예금과 같이 자유롭게 인출 가능한 예금
　㉠ 당좌예금 : 예금자가 언제든지 수표를 발행하여 지급을 요구할 수 있는 예금으로 기업체에서 사용하는 가장 대표적인 예금
　㉡ 당좌차월 : 당좌예금 거래자는 은행과 차월계약을 체결하면 예금잔액 이상으로 수표를 발행하여도 자금을 지원받을 수 있다. 이때 예금잔액을 초과한 금액이 부채계정인 단기차입금(당좌차월)에 해당한다.

④ 현금 분류 시 주의할 항목
　㉠ 우표, 수입인지는 수수료에 대한 선지급이므로 선급비용에 해당한다.
　㉡ 선일자수표는 형식은 수표이나 경제적 실질은 어음에 해당하므로 수취채권으로 분류한다.
　㉢ 급여가불금과 차용증서는 대여금에 해당한다.
　㉣ 사용제한예금은 취득 당시 만기가 3개월 이내라 할지라도 현금 및 현금성자산에 해당하지 않는다.

(2) 현금성자산

① 의의
현금성자산이란 큰 거래비용 없이 현금전환이 용이하고 시장이자율 변동에 따른 가치변동의 위험이 적은 단기투자자산으로 취득 당시 만기 또는 상환일이 3개월 이내인 것을 말한다.

② 현금성자산의 예

- 취득 당시 만기가 3개월 이내에 도래하는 채권
- 취득 당시 만기일이 3개월 이내인 초단기 수익증권
- 3개월 이내 환매조건의 환매채
- 취득 당시 만기가 3개월 이내에 도래하는 단기금융상품

(3) 은행계정조정표

① 의의

일정시점의 회사의 예금계정잔액과 은행의 예금계좌의 잔액이 어느 한쪽의 기장오류로 인하여 일치하지 않는 경우가 발생하는 경우 금액의 불일치 원인을 파악하여 수정하는 것을 말하며, 이때 작성하는 표가 은행계정조정표이다.

② 불일치 조정

ㄱ 기발행 미결제(인출)수표 : 회사는 수표를 발행하여 당좌예금이 감소하였지만 동 수표가 은행에 지급제시되지 않아 은행 측에서는 당좌예금의 출금처리가 되지 않은 것으로 은행 측의 잔액을 차감하여 수정하여야 한다.

ㄴ 은행미기입예금 : 회사에서는 입금기록을 하였으나 은행 측에서 입금기록을 하지 않는 경우로 회사가 은행 마감 후 입금한 경우가 대표적이다. 이 경우에는 은행 측에 가산하여 수정하여야 한다.

ㄷ 회사미통지예금 : 은행에서 입금으로 기록하였으나 회사 측에서는 입금처리가 되지 않는 경우로 회사는 입금을 기록하여 회사측 잔액을 증가시켜 수정하여야 한다.

ㄹ 회사미기입출금 : 은행에서는 출금처리하였으나 회사가 출금사실을 통지받지 못하여 출금처리를 하지 못한 경우로 회사는 예금잔액을 감소시키는 수정을 해야 한다.

ㅁ 부도수표 : 회사가 입금한 수표가 부도수표인데 회사가 알지 못한 경우, 은행에서는 입금되지 않았으나 회사에서는 입금처리되어 있다. 해당 금액은 회사측 잔액에서 차감하여 조정한다.

ㅂ 기장의 오류 : 회사나 은행에서 장부기입의 누락이나 금액의 착오를 일으킨 경우로 회사 측의 오류일 때에는 회사의 금액을 조정하고, 은행 측의 오류일 경우에는 은행잔액을 조정하여 일치시킨다.

2. 채권 · 채무

(1) 채권 · 채무 일반

① 채권과 채무의 의의

채권이란 일반적으로 기업이 고객에게 외상으로 재화나 용역을 제공하거나 자금을 대여하여 발생하는 미래에 현금을 수취할 권리이며, 채무란 일반적으로 기업이 외상으로 재화나 용역을 구입하거나 운영에 필요한 자금을 차입하여 발생하는 미래에 현금을 지급할 의무이다.

② 채권과 채무의 분류

거래에 따른 분류	채권	• 매출채권 : 일반적인 상거래에서 발생하는 외상매출금과 받을어음 • 기타채권 : 일반적 상거래 이외에서 발생한 미수금과 대여금
	채무	• 매입채무 : 일반적 상거래에서 발생한 외상매입금과 지급어음 • 기타채무 : 일반적 상거래 이외에서 발생한 미지급금과 차입금
회수기간에 따른 분류	채권	• 단기수취채권(유동자산) : 매출채권, 미수금, 단기대여금 등 • 장기수취채권(비유동자산) : 장기성매출채권, 장기대여금 등
	채무	• 단기지급채무(유동부채) : 매입채무, 단기차입금 등 • 장기지급채무(비유동부채) : 장기성매입채무, 장기차입금 등

(2) 매출채권과 매입채무

① 외상매출금

  ㉠ 외상매출금은 상거래상 외상으로 제품이나 상품을 매출한 경우에 발생하는 수취채권으로 다음과 같이 회계처리한다.

• 외상판매 시	(차)	매출채권(외상매출금)	×××	(대)	매출	×××
• 대금회수 시	(차)	현금	×××	(대)	매출채권(외상매출금)	×××

  ㉡ 외상매출금의 조정항목

    ⓐ 매매할인 및 수량할인 : 매매할인은 특정고객에게 가격의 일정률을 할인하여 주는 것이며, 수량할인은 구매물량이 일정수준을 초과하는 경우 할인하여 주는 것이다. 매매할인 및 수량할인은 이미 매출 시 매출액에 반영되어 있기 때문에 별도의 회계처리는 필요 없다.

    ⓑ 매출환입 및 매출에누리 : 매출환입은 매출된 재고자산이 반품되는 경우를 말하며, 매출에누리는 고객이 구입한 재고자산의 파손 또는 결함 등으로 인하여 고객에게 가격을 할인하여 주는 것이다. 두 경우 모두 매출과 매출채권을 감소시키는 회계처리를 한다.

    ⓒ 매출할인 : 상품매출대금을 회수일 이전에 회수한 때 거래처에 그 대금 중 일정률을 할인해주는 것을 말한다.

구분	발생원인	회계처리
거래할인	판매 시에 일정금액을 할인하여 주는 경우	회계처리를 하지 않음
매출할인	매출채권의 조기결제 시 일정한 금액을 할인하여 주는 경우	매출의 차감적 평가계정
매출에누리	매출 후 파손·결함 등으로 인하여 일정한 금액을 할인하여 주는 경우	
매출환입	매출 후 반품이 일어나는 경우	

② 외상매입금

  ㉠ 외상매입금은 상거래상 외상으로 제품이나 상품을 매입한 경우 발생하는 지급채무로 다음과 같이 회계처리한다.

• 외상판매 시	(차)	매입(상품 등)	×××	(대)	매입채무(외상매입금)	×××
• 대금회수 시	(차)	매입채무(외상매입금)	×××	(대)	현금	×××

  ㉡ 매입 시에도 매출과 동일하게 할인이나 에누리가 발생할 수 있으며 이때는 재고자산에서 조정한다.

③ 받을어음과 지급어음

   ⊙ 어음이란 채무자가 자신의 채무를 이행하기 위하여 액면금액을 만기일에 지급하겠다는 내용을 일정한 서식에 따라 기재한 증권이다.

   ⓒ 받을어음은 상거래로 인하여 발생한 어음상의 채권을 처리하는 계정으로서 어음상의 채권이 발생하면 받을어음 계정의 차변에 기입하고 어음상의 채권이 소멸하면 받을어음 계정의 대변에 기입한다.

   ⓒ 지급어음은 일반적 상거래로 인하여 발생한 어음상의 채무를 처리하는 계정으로서 어음상의 채무가 발생하면 지급어음 계정의 대변에 기입하고, 어음상의 채무가 소멸하면 지급어음 계정의 차변에 기입한다.

④ 어음의 배서

어음의 배서란 만기 이전에 어음상의 권리를 타인에게 양도할 때 양도인이 어음권면상에 양도의사를 기명날인하는 것을 말한다.

⑤ 어음의 부도

어음상의 채무자가 자금부족을 이유로 거래처로부터 받아 보유하고 있던 받을어음의 만기일에 어음대금을 지급하지 못하는 것을 말한다. 은행에서 할인받은 어음이나 배서양도한 어음이 부도난 경우에는 부도어음으로 인하여 은행 등으로부터 청구받은 금액을 지급해야 한다.

3. 채권을 통한 자금조달

(1) 자금조달의 종류

채권은 향후 현금을 회수할 수 있는 권리이므로, 기업은 자금이 필요한 경우 채권을 가지고 금융기관과 담보차입 거래를 하거나 양도하여 이를 현금화할 수 있다. 채권을 현금화하는 방법에는 다음과 같은 것이 있다.

① 매출채권의 담보차입

토지나 건물 등을 담보로 제공하는 대신 매출채권을 담보로 제공하여 금융기관으로부터 자금을 차입하는 거래를 말한다. 이러한 거래가 이루어지면 매출채권은 담보물이 되어 재무제표에 그대로 남게 되고, 차입금이 증가한다.

② 매출채권의 양도(팩토링)

매출채권의 양도는 토지나 건물 등을 양도하는 것처럼, 매출채권을 금융회사에 양도하고 수수료를 차감한 자금을 조달하는 형태의 거래를 말한다. 해당 채권이 만기에 도달하면 채권의 양수인인 금융회사가 대금을 회수하게 된다.

③ 받을어음 할인

받을어음의 할인이란 어음의 만기일 이전에 은행 등의 금융기관에 배서양도하고 소정의 이자 및 수수료를 할인료로 차감한 잔액을 현금으로 받아 어음을 현금화하는 것을 말한다.

(2) 채권을 통한 자금조달 시 회계처리

매출채권을 양도하거나 받을어음을 할인할 때, 금융자산의 제거요건을 충족하면 채권의 매각거래에 해당하며 그렇지 못한 경우에는 차입거래에 해당한다.

① 매각거래

매각거래에 해당하는 경우 일반적인 자산의 매각과 유사하게 재무제표에서 금융자산을 제거한다. 이때 선이자를 차감한 금액을 수령하므로 이러한 수수료(이자비용)만큼 차이가 발생하여 이를 매출채권처분손실로 인식한다.

㉠ 어음할인 시 현금수령액의 계산

> ⓐ 채권의 만기가액 = 액면가액 + 액면표시이자 × 보유기간 / 12
> ⓑ 선이자 = 채권의 만기가액 × 이자율 × 차입월수 / 12
> ⓒ 현금수령액 = 채권의 만기가액 − 선이자

㉡ 어음할인 시 매출채권처분손실의 계산

> 매출채권처분손실 = 액면금액 + 보유기간이자 − 현금수령액

② 차입거래

금융자산의 제거요건을 충족하지 못하면 차입거래에 해당하는데, 채권을 담보제공하여 자금을 차입한 것으로 본다. 자산은 재무제표에 그대로 인식하며 해당 금액만큼 부채인 차입금을 인식한다. 차입거래 시에는 차입금에 대한 이자비용이 발생한다.

③ 금융자산의 제거요건

금융자산의 양도에 대하여 양도자는 금융자산의 소유에 따른 위험과 보상의 대부분을 이전하면 금융자산의 제거요건을 충족한다. 이는 법률적인 소유권, 실질적인 계약관계 등을 파악하여 결정하게 된다.

4. 대손회계

(1) 대손의 의의

대손이란 기업이 채권의 회수가능성을 검토한 결과 거래처의 신용하락, 파산 등의 사유로 채권의 회수가 불가능한 경우로서, 상각후원가측정금융자산의 손상을 의미한다.

(2) 대손예상액의 추정방법

IFRS에서는 기대신용손실모형을 사용하여 금융자산의 손상 여부를 판단한다. 유의적인 금융요소를 포함하고 있지 않은 매출채권에 대해서는 항상 전체기간 기대신용손실에 해당하는 금액으로 손실충당금을 측정하는 간편법을 적용 가능하다. 전체기간 기대신용손실의 반영을 위해 다음의 방법을 동시에 고려하여 대손예상액을 추정할 수 있다. 매출채권 외 금융자산에 대한 손상은 금융자산 파트에서 다룬다.

① 개별법

기말 매출채권 총액을 구성하는 각각 항목별로 회수가능 여부를 파악하여 회수가 불확실한 채권금액을 대손추산액으로 보는 방법이다.

② 경험률법(채권잔액비례법)

기말 매출채권잔액에 과거 발생하였던 대손발생경험률을 곱하여 대손추산액을 산출하는 방법이다.

> 기말 대손충당금잔액 = 매출채권 기말잔액 × 대손경험률

③ 연령분석법

매출채권의 경과일수가 장기화되면 매출채권의 회수불능위험이 커진다는 가정 아래 오랜 기간이 경과한 매출채권잔액일수록 많은 금액을 대손추산액으로 설정하고, 최근에 발생한 채권일수록 작은 비율의 금액만큼 대손추산액으로 설정하는 방법이다.

(3) 대손의 인식방법

① 충당금설정법

㉠ 기업회계기준에서는 대손 관련하여 충당금설정법을 사용할 것을 규정하고 있다. 이는 합리적으로 추정이 가능한 채권의 대손금액에 대해서 미리 충당금을 설정하고 이후에 관련 대손이 발생 시 충당금과 상계하는 방법이다.

㉡ 기업은 결산 시 채권의 회수가능성을 검토하여 대손추정금액을 대손상각비로 인식하는 동시에 대손충당금을 설정한다. 이후에 대손이 발생하면 미리 설정한 대손충당금과 채권금액을 상계하는 방식으로 회계처리한다. 회계연도 중에는 이전에 설정한 대손충당금이 부족한 경우에 한하여 대손상각비가 발생한다.

② 회계처리

대손충당금의 설정 (회계연도 말)	[대손추산액>설정 전 충당금잔액인 경우] (차) 대손상각비 ××× [대손추산액<설정 전 충당금잔액인 경우] (차) 대손충당금 ×××	(대) 대손충당금 ××× (대) 대손충당금환입 ×××
대손의 확정	[대손확정액 ≤ 대손충당금잔액인 경우] (차) 대손충당금 ××× [대손확정액 ≥ 대손충당금잔액인 경우] (차) 대손충당금 ××× 　　대손상각비	(대) 매출채권 ××× (대) 매출채권 ×××
대손처리한 채권의 회수	(차) 매출채권 ××× (차) 현금 ×××	(대) 대손충당금 ××× (대) 매출채권 ×××

▷ 당기 대손상각비의 계산

기말충당금잔액−기초충당금잔액＋당기대손액−추심액(대손처리하였으나 회수된 금액)

더 알아보기 　대손충당금의 회계처리 시 유의사항

- 회수가 불확실한 채권은 합리적이고 객관적인 기준에 따라 산출한 대손추산액을 대손충당금으로 설정한다.
- 대손추산액은 대손상각비계정으로 처리하되 일반적 상거래에서 발생한 매출채권에 대한 대손상각비는 대손상각비로 하며, 기타의 채권에서 발생한 대손상각비는 기타의 대손상각비로 기타비용으로 처리한다.
- 대손이 발생한 경우에는 당기발생 채권인지의 여부에 관계없이 대손충당금과 먼저 상계하여야 하며, 대손충당금이 부족한 경우에는 대손상각비로 처리한다.
- 전기 이전에 대손이 확정되어 대손처리했던 채권을 당기에 다시 회수한 경우에는 대손충당금을 증가시키면 된다.

제2절 금융자산

1. 금융자산의 의의

(1) 금융상품의 의의

거래당사자들 사이에 한쪽은 금융자산이 발생하고 한쪽에 금융부채나 지분상품을 발생하게 하는 모든 계약을 말한다. 금융부채 관련 내용은 뒤의 '금융부채와 사채'에서 다룬다.

(2) 금융자산의 의의

금융자산은 다음의 자산을 말한다.

> ① 현금
> ② 다른 기업의 지분상품
> ③ 거래상대방에게서 현금 등 금융자산을 수취할 계약상의 권리
> ④ 잠재적으로 유리한 조건으로 거래상대방과 금융자산이나 금융부채를 교환하기로 한 계약상의 권리
> ⑤ 기업 자신의 지분상품(자기지분상품)으로 결제되거나 결제될 수 있는 일정 계약

더 알아보기

> • 지분상품 : 기업의 자산에서 모든 부채를 차감한 후의 잔여지분을 나타내는 모든 계약
> • 채무상품 : 발행자에 대하여 금전을 청구할 수 있는 권리를 표시한 금융상품

2. 금융자산의 분류

금융자산은 금융자산의 관리를 위한 사업모형, 계약상 현금흐름 특성 모두에 근거하여 후속적으로 상각후원가, 기타포괄손익-공정가치, 당기손익-공정가치로 측정되도록 분류한다.

(1) 상각후원가측정금융자산

다음 두 가지 조건을 모두 충족한다면 금융자산을 상각후원가로 측정한다.
① 계약상 현금흐름을 수취하기 위해 보유하는 것이 목적인 사업모형하에서 금융자산을 보유한다.
② 금융자산의 계약 조건에 따라 특정일에 원금과 원금잔액에 대한 이자 지급만으로 구성되어 있는 현금흐름이 발생한다.

(2) 기타포괄손익-공정가치측정금융자산

다음 두 가지 조건을 모두 충족한다면 금융자산을 기타포괄손익-공정가치로 측정한다.
① 계약상 현금흐름의 수취와 금융자산의 매도 둘 다를 통해 목적을 이루는 사업모형하에서 금융자산을 보유한다.
② 금융자산의 계약조건에 따라 특정일에 원리금 지급만으로 구성되어 있는 현금흐름이 발생한다.

(3) 당기손익-공정가치측정금융자산

금융자산은 상각후원가로 측정하거나 기타포괄손익-공정가치로 측정하는 경우가 아니라면, 당기손익-공정가치로 측정한다. 그러나 당기손익-공정가치로 측정되는 '지분상품에 대한 특정 투자'에 대하여는 후속적인 공정가치 변동을 기타포괄손익으로 표시하도록 최초인식시점에 선택할 수도 있다. 다만, 한 번 선택하면 이를 취소할 수 없다.

3. 금융자산의 회계처리

(1) 금융자산의 측정

① 금융자산의 인식
  ㉠ 최초인식시점에 금융자산이나 금융부채를 공정가치로 측정한다. 당기손익-공정가치측정금융자산 또는 당기손익-공정가치측정금융부채가 아닌 경우에 해당 금융자산의 취득이나 해당 금융부채의 발행과 직접 관련되는 거래원가는 공정가치에 가감한다.
  ㉡ 유의적인 금융요소를 포함하지 않은 매출채권은 수익기준서에 따른 거래가격으로 측정한다.

② 최초인식 시 측정
  ㉠ 금융자산은 최초인식 시 공정가치로 측정한다. 다만, 당기손익인식금융자산이 아닌 경우 당해 금융자산의 취득과 직접 관련되는 거래원가는 최초인식하는 공정가치에 가산하여 측정한다.
  ㉡ 당기손익인식금융자산의 경우 취득과 직접 관련되는 거래원가는 당기비용으로 인식한다.

> **더 알아보기** | 공정가치의 측정
>
> ① 공정가치의 의의 : 자산이나 부채의 공정가치는 공정가치를 측정일에 시장참여자 사이의 정상거래에서 자산을 매도하면서 수취하거나 부채를 이전하면서 지급하게 될 가격을 말한다.
> ② 목적
> ㉠ 공정가치는 시장에 근거한 측정치이며 기업 특유의 측정치가 아니다.
> ㉡ 동일한 자산이나 부채의 가격이 관측가능하지 않을 경우 관련된 관측가능한 투입변수의 사용을 최대화하고 관측가능하지 않은 투입변수의 사용을 최소화하는 다른 가치평가기법을 이용하여 공정가치를 측정한다.
> ③ 가치평가기법에의 투입변수
> ㉠ 일반원칙 : 공정가치를 측정하기 위해 사용되는 가치평가기법은 관련된 관측가능한 투입변수의 사용을 최대화하고 관측가능하지 않은 투입변수의 사용을 최소화한다.
> ㉡ 공정가치 서열체계
> • 수준 1 투입변수는 측정일에 동일한 자산이나 부채에 대한 접근 가능한 활성시장의 (조정되지 않은) 공시가격이다.
> • 수준 2의 투입변수는 수준 1의 공시가격 이외에 자산이나 부채에 대해 직접적으로 또는 간접적으로 관측가능한 투입변수이다.
> • 수준 3의 투입변수는 자산이나 부채에 대한 관측가능하지 않은 투입변수이다.
> ④ 주된 시장 : 자산이나 부채의 공정가치를 측정하기 위하여 사용되는 주된 시장의 가격에서 거래원가를 조정하지는 않는다.

③ 재분류
  금융자산을 관리하는 사업모형을 변경하는 경우에만 영향받는 모든 금융자산을 재분류한다. 다음은 재분류에 해당하지 않는다.
  ㉠ 현금흐름위험회피 또는 순투자의 위험회피에서 위험회피수단으로 지정되고 위험회피에 효과적이었던 항목이 더는 위험회피회계의 적용조건을 충족하지 않는 경우

ⓒ 특정 항목이 현금흐름위험회피 또는 순투자의 위험회피에서 위험회피수단으로 지정되고 위험회피에 효과적이 되는 경우

ⓒ 신용 익스포저를 당기손익-공정가치측정 항목으로 지정함에 따른 측정의 변화

(2) 금융자산의 평가방법

① 원가법

공정가치의 변동을 반영하지 않고 금융자산을 취득원가 또는 상각후원가로 평가하는 방법이다.

더 알아보기

ⓐ 금융자산이나 금융부채의 상각후원가
최초인식시점에 측정한 자산이나 부채에서 상환된 금액을 차감하고, 최초인식금액과 만기금액의 차액에 유효이자율법을 적용하여 계산한 상각누계액을 가감한 금액
ⓑ 유효이자율
금융자산이나 금융부채의 기대존속기간에 추정 미래현금지급액이나 수취액의 현재가치를 금융자산의 총장부금액이나 금융부채의 상각후원가와 정확히 일치시키는 이자율
ⓒ 유효이자율법
금융자산이나 금융부채의 상각후원가를 계산하고 관련 기간에 이자수익이나 이자비용을 당기손익으로 인식하고 배분하는 방법

② 공정가치법

금융자산을 보고기간 말의 공정가치로 보고하는 방법으로 매 기간 말에 평가손익을 인식한다.

③ 금융자산의 분류별 평가

ⓐ 당기손익-공정가치측정금융자산 : 공정가치로 측정하고, 공정가치 변동을 당기손익으로 인식

ⓑ 기타포괄손익-공정가치측정금융자산 : 공정가치로 측정하고, 공정가치 변동을 기타포괄손익으로 인식

ⓒ 상각후원가측정금융자산 : 상각후원가로 측정

(3) 금융자산의 손상

① 손상모형

ⓐ 금융상품의 손상모형은 향후 발생할 것으로 예상되는 신용손실을 손상으로 인식하는 기대신용손실모형이다.

ⓑ 신용손실이란 계약에 따라 받기로 한 현금흐름과 받을 것으로 예상하는 현금흐름의 차이를 최초 유효이자율로 할인한 금액이다. 유효이자율을 계산할 때 기대존속기간에 걸친 모든 계약조건(예 중도상환옵션, 연장옵션, 콜옵션 등)을 고려해야 한다.

ⓒ 기대신용손실이란 개별 채무불이행 발생 위험으로 가중평균한 신용손실이다.

② 손상대상 자산

ⓐ 손상대상 자산은 상각후원가측정금융자산, 기타포괄손익-공정가치측정금융자산(채무상품만)이다.

ⓑ 지분상품은 공정가치로 측정하기 때문에 손상규정이 적용되지 않는다.

③ 손상평가
  ㉠ 금융자산 최초인식 후에 금융상품의 신용위험이 유의적으로 증가했는지를 보고기간 말마다 평가한다.
  ㉡ 미래 전망 정보를 포함하는 합리적이고 뒷받침될 수 있는 모든 정보를 고려하여 기대신용손실을 인식한다.
  ㉢ 신용손상정도에 따라 기대손실 측정대상 기간을 다음과 같이 차별화한다.
    ⓐ 신용위험이 유의적으로 증가하지 않은 경우(stage1) : 12개월 기대신용손실
    ⓑ 신용위험이 유의적으로 증가하였으나 손상되지 않은 경우(stage2) : 전체기간(lifetime) 기대신용손실
    ⓒ 신용위험이 유의적으로 증가하였고, 신용이 손상된 경우(stage3) : 전체기간(lifetime) 기대신용손실
④ 손상사건 : 금융자산의 추정미래현금흐름에 악영향을 미치는 하나 이상의 사건이 생긴 경우에 해당 금융자산의 신용이 손상된 것이다. 신용손상을 일으킨 단일 사건을 특정하여 식별하는 것이 불가능할 수 있으며, 오히려 여러 사건의 결합된 효과가 신용손상을 초래할 수도 있다. 손상 징후의 예시는 다음과 같다.
  ㉠ 발행자나 차입자의 유의적인 재무적 어려움
  ㉡ 채무불이행이나 연체 같은 계약 위반
  ㉢ 차입자의 재무적 어려움에 관련된 경제적이나 계약상 이유로 당초 차입조건의 불가피한 완화
  ㉣ 차입자의 파산 가능성이 높아지거나 그 밖의 재무구조조정 가능성이 높아짐
  ㉤ 재무적 어려움으로 해당 금융자산에 대한 활성시장의 소멸
  ㉥ 이미 발생한 신용손실을 반영하여 크게 할인한 가격으로 금융자산을 매입하거나 창출하는 경우
⑤ 집합평가 여부
  ㉠ 개별 금융자산의 최초인식 후에 신용위험의 유의적 증가 여부를 원칙적으로 개별평가한다.
  ㉡ 다만, 다음과 같은 경우 집합기준으로도 신용위험의 유의적 증가를 판단하는 것이 가능하다.

> ⓐ 개별 수준에서는 신용위험의 유의적 증가에 대한 증거가 없더라도 집합적으로 신용위험의 유의적 증가를 판단할 필요가 있는 경우
> ⓑ 개별평가를 수행하기 위해 과도한 원가나 노력이 필요한 경우
> ⓒ 공통의 신용위험 특성으로 묶어서 판단할 필요가 있는 경우

(4) 금융자산의 처분

① 금융자산의 정형화된 매입 또는 매도는 매매일이나 결제일에 인식하거나 제거한다.
② 금융자산 전체를 제거하는 경우에는 장부금액(제거일에 측정)과 수취한 대가(새로 획득한 모든 자산에서 새로 부담하게 된 모든 부채를 차감한 금액 포함)의 차액을 당기손익으로 인식한다.
③ 금융자산 전체나 일부의 회수를 합리적으로 예상할 수 없는 경우에는 그 자산의 장부금액을 직접 제각하며(줄이며), 제각은 금융자산을 제거하는 사건으로 본다.
④ 양도자가 양도자산의 소유에 따른 위험과 보상의 대부분을 보유하지도 이전하지도 않고, 양도자가 양도자산을 통제하고 있다면, 그 양도자산에 지속적으로 관여하는 정도까지 그 양도자산을 계속 인식한다.

⑤ 양도자산을 계속 인식하는 경우에 그 양도자산과 관련 부채는 상계하지 아니한다. 이와 마찬가지로 양도자산에서 생기는 모든 수익은 관련 부채에서 생기는 어떤 비용과도 상계하지 아니한다.

⑥ 기타포괄손익-공정가치측정금융자산에 해당하는 지분상품의 평가손익은 처분하더라도 당기손익으로 분류하지 않는다. 그 외 금융자산은 처분 시 당기손익으로 처리한다.

⑦ 기타포괄손익-공정가치측정금융자산에 해당하는 지분상품의 평가손익누계액은 자본항목으로 표시하며 후속적으로 당기손익으로 이전하지 않는다. 다만, 자본 내에서 이익잉여금으로 대체할 수 있다. 즉, 처분할 때 평가손익누계액이 계속해서 재무제표에 표시될 수도 있고 이익잉여금으로 대체될 수도 있다. 이익잉여금으로 대체할 때는 다음과 같이 회계처리한다.

(차변)	평가이익	×××	(대변)	미처분이익잉여금	×××
또는					
(차변)	미처분이익잉여금	×××	(대변)	평가손실	×××

⑧ 기타포괄손익-공정가치측정금융자산에 해당하는 지분상품을 처분할 때는 공정가치(처분금액)로 먼저 평가한 후에(동 평가손익을 기타포괄손익으로 처리) 처분관련 회계처리를 한다. 즉, 선평가후처분의 과정을 따른다. 따라서 기타포괄손익-공정가치측정금융자산에 해당하는 지분상품을 처분할 때는 처분손익을 인식하지 않는다. 다만, 처분 시에 거래원가가 있다면 처분손익이 발생할 수 있다.

(5) 금융상품 구분에 따른 회계처리

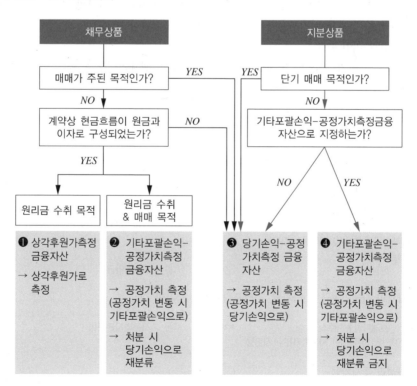

4. 지분법적용투자주식

(1) 관계기업

관계기업이란 투자자가 당해 기업에 대하여 유의적인 영향력이 있는 기업을 말한다. 일반적으로 기업이 직접 또는 간접(예 종속기업을 통하여)으로 피투자자에 대한 의결권의 20% 이상을 소유하고 있다면 유의적인 영향력을 보유하는 것으로 본다. 그러나 유의적인 영향력은 지분율뿐만 아니라 전반적인 조건들을 검토하여 행사할 수 있어야 한다. 종속기업이나 조인트벤처 투자지분은 관계기업이 될 수 없다.

> **더 알아보기** 유의적인 영향력에 해당하는 예시
>
> - 피투자자의 이사회나 이에 준하는 의사결정기구에 참여
> - 배당이나 다른 분배에 관한 의사결정에 참여하는 것을 포함하여 정책결정과정에 참여
> - 투자자와 피투자자 사이의 중요한 거래
> - 경영진의 상호 교류
> - 필수적 기술정보의 제공

(2) 지분법회계처리

지분법회계처리는 투자자산을 최초에 원가로 인식하고, 취득시점 이후에 발생한 피투자자의 순자산변동액 중 투자자의 몫을 해당 투자자산에 가감하여 보고하는 회계처리방법이다. 투자자의 당기순손익에는 피투자자의 당기순손익 중 투자자의 지분율에 해당하는 금액을 포함하고, 투자자의 기타포괄손익에는 피투자자의 기타포괄손익 중 투자자의 지분율에 해당하는 금액을 포함한다.

① 피투자자의 순이익 보고

피투자회사의 당기순이익이 발생하면 해당 지분율만큼 관계기업투자주식으로 인식한다.

> (차) 관계기업투자주식 ××× (대) 지분법이익 ×××
> * 관계기업(피투자자) 순이익 × 지분율

② 피투자자의 배당선언 및 배당 지급

피투자회사로부터 배당을 수령하면 투자금의 회수로 보아 해당 지분율만큼 배당선언 시 관계기업투자주식에서 차감한다.

> [관계기업 배당선언]
> (차) 미수배당금 ××× (대) 관계기업투자주식 ×××
> * 관계기업(피투자자) 배당금 × 지분율
> [배당금 수령]
> (차) 현금 ××× (대) 미수배당금 ×××

③ 피투자자의 자본잉여금, 기타자본, 기타포괄손익이 증가한 경우

> (차) 관계기업투자주식 ××× (대) 지분법자본변동 ×××
> * 관계기업(피투자자) 자본증가분 × 지분율

④ 평가차액과 투자차액

관계기업 취득일 이후에는 이하의 공식이 성립해야 한다. 투자자가 관계기업주식을 취득할 때 지불한 금액이 관계기업의 순자산장부금액의 지분율에 해당하는 금액과 차이가 발생한다면, 이러한 차이의

원인에 따라 적절하게 재무제표에 인식한다.

> 관계기업주식의 장부금액＝관계기업의 순자산공정가치×투자자지분율

ㄱ 평가차액 : 투자주식의 취득시점에 관계기업 순장부금액과 식별가능한 자산·부채를 공정가치로 평가한 관계기업의 순공정가치 금액이 차이나는 경우 그 차이금액을 평가차액이라고 한다.

ⓐ 재고자산의 평가차액 : 관계기업의 재고자산의 공정가치가 장부가액과 차이가 나는 경우 그 재고 자산이 매출되는 시점에 차액이 실현되며, 이하의 금액만큼 실현된 때에 반영한다.

> 지분법이익(손실)＝(매출된 재고자산의 장부금액 – 매출된 재고자산의 공정가치)×지분율

ⓑ 유형자산 등 상각자산의 평가차액 : 상각자산의 경우 매년 말 자산이 상각됨에 따라 공정가치와 장부가액의 차이가 실현되며, 이하의 금액만큼 실현된 때에 반영한다.

> 지분법이익(손실)＝상각자산의 장부가액 – 상각자산의 공정가치) / 잔존내용연수×지분율

ㄴ 투자차액 : 관계기업 순자산공정가치의 지분율 해당액과 취득금액의 차액을 말한다. 투자주식의 취득 가액이 순자산공정가치의 지분율 해당액을 초과할 경우 영업권을 인식하고, 미달할 경우에는 염가매 수차익을 인식한다.

> 영업권(염가매수차익)＝관계기업의 순자산공정가치×지분율 – 관계기업투자주식 취득가액

더 알아보기 | 평가차액과 투자차액의 요약

관계기업 주식의 취득금액
　　　　　　　　　　　　　　　　　　　　　　┐ 투자차액
관계기업 순자산공정가치×지분율
　　　　　　　　　　　　　　　　　　　　　　┘
　　　　　　　　　　　　　　　　　　　　　　┐ 평가차액
관계기업 순자산장부금액×지분율

⑤ 지분법이익과 관계기업투자주식의 장부금액

- 지분법이익＝관계기업 당기순이익×지분율±순자산 과소(과대)평가 조정액
- 관계기업투자주식 장부금액＝취득원가＋관계기업 순자산 증가×지분율±순자산 과소(과대)평가 조정액

제3절　재고자산

---

1. 재고자산의 의의와 종류

(1) 재고자산의 의의

① 기업의 정상적인 영업활동과정에서 판매를 목적으로 보유하고 있는 자산(상품, 제품)이나 판매를 위해 현재 생산 중에 있는 자산(재공품, 반제품) 또는 판매할 자산을 생산하는 데 사용되거나 소모될 자산(원재 료, 저장품)을 말한다.

② 용역제공기업의 재고자산에는 관련된 수익이 아직 인식되지 않은 용역원가가 포함된다.

③ 재고자산은 이를 판매하여 수익을 인식한 기간에 매출원가로 인식한다.

> 매출원가 = 기초재고 + 당기순매입액 − 기말재고

▷ 당기순매입액은 총매입액에서 매입에누리와 환출 및 매입할인을 차감하고, 매입운임 등의 부대비용을 포함시켜야 한다.

(2) 재고자산의 종류

① 상품

기업이 정상적인 영업활동과정에서 판매를 목적으로 구입한 상품을 말하며, 부동산매매업에서 판매를 목적으로 소유하는 토지・건물, 기타 이와 유사한 부동산은 이를 상품으로 포함시킨다.

② 제품

제조업을 영위하는 기업에서 판매를 목적으로 제조한 생산품을 말한다.

③ 반제품

자가 제조한 중간제품과 부분품 등을 말한다.

④ 재공품

제품 또는 반제품의 제조를 위하여 제공과정에 있는 제품을 말한다.

⑤ 원재료

완제품을 제조가공할 목적으로 구입한 원료, 재료 등을 말한다.

⑥ 저장품

소모품, 수선용 부분품 및 기타 저장품을 말한다.

⑦ 기타재고자산

위에 속하지 아니한 재고자산을 말한다.

2. 재고자산의 취득

(1) 재고자산의 취득원가

재고자산의 취득원가는 매입원가, 전환원가 및 재고자산을 현재의 장소에 현재의 상태로 이르게 하는 데 발생한 기타원가 모두를 포함한다.

> 취득원가 = 취득가액 + 부대비용 = 매입원가 + 전환원가 + 기타원가

① 매입원가

㉠ 재고자산의 매입원가는 매입가격에 수입관세와 제세금(과세당국으로부터 추후 환급받을 수 있는 금액은 제외), 매입운임, 하역료 그리고 완제품, 원재료 및 용역의 취득과정에 직접 관련된 원가를 가산한 금액이다.

㉡ 매입할인, 리베이트 및 기타 유사한 항목은 매입원가를 결정할 때 차감한다.

② 전환원가

 ㉠ 재고자산의 전환원가는 직접노무원가 등 생산량과 직접 관련된 원가를 포함한다. 또한 원재료를 완제품으로 전환하는 데 발생하는 고정 및 변동 제조간접원가의 체계적인 배부액을 포함한다.

  ⓐ 고정제조간접원가는 공장 건물이나 기계장치의 감가상각비와 수선유지비 및 공장 관리비처럼 생산량과는 상관없이 비교적 일정한 수준을 유지하는 간접제조원가를 말한다.

  ⓑ 변동제조간접원가는 간접재료원가나 간접노무원가처럼 생산량에 따라 직접적으로 또는 거의 직접적으로 변동하는 간접제조원가를 말한다.

 ㉡ 고정제조간접원가는 생산설비의 정상조업도에 기초하여 전환원가에 배부하는데, 실제조업도가 정상조업도와 유사한 경우에는 실제조업도를 사용할 수 있다.

  ⓐ 정상조업도는 정상적인 상황에서 상당한 기간동안 평균적으로 달성할 수 있을 것으로 예상되는 생산량을 말하는데, 계획된 유지활동에 따른 조업도 손실을 고려한 것을 말한다.

  ⓑ 생산단위당 고정제조간접원가 배부액은 낮은 조업도나 유휴설비로 인해 증가되지 않으며, 배부되지 않은 고정제조간접원가는 발생한 기간의 비용으로 인식한다.

 ㉢ 연산품이 생산되거나 주산물과 부산물이 생산되는 경우처럼 하나의 생산과정을 통하여 동시에 둘 이상의 제품이 생산될 수도 있다. 이 경우, 제품별 전환원가를 분리하여 식별할 수 없다면, 전환원가를 합리적이고 일관성 있는 방법으로 각 제품에 배부한다.

③ 기타원가

 ㉠ 기타원가는 재고자산을 현재의 장소에 현재의 상태로 이르게 하는 데 발생한 범위 내에서만 취득원가에 포함된다. 예를 들어 특정한 고객을 위한 비제조 간접원가 또는 제품 디자인원가를 재고자산의 원가에 포함하는 것이 적절할 수도 있다.

 ㉡ 재고자산의 취득원가에 포함할 수 없으며 발생기간의 비용으로 인식하여야 하는 원가의 예는 다음과 같다.

  ⓐ 재료원가, 노무원가 및 기타제조원가 중 비정상적으로 낭비된 부분

  ⓑ 후속 생산단계에 투입하기 전에 보관이 필요한 경우 이외의 보관원가

  ⓒ 재고자산을 현재의 장소에 현재의 상태로 이르게 하는 데 기여하지 않은 관리간접원가

  ⓓ 판매원가

 ㉢ 재고자산을 후불조건으로 취득할 수도 있다. 계약이 실질적으로 금융요소를 포함하고 있다면, 해당 금융요소(예 정상신용조건의 매입가격과 실제 지급액 간의 차이)는 금융이 이루어지는 기간 동안 이자비용으로 인식한다.

④ 용역제공기업의 재고자산 취득원가

 ㉠ 용역제공기업이 재고자산을 가지고 있다면 이를 제조원가로 측정한다. 이러한 원가는 주로 감독자를 포함한 용역제공에 직접 관여된 인력에 대한 노무원가 및 기타원가와 관련된 간접원가로 구성된다.

 ㉡ 판매와 일반관리 인력과 관련된 노무원가 및 기타원가는 재고자산의 취득원가에 포함하지 않고 발생한 기간의 비용으로 인식한다.

 ㉢ 일반적으로 용역제공기업이 가격을 산정할 때 고려하는 이윤이나 용역과 직접 관련이 없는 간접원가는 재고자산의 취득원가에 포함하지 아니한다.

⑤ 생물자산에서 수확한 농림어업 수확물의 취득원가

생물자산에서 수확한 농림어업 수확물로 구성된 재고자산은 순공정가치로 측정하여 수확시점에 취득원가를 최초로 인식한다.

(2) 기말재고자산에 대한 포함 여부

재고자산의 매출 여부에 따라 기말재고에 포함, 불포함 여부가 구분된다. 일반적으로 재고자산의 매출 시점은 재고자산을 구입자에게 인도한 시점이다. 그러나 일부 특수한 매출 형태의 경우 재고자산이 매출되어 장부에서 제거해야 되는지 기말재고자산에 포함해야 되는지 검토가 필요하다.

① 미착상품(운송 중인 상품, 미인도상품)

미착상품은 판매자로부터 구매자에게 운송 중에 있는 상품을 말한다.

F.O.B. 선적지인도조건	이미 선적된 시점에서 매입된 것으로 계상하게 되므로 매입자의 기말재고자산으로 포함시켜야 하며, 판매회사의 재고자산에 포함시켜서는 안 된다.
F.O.B. 목적지인도조건	목적지에 도착된 시점에서 매입되는 것으로 계상하므로 아직은 판매자의 재고자산이다. 그러므로 매입회사의 재고자산에 포함시켜서는 안 된다..

② 적송품

적송품은 위탁자가 수탁자에게 재고자산을 적송하여 판매를 의뢰하는 상품으로, 위탁자판매조건으로 위탁자가 수탁자에게 적송한 적송품은 수탁자가 위탁품을 판매하기 전까지는 원가에 적송운임을 더한 금액을 위탁자의 재고자산에 포함시켜야 한다.

③ 시송품(시용품)

시송품은 매입자에게 일정기간 동안 사용한 후에 매입 여부를 결정하라는 조건으로 판매한 상품으로, 매입의사가 표시된 시점에 판매된다. 따라서 기말 현재 매입의사가 미표시된 시송품의 원가를 기말재고에 포함해야 한다.

④ 반품가능판매상품

판매한 상품 중에서 수익인식요건을 충족하지 못한 경우 판매된 것이 아니므로 기말재고에 포함해야 한다.

⑤ 할부판매상품

할부판매는 재고자산을 판매하고 대금을 여러 차례에 걸쳐서 분할하여 회수하는 조건으로 판매하는 방법으로, 할부판매의 수익인식은 인도기준에 따른다. 할부판매대금이 미회수되었다고 할지라도 할부판매상품은 이미 판매된 상품으로 기말재고가 아니라 매출원가이다.

⑥ 미인도청구판매상품("bill and hold" sales)

미인도청구판매는 재화의 인도가 구매자의 요청에 따라 지연되고 있으나, 구매자가 소유권을 가지며 대금청구를 수락하는 판매이다. 해당 재고자산이 수익인식 기준을 충족하면 매출원가로, 그렇지 않은 경우 재고자산으로 인식한다.

3. 재고자산의 측정

(1) 재고자산의 수량결정방법

① 계속기록법(장부재고조사법)

회계기간 중에 재고자산이 매출될 때 재고자산의 출고를 매출원가로 계속 기록하는 방법으로 장부상 기말재고가 자동적으로 표시된다.

기말재고수량=(기초재고수량 + 당기매입수량) − 당기매출수량					
매입 시	(차)	상품	×××	(대) 현금	×××
매출 시	(차)	현금	×××	(대) 매출	×××
	(차)	매출원가	×××	(대) 상품	×××
기말수정분개	분개 없음				

② 실지재고조사법(실사법)

매출 시에는 매출에 대한 회계처리만 하고, 매출원가에 대하여는 회계처리를 하지 않기 때문에 회계기말에 실지재고조사를 하여 기말재고액을 확정한 뒤 그 회계기간의 매출원가를 역산한다.

당기매출수량=(기초재고수량 + 당기매입수량) − 기말재고수량					
매입 시	(차)	매입	×××	(대) 현금	×××
매출 시	(차)	현금	×××	(대) 매출	×××
기말수정분개	(차)	매출원가	×××	(대) 상품(기초)	×××
	(차)	매출원가	×××	(대) 매입	×××
	(차)	상품(기말)	×××	(대) 매출원가	×××

(2) 재고자산의 단가산정방법(단위원가 결정)

동일한 거래에 대한 어떤 평가방법을 사용하느냐에 따라 매출원가의 기말재고가 다르게 산출된다. 통상적으로 상호 교환될 수 없는 재고자산항목의 원가와 특정 프로젝트별로 생산되고 분리되는 재화 또는 용역의 원가는 개별법을 사용하여 결정한다. 개별법이 적용되지 않는 재고자산의 단위원가는 선입선출법이나 가중평균법을 사용하여 결정한다. 성격과 용도 면에서 유사한 재고자산에는 동일한 단위원가 결정방법을 적용하여야 하며, 성격이나 용도 면에서 차이가 있는 재고자산에는 서로 다른 단위원가 결정방법을 적용할 수 있다. 재고자산의 지역별 위치차이로 인해 동일한 재고자산에 다른 단위원가 결정방법을 적용하는 것이 정당화될 수는 없다.

① 개별법

㉠ 개별법은 각각의 식별되는 재고자산별로 특정한 원가를 부과하는 방법이다. 이 방법은 외부매입이나 자가제조를 불문하고, 특정 프로젝트를 위해 분리된 항목에 적절한 방법이다. 그러나 통상적으로 상호교환 가능한 대량의 재고자산 항목에 개별법을 적용하는 것은 적절하지 않다.

㉡ 골동품・미술작품 또는 귀금속 등과 같은 고가품에 대하여는 단위당 가격이 높고 거래가 빈번하지 않은 점을 고려하여 개별법의 적용시 실질적인 물량흐름과 원가흐름이 일치하므로 보다 적절하다.

② 선입선출법(FIFO)

　㉠ 선입선출법은 먼저 매입 또는 생산된 재고자산이 먼저 판매된다고 가정하는 방법이다. 따라서 재고품은 비교적 최근에 입고된 물품의 원가로 구성되며, 출고품의 가격은 일찍 입고된 물품의 원가에 의해 결정·표시된다.

　㉡ 선입선출법은 물가가 상승할 때 상품의 재고가액은 시가에 가까운 가액으로 계산되고 매출원가는 먼저 매입한 낮은 단가로 계산되기 때문에 매입시와 판매시를 비교하여 화폐가치의 하락이 있는 경우(인플레이션)에는 기말재고자산이 커진다.

　㉢ 선입선출법에서는 실지재고조사법과 계속기록법 어느 것으로 계산하여도 매출원가 금액은 동일하다.

③ 후입선출법(LIFO)

　㉠ 재고자산의 단가를 산정하는 방법으로서 실제물량의 흐름과는 관계없이 가장 최근에 매입한 상품이 먼저 판매된 것으로 가정하여 매출원가 기말재고로 구분하는 방법이다.

　㉡ 후입선출법을 적용하면 재무상태표의 재고자산은 과거의 취득원가로 계상된다. 이러한 재고자산 금액은 최근 단가와 차이가 발생하여 재고자산 단가를 제대로 반영하지 못하며 기업이 의도하면 이익의 조정 또한 가능하다. 이러한 단점으로 인하여 한국채택국제회계기준에서는 후입선출법을 인정하지 않고 있다.

④ 가중평균법

　가중평균법은 기초재고자산과 회계기간 중에 매입 또는 생산된 재고자산의 원가를 가중평균하여 재고항목의 단위원가를 결정하는 방법으로, 이 경우 평균은 기업의 상황에 따라 주기적으로 계산하거나 매입 또는 생산할 때마다 계산할 수 있다. 가중평균법에는 총평균법과 이동평균법이 있다.

　㉠ 총평균법 : 1년 동안의 재고자산 구입원가를 가중평균하여 단가를 결정하는 방법이다.

$$총평균단가 = \frac{판매가능액}{판매가능수량}$$

　　ⓐ 실지재고조사법에서 사용된다.

　　ⓑ 일정 기간에 있어서 기초재고자산 및 기중에 취득한 재고자산의 합계금액을 합계 수량으로 나누어서 평균원가를 구한다. 총평균법은 계산이 간단하지만 월말 또는 기말에 계산이 일괄적으로 수행되기 때문에 출고될 때마다 개별원가를 확인할 필요가 있는 경우에는 적절하지 않다.

　㉡ 이동평균법 : 재고자산을 매입할 때마다 판매가능액을 판매가능수량으로 나누어 평균단가를 구입하는 방법이다.

　　ⓐ 계속기록법에서만 사용될 수 있다.

　　ⓑ 매입 시마다 그 구입수량과 금액을 앞의 잔액에 가산하여 새로운 평균단가를 산정하고, 이것에 의해서 출고단가를 계산하여 기장하는 방법이다. 이 방법에 의하면 재고자산가액이 평균화되기 때문에, 매출원가 매입가액이 달라짐에 따라 받는 영향이 적으나, 많은 경우 평균단가를 산출함에 있어서 단수가 생기며 그 처리가 번잡하다는 불편이 있다.

⑤ 단가산정방법의 비교 : 물가가 지속적으로 상승하고, 기말수량이 기초수량보다 많은 경우 재고자산의 단가산정방법별로 다음과 같은 결과가 나타난다.

> ㉠ 기말재고자산 : 선입선출법＞이동평균법＞총평균법＞후입선출법
> ㉡ 매출원가 : 선입선출법＜이동평균법＜총평균법＜후입선출법
> ㉢ 당기순이익 : 선입선출법＞이동평균법＞총평균법＞후입선출법
> ㉣ 법인세 : 선입선출법＞이동평균법＞총평균법＞후입선출법
> ㉤ 현금흐름 : 선입선출법＜이동평균법＜총평균법＜후입선출법

(3) 재고자산의 원가측정방법

① 소매재고법

㉠ 소매재고법에서 재고자산의 원가는 재고자산의 판매가격을 적절한 총이익률을 반영하여 환원하는 방법으로 결정한다.

㉡ 매가재고조사법 또는 매출가격환원법이라고도 하며, 이는 취급상품이 매우 많은 백화점이나 연쇄점 혹은 상품소매업과 같이 기말재고품의 원가를 항상 명백히 해두기가 곤란한 업종의 기업에서 채용되는 것이다. 이 방법은 기말재고상품을 몇 개의 종류별로 구분하여 매가재고조사액을 파악하고 이를 기초로 하여 원가재고조사액을 계산한다.

평균원가 소매재고법	• 기말재고는 기초재고와 당기매입액으로 구성되어 있다고 가정 • 평균원가율＝[기초재고(원가) + 당기순매입액(원가)] / [기초재고(매가) + 당기순매입액(매가) + 순인상액 – 순인하액]
선입선출 소매재고법	당기원가율＝당기순매입액(원가) / [당기순매입액(매가) + 순인상액 – 순인하액]
저가기준 소매재고법	• 평균원가율(저가기준)＝[기초재고(원가) + 당기순매입액(원가)] / [기초재고액(매가) + 당기순매입액(매가) + 순인상액] • 당기원가율(저가기준)＝당기순매입액(원가) / [당기순매입액(매가) + 순인상액]

② 표준원가법

㉠ 표준원가법이나 소매재고법 등의 원가측정방법은 그러한 방법으로 평가한 결과가 실제 원가와 유사한 경우에 편의상 사용할 수 있다. 표준원가는 정상적인 재료원가, 소모품원가, 노무원가 및 효율성과 생산능력 활용도를 반영한다. 표준원가는 정기적으로 검토하여야 하며 필요한 경우 현재 상황에 맞게 조정하여야 한다.

㉡ 표준원가는 정상적인 재료원가, 소모품원가, 노무원가 및 효율성과 생산능력 활용도를 반영한다. 표준원가는 정기적으로 검토하여야 하며 필요한 경우 현재 상황에 맞게 조정하여야 한다.

③ 매출총이익률법 : 천재지변, 화재나 도난 등이 발생한 경우 재고자산의 가액을 추정하는 방법으로 기업회계에서 인정되는 방법이 아니므로 외부보고 목적으로 사용할 수 없다.

> ㉠ 매출총이익률＝매출총이익 / 매출액
> ㉡ 당기의 매출원가＝매출액 × 매출원가율＝매출액 × (1 – 매출총이익률)
> ㉢ 기말재고액＝판매가능액 – 매출원가＝(기초재고액 + 당기매입액) – 매출원가

(4) 재고자산 관련 비용의 인식

① 재고자산의 판매 시 관련된 수익을 인식하는 기간에 재고자산의 장부금액을 비용으로 인식한다. 재고자산을 순실현가능가치로 감액한 평가손실과 모든 감모손실은 감액이나 감모가 발생한 기간에 비용으로 인식한다. 순실현가능가치의 상승으로 인한 재고자산 평가손실의 환입은 환입이 발생한 기간의 비용으로 인식된 재고자산 금액의 차감액으로 인식한다.

② 자가건설한 유형자산의 구성요소로 사용되는 재고자산처럼 재고자산의 원가를 다른 자산계정에 배분하는 경우도 있다. 이처럼 다른 자산에 배분된 재고자산 원가는 해당 자산의 내용연수 동안 비용으로 인식한다.

4. 재고자산의 평가

(1) 재고자산감모손실

① 기말재고수량보다 실제 기말재고수량이 부족한 경우로서, 도난·분실·기록오류·파손 등의 원인으로 나타나게 된다.

② 정상적으로 발생한 감모손실은 매출원가에 가산하고 비정상적으로 발생한 감모손실은 영업외비용으로 분류한다.

> 재고자산감모손실 = (기말장부수량 − 기말실제수량) × 단위당취득원가

(2) 재고자산평가손실

① 재고자산은 일반적으로 취득원가를 재무상태표가액으로 하지만 다음과 같은 이유로 재고자산의 순실현가능가치가 취득원가보다 하락한 경우에는 저가법을 사용하여 재고자산을 순실현가능가치로 감액하여 재무상태표에 나타낸다.

> ⊙ 물리적으로 손상된 경우
> ⓛ 완전히 또는 부분적으로 진부화된 경우
> ⓒ 판매가격이 하락한 경우
> ⓔ 완성하거나 판매하는 데 필요한 원가가 상승한 경우

② 재고자산을 저가법으로 평가하는 경우에 일반적으로 제품, 상품 및 재공품의 시가는 순실현가능가치를 말하며, 생산과정에 투입될 원재료의 시가는 현행대체원가를 말한다.

> ⊙ 기말재고자산평가액 = 취득원가와 순실현가능가치 중 낮은 가액
> ⓛ 재고자산평가손실 = (취득단가 − 단위당 순실현가능가치) × 실제수량

③ 순실현가능가치의 추정

> 순실현가능가치 = 예상 판매가격 − 예상되는 추가 완성원가와 판매비용

⊙ 순실현가능가치는 통상적인 영업과정에서 재고자산의 판매를 통해 실현할 것으로 기대하는 순매각금액을 말한다. 공정가치는 측정일에 재고자산의 주된 (또는 가장 유리한) 시장에서 시장참여자 사이에 일어날 수 있는 그 재고자산을 판매하는 정상거래의 가격을 반영한다. 순실현가능가치는 기업특유가치이지만, 공정가치는 시장가치에 해당한다. 따라서 재고자산의 순실현가능가치는 순공정가치와 일

치하지 않을 수도 있다.

ⓛ 재고자산을 순실현가능가치로 감액하는 저가법은 항목별로 적용한다. 그러나 경우에 따라서는 서로 유사하거나 관련있는 항목들을 통합하여 적용하는 것이 적절할 수 있다. 그러나 재고자산의 분류(예 완제품)나 특정 영업부문에 속하는 모든 재고자산에 기초하여 저가법을 적용하는 것은 적절하지 않다.

ⓒ 순실현가능가치를 추정할 때에는 재고자산으로부터 실현가능한 금액에 대하여 추정일 현재 사용가능한 가장 신뢰성 있는 증거에 기초하여야 한다.

ⓔ 순실현가능가치를 추정할 때 재고자산의 보유 목적도 고려하여야 한다. 예를 들어 확정판매계약 또는 용역계약을 이행하기 위하여 보유하는 재고자산의 순실현가능가치는 계약가격에 기초한다. 만일 보유하고 있는 재고자산의 수량이 확정판매계약의 이행에 필요한 수량을 초과하는 경우에는 그 초과 수량의 순실현가능가치는 일반 판매가격에 기초한다.

ⓜ 완성될 제품이 원가 이상으로 판매될 것으로 예상하는 경우에는 그 생산에 투입하기 위해 보유하는 원재료 및 기타 소모품을 감액하지 아니한다. 그러나 원재료 가격이 하락하는 동시에 제품의 원가가 순실현가능가치를 초과할 것으로 예상된다면 해당 원재료를 순실현가능가치로 감액한다. 이 경우 원재료의 현행대체원가는 순실현가능가치에 대한 최선의 이용가능한 측정치가 될 수 있다.

ⓗ 매 후속기간에 순실현가능가치를 재평가한다. 재고자산의 감액을 초래했던 상황이 해소되거나 경제 상황의 변동으로 순실현가능가치가 상승한 명백한 증거가 있는 경우에는 최초의 장부금액을 초과하지 않는 범위 내에서 평가손실을 환입한다. 그 결과 새로운 장부금액은 취득원가와 수정된 순실현가능가치 중 작은 금액이 된다. 판매가격의 하락 때문에 순실현가능가치로 감액한 재고항목을 후속기간에 계속 보유하던 중 판매가격이 상승한 경우가 이에 해당한다.

5. 농림어업의 회계처리

(1) 적용범위 및 용어의 정의

① 적용범위

ⓐ 생산용식물을 제외한 생물자산, 수확시점의 수확물, 정부보조금이 농림어업활동과 관련되는 경우의 회계처리에 적용한다. 생물자산, 수확물 및 수확 후 가공품의 예는 다음과 같다.

생물자산	수확물	수확 후 가공품
양	양모	모사, 양탄자
조림지의 나무	벌목된 나무	원목, 목재
식물	면화	실, 의류
	수확한 사탕수수	설탕
젖소	우유	치즈
돼지	돈육	소시지, 햄
관목	잎	차, 담배
포도나무	포도	포도주
과수	수확한 과일	과일 가공품

ⓑ 수확물로 수확하기 위해 재배하는 식물(예 목재로 사용하기 위해 재배하는 나무)은 생산용식물이 아니다.

② 용어의 정의

ㄱ 농림어업활동 : 판매목적 또는 수확물이나 추가적인 생물자산으로의 전환목적으로 생물자산의 생물 적 변화와 수확을 관리하는 활동을 말한다.

ㄴ 수확 : 생물자산에서 수확물의 분리 또는 생물자산의 생장 과정의 중지를 말한다.

ㄷ 수확물 : 생물자산에서 수확한 생산물을 말한다.

ㄹ 생물자산 : 살아 있는 동물이나 식물을 말한다.

(2) 인식과 측정

① 인식

ㄱ 다음의 조건이 모두 충족되는 경우에 한하여 생물자산이나 수확물을 인식한다.

  ⓐ 과거 사건의 결과로 자산을 통제한다.

  ⓑ 자산과 관련된 미래경제적효익의 유입가능성이 높다.

  ⓒ 자산의 공정가치나 원가를 신뢰성 있게 측정할 수 있다.

ㄴ 당해 자산에 대한 자금조달, 세금 또는 수확 후 생물자산의 복구 관련 현금흐름(예를 들어, 수확 후 조림지에 나무를 다시 심는 원가)은 포함하지 아니한다.

② 측정

ㄱ 생물자산은 최초인식시점과 매 보고기간 말에 공정가치에서 추정 매각부대원가를 차감한 금액(순공 정가치)으로 측정하여야 한다.

ㄴ 생물자산에서 수확된 수확물은 수확시점에 순공정가치로 측정하여야 한다.

(3) 평가손익 및 정부보조금

① 평가손익

ㄱ 생물자산을 최초인식시점에 순공정가치로 인식하여 발생하는 평가손익과 생물자산의 순공정가치 변동으로 발생하는 평가손익은 발생한 기간의 당기손익에 반영한다.

ㄴ 생물자산의 순공정가치를 산정할 때에 추정 매각부대원가를 차감하기 때문에 생물자산의 최초인식시 점에 손실이 발생할 수 있다. 송아지가 태어나는 경우와 같이 생물자산의 최초인식시점에 이익이 발생할 수도 있다.

ㄷ 수확물을 최초인식시점에 순공정가치로 인식하여 발생하는 평가손익은 발생한 기간의 당기손익에 반영한다.

ㄹ 수확의 결과로 수확물의 최초인식시점에 평가손익이 발생할 수 있다.

② 공정가치를 신뢰성 있게 측정할 수 없는 경우

생물자산의 공정가치는 신뢰성 있게 측정할 수 있다고 추정한다. 그러나 생물자산을 최초로 인식하는 시점에 시장 공시가격을 구할 수 없고, 대체적인 공정가치측정치가 명백히 신뢰성 없게 결정되는 경우에 는 최초인식시점에 한해 그러한 추정에 반론이 제기될 수 있다. 그러한 경우 생물자산은 원가에서 감가상 각누계액과 손상차손누계액을 차감한 금액으로 측정한다.

③ 정부보조금

ㄱ 순공정가치로 측정하는 생물자산과 관련된 정부보조금에 다른 조건이 없는 경우에는 이를 수취할 수 있게 되는 시점에만 당기손익으로 인식한다.

ⓒ 기업이 특정 농림어업활동에 종사하지 못하게 요구하는 경우를 포함하여 순공정가치로 측정하는 생물자산과 관련된 정부보조금에 부수되는 조건이 있는 경우에는 그 조건을 충족하는 시점에만 당기 손익으로 인식한다.

④ 공시

㉠ 당기에 발생한 생물자산과 수확물의 최초인식시점의 평가손익 총액과 생물자산의 순공정가치 변동에 따른 평가손익 총액을 공시한다.

㉡ 생물자산집단별 내역을 공시한다.

제4절 유형자산 및 투자부동산

1. 유형자산의 일반사항

(1) 유형자산의 의의

유형자산은 재화의 생산, 용역의 제공, 타인에 대한 임대 또는 자체적으로 사용할 목적으로 보유하는 물리적 형체가 있는 자산으로서 통상 1년(한 회계기간)을 초과하여 사용할 것이 예상되는 자산을 말한다.

① 유형자산은 재판매가 아닌 정상적인 영업활동에 사용할 목적으로 취득한 자산이다.

② 유형자산은 기업이 장기간에 걸쳐서 서비스를 제공하는 용역잠재력을 가진 자산이다.

③ 물리적 실체를 지니고 있는 자산이라는 점에서 무형자산과 구분된다.

④ 유형자산은 실물자산에 속하므로 비금융자산이고, 시간이 경과함에 따라 가액이 변할 수 있는 비화폐성 자산이다.

(2) 유형자산의 분류

① 유형자산의 계정과목으로 토지, 설비자산(건물, 구축물, 기계장치), 건설 중인 자산 및 기타의 유형자산 으로 구분한다.

② 일반적으로 중요성 기준에 의거하여 공구기구 비품, 차량운반구 및 선박 등의 계정과목을 통합하여 기타의 유형자산으로 분류한다.

③ 업종의 특성 등을 반영하여 과목을 신설하거나 통합해서 사용할 수 있도록 유연성을 부여하고 있다.

(3) 유형자산의 인식기준

① 유형자산의 정의에 충족되어야 한다.

② 자산으로부터 발생하는 미래경제적효익이 기업에 유입될 가능성이 높아야 한다.

③ 자산의 취득원가를 신뢰성 있게 측정할 수 있어야 한다.

2. 유형자산의 원가

(1) 최초원가 및 후속원가

① 최초원가

㉠ 유형자산을 최초 취득할 때 구입하거나 건설하기 위하여 제공한 대가의 공정가치를 말한다.

㉡ 안전 또는 환경상의 이유로 취득하는 유형자산은 그 자체로는 직접적인 미래경제적효익을 얻을 수 없지만, 다른 자산에서 미래경제적효익을 얻기 위하여 필요할 수 있다.

② 후속원가

후속적으로 증설, 대체 또는 수선·유지와 관련하여 발생하는 원가를 말한다. 후속원가는 유형자산의 최초 취득원가를 자산으로 인식하는 경우와 동일한 인식기준을 적용하여 인식한다.

㉠ 일상적인 수선·유지와 관련하여 발생하는 원가는 해당 유형자산의 장부금액에 포함하여 인식하지 아니한다. 이러한 원가는 발생시점에 당기손익으로 인식한다. 이러한 지출의 목적은 보통 유형자산의 '수선과 유지'로 설명된다.

㉡ 유형자산의 주요부품이나 구성요소를 대체할 때 발생하는 원가가 자산의 인식기준을 충족하면 해당 유형자산의 장부금액에 포함하여 인식한다. 용광로의 내화벽돌 교체, 항공기의 내부설비 교체, 건물의 인테리어 교체 등이 해당된다.

㉢ 정기적인 종합검사(예 항공기의 결함 검사)과정에서 발생하는 원가가 유형자산의 인식기준을 충족하는 경우에는 유형자산의 일부가 대체되는 것으로 보아 해당 유형자산의 장부금액에 포함하여 인식한다.

㉣ 설비에 대한 비반복적인 교체에서 발생하는 원가라도 자산인식기준을 충족하면 자산으로 인식한다.

(2) 취득원가

① 의의

취득원가는 자산을 취득하기 위하여 자산의 취득시점이나 건설시점에서 지급한 현금 및 현금성자산 또는 제공하거나 부담할 기타대가의 공정가액을 말한다.

㉠ 유형자산의 원가는 인식시점의 현금가격상당액이다. 대금지급이 일반적인 신용기간을 초과하여 이연되는 경우, 현금가격상당액과 실제 총지급액과의 차액은 차입원가 자본화의 요건을 충족하지 않는 한 신용기간에 걸쳐 이자로 인식한다.

▷ 자산을 의도된 용도로 사용하거나 판매가능한 상태에 이르게 하는 데 필요한 활동이 아니라면 자본화할 수 없다.

㉡ 유형자산을 장기후불조건으로 구입한 경우에는 취득시점의 현금구입가격(현재가치)을 취득원가로 한다.

㉢ 유형자산의 취득 시 매입할인이 있는 경우에는 이를 차감하고 취득세, 등록면허세 등 유형자산의 취득과 직접 관련된 제세공과금은 유형자산의 취득원가에 반영한다.

㉣ 유형자산의 장부금액은 정부보조금의 회계처리와 정부지원의 공시 기준서에 따라 정부보조금만큼 차감될 수 있다.

▷ 장부금액은 감가상각누계액과 손상차손누계액을 차감한 후 인식되는 자산금액이다.

② 취득원가의 구성요소

　　㉠ 세금의 가산 및 매입할인 : 관세 및 환급 불가능한 취득관련 세금을 가산하고 매입할인과 리베이트 등을 차감한 구입가격으로 한다.

　　㉡ 자산을 가동하는 것과 관련된 원가 : 유형자산의 취득과 관련하여 경영진이 의도하는 방식으로 자산을 가동하는 데 필요한 장소와 상태에 이르게 하는 데 직접 관련되는 원가를 말한다.

> ⓐ 유형자산의 매입 또는 건설과 직접적으로 관련되어 발생한 종업원급여
> ⓑ 설치장소의 준비원가
> ⓒ 최초의 외부 운송 및 취급관련 원가
> ⓓ 설치원가 및 조립원가
> ⓔ 유형자산 취득과 관련된 세금
> ⓕ 유형자산이 정상적으로 작동되는지 여부를 시험하는 과정에서 발생하는 원가. 단, 시험과정에서 생산된 재화의 순매각금액은 당해 원가에서 차감한다.
> ⓖ 전문가에게 지급하는 수수료

　　㉢ 기타유형자산의 원가에 포함하는 항목

> ⓐ 자산을 해체, 제거하거나 또는 부지를 복원하는 데 소요될 것으로 최초에 추정되는 원가
> ⓑ 자본화되는 차입원가
> ⓒ 자산을 취득할 때 국·공채를 불가피하게 구입하는 경우, 채무증권의 구입가액과 그 채무증권의 현재가치의 차액

③ 자산별 취득원가

　　㉠ 토지

　　　　ⓐ 구입가액 및 구입을 위하여 지출한 중개수수료, 취득세, 등록면허세와 같은 소유권이전비용이 포함된다.

　　　　ⓑ 본래의 목적에 사용하기 위하여 지출하는 정지비용과 개발부담금, 토지측량비용도 포함된다.

　　㉡ 건물

　　　　ⓐ 건물을 구입하여 취득하는 경우 : 통상적으로 토지와 함께 취득하는데 건물을 사용하기 위하여 토지와 건물을 일괄구입한 경우 구입가액과 중개수수료 같은 공통부대비용의 합계액을 공정가액의 비율에 따라 배분하여야 한다. 다만, 건물의 취득과 개별적으로 관련된 취득세와 등록면허세 같은 부대비용은 건물의 취득원가이다.

　　　　ⓑ 건물을 신축하기 위하여 건설회사에 도급을 주는 경우 : 도급액에 기초공사비와 설계비와 같은 부대비용이 건물의 취득원가에 포함된다. 이러한 부대비용에는 건물 신축을 전담한 직원의 건설기간 동안의 급여와 보험료 역시 포함된다. 건물 신축을 위하여 사용하던 기존건물을 철거하는 과정에서 발생하는 철거비용은 당기기간비용으로 처리하여야 한다.

　　㉢ 기계장치 등

　　　　ⓐ 기계장치를 구입하는 경우 : 매입가액 및 이를 사용 가능한 상태에 이를 때까지 지출된 운임, 설치비, 시운전비와 같은 부대비용을 가산한다.

　　　　ⓑ 취득원가에 포함시키지 않는 경우 : 유형자산을 취득 또는 사용 가능한 상태로 준비하는 과정과 직접 관련이 없는 일반관리비, 경비 등은 포함하지 않는다.

(3) 취득형태별 원가의 측정

① 장기연불조건에 의한 취득

   ㉠ 취득원가 : 장기연불조건을 적용하지 않은 취득시점의 현금구입가격으로 한다. 장기후불조건으로 구입하거나, 대금지급기간이 일반적인 신용기간보다 긴 경우에 해당한다.

   ㉡ 현금구입가격과 실제 총지급액과의 차액처리 : 현재가치할인차금계정으로 처리한다.

   ㉢ 현재가치할인차금 : 유효자율법에 따라 만기까지의 기간에 걸쳐 이자비용으로 인식한다.

② 일괄구입에 의한 취득

   ㉠ 일괄구입이란 두 종류 이상의 자산을 일괄하여 합계금액으로 동시에 취득하는 것을 말한다.

   ㉡ 유형자산을 일괄구입하여 개별자산의 취득원가를 알 수 없는 경우에는 일괄취득원가를 개별 자산들의 상대적 공정가치의 비율을 기준으로 하여 개별 자산에 배분한다.

   ㉢ 개별 자산의 상대적 공정가치를 알 수 없는 경우에는 감정가액이나 과세표준액을 이용하여 배분할 수도 있다.

   > 개별 자산의 취득원가 = 일괄취득원가 × (개별 자산의 공정가치 / 개별 자산들의 공정가치의 합계)

③ 자가건설에 의한 취득

   > 취득원가 = 제작원가(직접재료비, 직접노무비, 변동제조간접비, 고정제조간접비) + 부대비용

   ㉠ 자가건설한 유형자산의 원가는 외부에서 구입한 유형자산에 적용하는 것과 같은 기준을 적용하여 결정한다.

   ㉡ 제작원가는 고정제조간접비를 포함하는 전부원가계산에 따라야 한다.

   ㉢ 자가건설에 따른 내부이익, 자가건설 과정에서 원재료, 인력 및 기타자원의 낭비로 인한 비정상적인 원가는 자산의 원가에 포함되지 않는다.

   ㉣ 건물을 신축하기 위하여 회사가 사용 중인 기존 건물을 철거하는 경우 그 건물의 장부가액은 제거하여 처분손실로 반영하고, 철거비용은 전액 당기비용으로 처리한다. 다만, 새 건물의 신축을 위하여 구 건물이 있는 토지를 구입한 경우 구 건물을 포함한 구입가액 전체를 토지의 취득원가로 보아야 하며, 기존건물을 철거하는 경우 기존건물의 철거관련비용에서 철거된 건물의 부산물을 판매하여 수취한 금액을 차감한 가액은 토지의 취득원가에서 차감한다.

④ 교환에 의한 취득

   교환에 의한 취득이란 하나 이상의 비화폐성자산 또는 화폐성자산과 비화폐성자산이 결합된 대가와 교환하여 하나 이상의 유형자산을 취득하는 것을 말한다.

   ㉠ 원칙 : 교환거래에 있어서 상업적 실질이 있는 경우, 유형자산의 취득원가는 제공한 자산의 공정가치에 현금지급액은 가산하고, 현금수령액은 차감하여 측정하며, 제공한 자산의 장부가액과 공정가치의 차액을 교환손익으로 인식한다.

   > 취득원가 = 제공자산의 공정가액 + 현금지급액 − 현금수령액

   ㉡ 예외

   ⓐ 교환거래에 있어서 상업적 실질이 있고 제공한 자산의 공정가치를 알 수 없지만 취득한 자산의 공정가치를 신뢰성 있게 측정할 수 있는 경우, 유형자산의 취득원가는 취득한 자산의 공정가치로 한다. 이때, 현금지급액과 수취액은 취득원가에 반영하지 않는다.

ⓑ 교환거래에 있어서 상업적 실질이 결여되어 있거나 교환대상 자산의 공정가치를 신뢰성 있게 측정할 수 없는 경우(공정가치를 모르는 경우), 취득한 자산의 원가는 제공한 자산의 장부금액에 현금지급액은 가산하고, 현금수령액은 차감하여 측정한다.

> 취득원가 = 제공자산의 장부가액 + 현금지급액 − 현금수령액

⑤ 복구비용

  ㉠ 복구비용은 유형자산의 경제적 사용이 종료된 후에 그 자산을 해체 또는 제거하거나 부지를 복구하는 데 사용될 것으로 추정되는 비용을 말한다.

  ㉡ 자산의 취득, 건설, 개발에 따른 복구비용에 대한 충당부채는 유형자산을 취득하는 시점에서 해당 유형자산의 취득원가에 반영하는 것을 원칙으로 한다.

  [주의] 특정기간 동안 재고자산을 생산하기 위해 유형자산을 사용한 결과로 동 기간에 발생한 그 유형자산을 해체, 제거하거나 부지를 복구할 의무의 원가는 유형자산이 아닌 재고자산의 원가로 반영할 것인지 검토한다.

유형자산취득 시	(차) 유형자산	×××	(대) 현금	×××
			복구충당부채	×××
결산 시	(차) 이자비용	×××	(대) 복구충당부채	×××
	※ 이자비용 = 복구충당부채의 기초장부금액 × 유효이자율			

⑥ 현물출자에 의한 취득

  현물출자란 기업이 주식을 발행하여 주고 대가로 유형자산을 취득하는 것으로, 취득원가는 자산의 공정가치로 측정한다.

⑦ 증여나 무상에 의한 취득

  대주주 또는 국가 등으로부터 자산을 증여 또는 무상으로 받는 경우 취득한 자산의 취득원가는 그 자산의 취득시점의 공정가액으로 한다.

⑧ 정부보조금에 의한 취득

  ㉠ 의의 : 정부보조금은 기업의 영업활동과 관련하여 과거나 미래에 일정한 조건을 충족하였거나 충족할 경우 정부에서 기업에 자원을 이전하는 형태의 정부지원을 말한다.

  ㉡ 보조금의 인식 : 정부보조금을 인식하는 때에는 정부보조금에 부수되는 조건의 준수와 보조금 수취에 대한 합리적인 확신이 있을 경우에만 인식한다.

  ㉢ 종류 : 정부지원의 요건을 충족하는 기업이 장기성 자산을 매입, 건설하거나 다른 방법으로 취득하여야 하는 일차적 조건이 있는 정부보조금인 자산관련보조금과 수익관련보조금이 있다.

    ⓐ 자산관련보조금의 회계처리

    • 이연수익법 : 보조금을 이연수익으로 인식하여 자산의 내용연수에 걸쳐 체계적이고 합리적인 방법으로 수익을 배분하는 방법으로, 보조금 수령 시 이연수익(부채)으로 처리한다.

    • 자산(원가)차감법 : 자산의 장부가액을 결정할 때 보조금을 차감하는 방법이다. 정부보조금을 수령할 때에 이를 자산의 차감계정으로 처리하고 해당 자산의 내용연수에 걸쳐 감가상각비와 상계하여 감소시키는 방식으로 보조금을 수익으로 인식한다.

    • 당기손익에 미치는 영향은 자산차감법과 이연수익법이 동일하며, 유형자산의 순 장부금액은 달라진다.

ⓑ 수익관련보조금의 회계처리 : 별도의 계정으로 혹은 기타수익과 같은 일반계정에 포함시켜 수익으로 인식하거나 관련비용에서 차감하여 인식한다.

ⓔ 회계처리방법

ⓐ 자본접근법(정부보조금을 주주지분에 직접 인식하는 방법) : 금융수단이므로 자본조달로 처리, 관련원가가 없는 장려금으로 인식하는 방법이다.

ⓑ 수익접근법(정부보조금을 수익으로 인식하는 방법) : 주주와의 거래가 아니며, 부여된 의무의 존재, 법인세 등 세금과 동일한 성격을 지닌다.

ⓒ 처리방법 : 국제회계기준에서는 정부보조금을 수익접근법에 따라 회계처리를 하도록 하고 있다.

더 알아보기 유형자산의 취득원가가 아닌 경우

- 새로운 시설을 개설하는 데 소요되는 원가
- 새로운 상품과 서비스를 소개하는 데 소요되는 원가
- 새로운 지역에서 또는 새로운 고객을 대상으로 영업을 하는 데 소요되는 원가
- 기업의 영업 전부 또는 일부를 재배치하거나 재편성하는 과정에서 발생하는 원가
- 유형자산과 관련된 산출물에 대한 수요가 형성되는 과정에서 발생하는 가동손실과 같은 초기 가동손실
- 유형자산을 취득 또는 사용가능한 상태로 준비하는 과정과 직접 관련이 없는 경비
- 관리 및 기타일반간접원가

---

(4) 차입원가

① 의의

㉠ 적격자산의 취득, 건설 또는 제조와 직접 관련되는 차입원가는 당해 적격자산과 관련된 지출이 발생하지 아니하였다면 부담하지 않았을 차입원가이다. 이에 따라 해당 차입원가를 관련 자산의 원가에 포함시키고, 기타차입원가는 발생기간의 비용으로 인식하는 입장이다. 여기서 적격자산이란 의도된 용도로 사용하거나 판매가능한 상태에 이르게 하는 데 상당한 기간을 필요로 하는 자산이다.

㉡ 금융자산과 단기간 내에 제조되거나 다른 방법으로 생산되는 재고자산은 적격자산에 해당하지 아니한다. 취득시점에 의도된 용도로 사용(또는 판매) 가능한 자산인 경우에도 적격자산에 해당하지 아니한다.

② 자본화의 개시 · 중단 · 종료

㉠ 자본화의 개시 : 차입원가는 자본화 개시일에 적격자산 원가로 처리한다. 자본화 개시일은 최초로 다음 조건을 모두 충족시키는 날이다. 적격자산을 의도된 용도로 사용(또는 판매) 가능하게 하는 데 필요한 활동은 당해 자산의 물리적인 제작뿐만 아니라 그 이전단계에서 이루어진 기술 및 관리상의 활동도 포함한다.

ⓐ 적격자산에 대하여 지출하고 있다.
ⓑ 차입원가를 발생시키고 있다.
ⓒ 적격자산을 의도된 용도로 사용하거나 판매가능한 상태에 이르게 하는 데 필요한 활동을 수행하고 있다.

㉡ 자본화의 중단 : 적격자산에 대한 적극적인 개발활동을 중단한 때이다. 그러나 상당한 기술 및 관리활동을 진행하고 있는 기간에는 차입원가의 자본화를 중단하지 아니한다.

㉢ 자본화의 종료 : 적격자산을 의도된 용도로 사용하거나 판매가능한 상태에 이르게 하는 데 필요한 대부분의 활동이 완료된 시점에 종료한다.

③ 자본화 차입금

자본화 자산의 평균지출액은 특정차입금으로 취득하였으며, 특정차입금으로 부족한 부분은 일반차입금이 있는 경우 일반차입금으로 차입하여 취득한 것으로 간주한다.

> ⊙ 특정차입금 : 적격자산을 취득하기 위한 목적으로 특정하여 차입한 자금
> ⓒ 일반차입금 : 일반적인 목적으로 자금을 차입하고 이를 적격자산의 취득을 위해 사용하는 경우의 차입금

④ 자본화 차입원가의 인식

⊙ 차입원가에 포함되는 것 : 유효이자율법을 사용하여 계산된 이자비용, 금융리스 관련 금융원가, 외화차입금과 관련되는 외환차입 중 이자원가의 조정으로 볼 수 있는 부분

ⓒ 특정차입금의 경우, 회계기간 동안 그 차입금으로부터 실제 발생한 차입원가에서 당해 차입금의 일시적 운용에서 생긴 투자수익을 차감한 금액을 자본화가능차입원가로 한다.

ⓒ 자본화이자율은 회계기간 동안 차입한 자금(적격자산을 취득하기 위해 특정 목적으로 차입한 자금 제외)으로부터 발생된 차입원가를 가중평균하여 산정한다.

ⓔ 적격자산을 취득하기 위한 목적으로 특정하여 차입한 자금에 한하여, 회계기간 동안 그 차입금으로부터 실제 발생한 차입원가에서 당해 차입금의 일시적 운용에서 생긴 투자수익을 차감한 금액을 자본화 가능차입원가로 결정한다.

ⓜ 회계기간 동안 자본화한 차입원가는 당해 기간 동안 실제 발생한 차입원가를 초과할 수 없다.

> ⓐ 특정차입금의 자본화 차입원가 = 자본화기간 중 발생한 차입원가 – 일시운용투자수익
> ⓑ 일반목적 차입금의 자본화 차입원가(실제발생 차입원가를 한도로 함) = (공사평균지출액 – 특정목적차입금) × 가중 평균차입이자율

3. 재평가모형

유형자산을 처음 취득할 때에는 취득원가로 인식한다. 그리고 최초인식한 이후에는 원가모형과 재평가모형 중에서 하나를 회계정책으로 선택하여 유형자산 분류별로 동일하게 인식과 측정을 할 수 있다.

(1) 의의

① 원가모형

최초인식 후에 유형자산을 당초 취득원가에서 감가상각누계액과 손상차손누계액을 차감한 금액을 장부금액으로 기록하여 보고하는 방법이다. 후속기간에 공정가치가 변해도 회계처리를 하지 아니한다.

② 재평가모형

최초인식 후에 공정가치를 신뢰성 있게 측정할 수 있는 유형자산을 재평가일의 공정가치에서 이후의 감가상각누계액과 손상차손누계액을 차감한 재평가금액을 장부금액으로 기록하여 보고하는 방법이다. 재평가는 보고기간 말에 자산의 장부금액이 공정가치와 중요하게 차이가 나지 않도록 주기적으로 수행한다.

(2) 재평가모형의 회계처리

① 공정가치＞장부금액
재평가로 인한 평가이익을 기타포괄손익누계액(재평가잉여금)으로 인식하여 재평가잉여금의 과목으로 자본에 가산한다. 그러나 동일한 자산에 대하여 이전에 당기손익으로 인식한 재평가감소액(재평가손실)이 있다면 그 금액을 한도로 재평가증가액만큼 당기손익(재평가이익)으로 인식하여야 한다.

② 공정가치＜장부금액
재평가감소액이 발생한 경우 전기이전에 발생한 재평가잉여금을 우선 감소시키고 나머지는 재평가손실로 당기손익으로 처리한다.

③ 장부금액의 조정
ㄱ) 비례수정법 : 자산 장부금액의 재평가와 일치하는 방식으로 자산의 총장부금액을 비례적으로 조정한다. 재평가일의 감가상각누계액은 손상차손누계액을 고려한 후 총장부금액과 장부금액의 차이와 같아지도록 조정한다.

ㄴ) 누계액 제거법 : 자산의 총장부금액에서 감가상각누계액을 제거하여 순장부가액이 재평가금액이 되도록 수정한다.

(3) 재평가잉여금의 회계처리

① 재평가잉여금은 이익조작가능성을 방지하기 위해 당기손익을 거치지 않고 직접 이익잉여금으로 대체되어야 하기 때문에 유형자산과 관련하여 자본에 계상된 재평가잉여금은 그 자산이 제거될 때 이익잉여금으로 대체하여야 한다.

② 자산이 폐기되거나 처분될 때에는 재평가잉여금 전부를 이익잉여금으로 대체한다.

③ 기업이 그 자산을 사용함에 따라 재평가잉여금의 일부를 이익잉여금으로 대체할 수 있다.

④ 재평가잉여금을 이익잉여금으로 대체하는 경우 그 금액은 당기손익으로 인식하지 않는다.

4. 감가상각

(1) 감가상각의 의의
감가상각이란 사용에 따른 유형자산의 가치감소를 측정하기 위한 평가과정이 아니라 단지 수익에 대응될 적절한 비용을 산정하기 위한 유형자산 취득원가의 인위적인 배분과정이다.

① 감가상각의 결정요소
ㄱ) 취득원가 : 자산을 취득하기 위하여 자산의 취득시점이나 건설시점에서 지급한 현금 및 현금성자산 또는 제공하거나 부담할 기타 대가의 공정가액을 말한다.

ㄴ) 내용연수(감가상각기간) : 기업에서 자산이 사용가능할 것으로 기대되는 기간 또는 자산에서 얻을 것으로 기대되는 생산량이나 이와 유사한 단위 수량이다.

ㄷ) 잔존가치 : 자산이 이미 오래되어 내용연수 종료시점에 도달하였다는 가정하에 자산의 처분으로부터 현재 획득할 금액에서 추정 처분부대원가를 차감한 금액의 추정치이다.

② 감가상각액의 인식

감가상각대상금액은 유형자산의 내용연수 동안 인식될 총감가상각비로서 유형자산의 취득원가에서 잔존가치를 차감한 금액을 말한다.

㉠ 각 기간의 감가상각액은 다른 자산의 장부금액에 포함되는 경우가 아니라면 당기손익으로 인식한다.

㉡ 유형자산에 내재된 미래경제적효익이 다른 자산을 생성하는 데 사용되는 경우가 있는데, 이 경우 유형자산의 감가상각액은 해당 자산의 원가의 일부가 된다.

③ 감가상각비의 회계처리

(차) 감가상각비	$\times\times\times$	(대) 감가상각누계액	$\times\times\times$

㉠ 감가상각방법은 변경될 수 있으며, 이러한 변경은 회계추정의 변경으로 회계처리한다.

주의 회계정책의 변경이 아니라 회계추정의 변경으로 회계처리한다.

㉡ 유형자산을 구성하는 일부의 원가가 당해 유형자산의 전체원가에 비교하여 유의적이라면, 해당 유형자산을 감가상각할 때 그 부분은 별도로 구분하여 감가상각한다. 예를 들면, 항공기를 소유하고 있는지 금융리스하고 있는지에 관계없이, 항공기 동체와 엔진을 별도로 구분하여 감가상각하는 것이 적절할 수 있다.

㉢ 유형자산의 일부를 별도로 구분하여 감가상각하는 경우에는 동일한 유형자산을 구성하고 있는 나머지 부분도 별도로 구분하여 감가상각한다.

㉣ 유형자산의 전체원가와 비교하여 해당 원가가 유의적이지 않은 부분도 별도로 분리하여 감가상각할 수 있다.

㉤ 토지와 건물을 동시에 취득하는 경우에도 이들은 분리 가능한 자산이므로 별개의 자산으로 회계처리한다.

(2) 감가상각의 방법

감가상각 방법은 자산의 미래경제적효익이 소비되는 형태를 반영하며, 적어도 회계연도 말에 재검토한다.

① 정액법(균등상각법)

자산의 가치는 시간경과에 의하여 감소하는 것으로 보고 매년 동일한 금액을 감가상각비로 인식하는 방법으로, 적용이 간편하다는 장점이 있는 반면, 수익과 비용이 합리적으로 대응되지 않는 단점이 있다.

연도별 감가상각비=(취득원가 - 추정잔존가치) / 추정내용연수 = 감가상각기준액 / 추정내용연수

② 체감잔액법(가속상각법)

체감잔액법은 감가상각비를 상각대상 기간의 초기에 많이 인식하고 후반기에 적게 인식하는 것으로 자산의 내용연수 동안 감가상각액이 매 기간 감소하는 방법이다. 체감잔액법은 초기에는 수선유지비가 적게 계상되므로 감가상각비를 많게 인식하며, 사용시간이 경과하여 수선유지비가 증가하면 감가상각비를 적게 인식하는 방법이다.

㉠ 정률법 : 유형자산 취득원가에서 감가상각누계액을 차감한 미상각잔액에 상각률을 곱하여 회계기간별 감가상각비를 계산하는 방법이다.

연도별 감가상각비=(취득원가 - 기초감가상각누계액) × 상각률=기초장부가액 × 정률

$$*상각률(정률)= 1- \sqrt[n]{\frac{잔존가치}{취득원가}}$$

▷ 감가상각 초기에 정액법 대신에 정률법을 적용한 경우 순이익은 감소하고 유형자산의 장부금액은 작게 표시된다.

ⓛ 이중체감법 : 상각률이 정액법의 2배가 되는 방법으로 상각률에 의해 정률법처럼 상각하는 방법이다.

$$상각률 = \frac{1}{내용연수} \times 2$$

ⓒ 연수합계법 : 취득원가에서 잔존가액을 차감한 감가상각기준액에 내용연수의 합계를 분모로 하고, 미상각내용연수를 분자로 하는 감가상각률을 곱하여 구하는 방법이다.

$$감가상각비 = (취득원가 - 잔존가치) \times \frac{잔여내용연수}{내용연수합계}$$

③ **활동기준법**

활동기준법은 자산의 생산량 및 사용정도 등 자산의 사용량(조업도)에 의하여 감가상각비를 계산하는 방법이다.

㉠ 생산량비례법 : 자산의 예상조업도 혹은 예상생산량에 근거하여 감가상각비를 계상하는 방법이다.

$$연도별 \ 감가상각비 = (취득원가 - 잔존가치) \times \frac{실제생산량}{예상총생산량}$$

㉡ 작업시간비례법 : 사용가능한 작업시간에 비례하여 유형자산의 감가상각비를 계산하는 방법이다.

$$연도별 \ 감가상각비 = (취득원가 - 잔존가치) \times \frac{당기작업시간}{총추정작업시간}$$

(3) 감가상각비의 기장방법

① **직접법**

비용계정인 감가상각비계정을 차변에 기입하고, 대변에는 해당 고정자산가액을 직접 감소시키는 방법이다. K-IFRS에서는 무형자산에 대해 이 방법을 적용하고 있다.

② **간접법**

차변에는 직접법과 마찬가지로 감가상각비계정을 기입하고, 대변에는 감가상각누계계정을 기입하여 유형고정자산가액을 감가상각누계액을 통해 간접적으로 감소시키는 방법이다. 이 방법에 의하면 재무상태표상 유형고정자산계정은 항상 취득원가로 기재되고, 감가상각누계계정은 매 회계연도 감가상각액의 누계액으로서 유형고정자산에서 차감하는 형식으로 기재된다.

5. 유형자산의 손상차손과 제거

(1) 유형자산의 손상차손

① 손상차손의 회계처리 방법

㉠ 유형자산의 미래경제적효익(회수가능액)이 장부가액에 현저하게 미달할 가능성이 있는 경우 손상차손의 인식 여부를 검토한다.

| (차) | 유형자산손상차손 | ××× | (대) | 유형자산손상차손누계액 | ××× |
| | (당기손익) | | | (유형자산 차감계정) | |

ⓛ 유형자산의 감액이 발생한 이후에 감액된 유형자산의 회수가능액이 장부가액을 초과하는 경우에는 당해 자산을 회복한 시점의 상각후취득원가(손상되지 않았을 경우의 장부금액의 감가상각 후 잔액)를 한도로 하여 그 초과액을 손상차손환입으로 처리한다.

| (차) | 유형자산손상차손누계액 | ××× | (대) | 유형자산손상차손환입 | ××× |
| | (유형자산 차감계정) | | | (당기손익) | |

ⓒ 과거기간에 인식한 손상차손은 직전 손상차손의 인식시점 이후 회수가능액을 결정하는 데 사용된 추정치에 변화가 있는 경우에만 환입한다.

ⓔ 유형자산손상차손은 회수가능액과 손상시점의 장부금액의 차이로 측정한다.

ⓜ 유형자산 시장가치의 하락이나 심각한 물리적 변형 등의 사유가 발생하면 손상가능성을 검토해야 한다.

② 회수가능액 : 유형자산의 회수가능액은 자산의 공정가치와 사용가치 중 큰 금액이다.

$$회수가능액 = \max[공정가치, 사용가치]$$

ⓞ 자산의 공정가치 : 합리적인 판단력과 거래의사가 있는 제3자와의 독립적인 거래에서 매매되는 경우의 예상처분가액에서 예상처분비용을 차감한 금액이다.

ⓛ 사용가치(기업특유가치) : 자산의 계속적 사용으로부터 그리고 내용연수 종료시점에 처분으로부터 발생할 것으로 기대되는 현금흐름의 현재가치이다.

③ 손상차손인식과 환입

ⓞ 손상차손인식 : 기업은 매 보고기간 말에 자산손상을 시사하는 징후가 있는지를 검토하고, 그러한 징후가 있다면 당해 자산의 회수가능액을 추정한다. 이때 회수가능액이 장부금액에 미달하는 경우 자산의 장부금액을 회수가능액으로 감소시키고 손상차손을 인식한다.

ⓛ 손상차손환입 : 손상처리한 자산의 회수가능액이 차기 이후에 장부금액을 초과하는 경우에는 당해 자산이 손상되기 전의 장부금액의 감가상각 후 잔액을 한도로 환입한다.

(2) 유형자산의 제거

① 제거시점

유형자산의 장부금액은 처분하는 때, 사용이나 처분을 통하여 미래경제적효익이 기대되지 않을 때 제거한다.

② 제거로 인한 손익

유형자산의 제거로 인하여 발생하는 손익은 자산을 제거할 때 당기손익으로 인식한다. 제거이익은 수익으로 분류하지 않고 기타수익으로 분류하며, 장부금액과 순매각금액의 차이로 결정한다.

6. 재평가모형하의 손상차손

재평가모형하에서 손상차손은 선 재평가 후 손상차손 인식이다. 즉, 재평가를 우선 적용한 다음 손상차손 인식 여부를 판단한다.

자산의 손상차손은 동 자산에서 발생한 재평가잉여금에 해당하는 금액까지는 기타포괄손익으로 인식하고 초과액은 당기손익으로 인식한다.

자산의 손상차손환입은 기타포괄손익으로 인식한다. 다만, 동 자산의 손상차손을 이전에 당기손익으로 인식한 금액이 있다면 그 금액까지는 손상차손환입도 당기손익으로 인식한다.

7. 투자부동산

(1) 투자부동산 해당 여부

투자부동산은 임대수익이나 시세차익 또는 두 가지 모두를 얻기 위하여 소유자나 금융리스 이용자가 보유하고 있는 부동산이다.

투자부동산의 해당 항목	• 장기 시세차익을 얻기 위하여 보유하고 있는 토지(정상적인 영업과정에서 단기간에 판매하기 위하여 보유하는 토지는 제외) • 장래 사용목적을 결정하지 못한 채로 보유하고 있는 토지(만약 토지를 자가사용할지 또는 정상적인 영업과정에서 단기간에 판매할지를 결정하지 못한 경우 당해 토지는 시세차익을 얻기 위하여 보유하고 있는 것으로 본다) • 직접 소유(또는 금융리스를 통해 보유)하고 있는 운용리스로 제공하고 있는 건물 • 운용리스로 제공하기 위하여 보유하고 있는 미사용 건물 • 미래에 투자부동산으로 사용하기 위하여 건설 또는 개발 중인 부동산
투자부동산이 아닌 항목	• 정상적인 영업과정에서 판매하기 위한 부동산이나 이를 위하여 건설 또는 개발 중인 부동산 • 제3자를 위하여 건설 또는 개발 중인 부동산 • 재화의 생산이나 용역의 제공 또는 관리목적에 사용되는 미래 자가사용하기 위한 부동산, 미래에 개발 후 자가사용할 부동산, 종업원이 사용하고 있는 부동산, 처분 예정인 자가 사용부동산을 포함한 자가사용부동산 • 금융리스로 제공한 부동산

(2) 투자부동산의 인식 및 측정

① 인식기준

투자부동산은 투자부동산에서 발생하는 미래경제적효익의 유입 가능성이 높고, 투자부동산의 원가를 신뢰성 있게 측정할 수 있을 때 자산으로 인식하며, 인식요건을 충족하지 못하는 경우 관련 지출은 발생 시 비용으로 처리한다.

② 최초측정

투자부동산은 최초인식시점에 원가로 측정한다. 이때 발생하는 거래원가는 최초측정 원가에 포함한다.

③ 인식 후의 측정

㉠ 원가모형 : 당초 취득원가에서 감가상각누계액과 손상차손누계액을 차감한 금액을 장부금액으로 보고하는 방법으로, 최초인식 후 투자부동산의 평가방법으로 원가모형을 선택한 경우에는 모든 투자부동산에 대하여 원가모형으로 측정한다.

㉡ 공정가치모형 : 최초측정 시 원가로 기록한 후 감가상각을 하지 않고 회계연도 말에 공정가치로 평가하여 평가손익을 당기손익에 반영하는 방법으로, 공정가치모형을 선택한 경우 최초인식 후 모든 투자부동산은 공정가치로 측정한다.

(3) 투자부동산의 회계처리

① 부동산 중 일부는 시세차익을 얻기 위하여 보유하고, 일부분은 재화의 생산에 사용하기 위하여 보유하고 있으나 이를 부분별로 나누어 매각할 수 없다면 재화나 용역의 생산이나 제공 또는 관리목적에 사용하기 위하여 보유하는 부분이 중요하지 않은 경우에만 해당 부동산을 투자부동산으로 분류한다.

② 금융리스를 통해 보유하게 된 건물을 운용리스로 제공하고 있다면 해당 건물은 투자부동산으로 분류된다.

③ 사무실건물의 소유자가 그 건물을 사용하는 리스이용자에게 경미한 보안과 관리용역을 제공하는 경우 해당 부동산은 투자부동산으로 분류한다.

④ 운용리스로 제공하기 위하여 직접 소유하고 있는 미사용건물은 투자부동산에 해당된다.

⑤ 지배기업이 보유하고 있는 건물은 종속기업에게 리스하여 종속기업의 본사 건물로 사용하는 경우 그 건물은 지배기업의 연결재무제표상에서 투자부동산으로 분류할 수 없다.

⑥ 재고자산을 공정가치모형 적용 투자부동산으로 계정대체 시, 재고자산의 장부금액과 대체시점의 공정가치의 차액은 당기손익으로 인식한다.

⑦ 공정가치로 평가하게 될 자가건설 투자부동산의 건설이나 개발이 완료되면 해당일의 공정가치와 기존 장부금액의 차액은 당기손익으로 인식한다.

⑧ 투자부동산을 원가모형으로 평가하는 경우에는 투자부동산, 자가사용부동산, 재고자산 사이에 대체가 발생할 때에 대체 전 자산의 장부가액을 승계한다.

⑨ 자가사용부동산을 공정가치로 평가하는 투자부동산으로 대체하는 시점까지 그 부동산을 감가상각하고, 발생한 손상차손을 인식하여야 한다.

⑩ 투자부동산을 정상적인 영업과정에서 판매하기 위해 개발을 시작하면 재고자산으로 대체한다.

⑪ 운용리스에서 리스이용자가 보유하고 있는 부동산에 대한 권리를 투자부동산으로 분류하는 경우, 최초인식 후에는 공정가치모형만 적용한다.

⑫ 건설이나 개발이 완료되어 건설 중인 자산을 공정가치로 평가하는 투자부동산으로 대체하는 경우, 부동산의 장부금액과 대체시점의 공정가치의 차액은 당기손익으로 인식한다.

⑬ 유형자산이나 재고자산의 투자부동산으로의 변경은 회계정책이나 추정의 변경이 아닌 계정대체로 처리한다.

(4) 투자부동산의 처분

① 투자부동산의 제거

투자부동산을 처분하거나, 투자부동산의 사용을 영구히 중지하고 처분으로도 더 이상의 경제적 효익을 기대할 수 없는 경우에는 제거하여야 한다.

② 투자부동산의 처분손익

투자부동산의 폐기나 처분으로 발생하는 손익은 순처분금액과 장부금액의 차액이며, 폐기나 처분이 발생한 기간에 당기손익으로 인식한다.

제5절 무형자산

1. 무형자산의 취득

(1) 무형자산의 정의 및 종류

① 무형자산의 정의

무형자산은 물리적 형체가 없지만 식별가능하고, 기업이 통제(보유)하고 있으며, 미래경제적효익이 발생하는 비화폐성자산을 말한다.

기업은 과학적·기술적 지식, 새로운 공정이나 시스템의 설계와 실행, 라이선스, 지적재산권, 시장에 대한 지식과 상표(브랜드명 및 출판표제 포함) 등의 무형자원을 취득, 개발, 유지하거나 개선한다. 이러한 예에는 컴퓨터소프트웨어, 특허권, 저작권, 영화필름, 고객목록, 모기지관리용역권, 어업권, 수입할당량, 프랜차이즈, 고객이나 공급자와의 관계, 고객충성도, 시장점유율과 판매권 등이 있다.

㉠ 식별가능성 : 영업권을 제외한 무형자산은 다음 중 하나에 해당하는 경우에 식별가능하다. 영업권은 사업결합에서 개별적으로 식별하여 별도로 인식하는 것이 불가능한 미래경제적효익을 나타내는 자산이다.

ⓐ 자산이 분리가능하다. 즉, 기업의 의도와는 무관하게 기업에서 분리하거나 분할할 수 있고, 개별적으로 또는 관련된 계약, 식별가능한 자산이나 부채와 함께 매각, 이전, 라이선스, 임대, 교환할 수 있다.

ⓑ 자산이 계약상 권리 또는 기타 법적 권리로부터 발생한다. 이 경우 그러한 권리가 이전가능한지 여부 또는 기업이나 기타 권리와 의무에서 분리가능한지 여부는 고려하지 아니한다.

㉡ 통제 : 자원에서 유입되는 미래경제적효익을 확보할 수 있고 그 효익에 대한 제3자의 접근을 제한할 수 있다면 기업이 자산을 통제하고 있는 것이다. 무형자산의 미래경제적효익에 대한 통제능력은 일반적으로 법적 권리에서 나오며, 법적 권리가 없는 경우에는 통제를 제시하기 어렵다. 그러나 다른 방법으로도 미래경제적효익을 통제할 수 있기 때문에 권리의 법적 집행가능성이 통제의 필요조건은 아니다.

ⓐ 숙련된 종업원에 대한 통제 : 기업은 숙련된 종업원을 보유하여 미래경제적효익을 가져다 줄 수 있는 기술 향상을 식별할 수 있으며, 이를 계속 이용할 수 있을 것으로 기대할 수 있다. 그러나 숙련된 종업원이나 교육훈련으로부터 발생하는 미래경제적효익은 일반적으로 충분한 통제를 가지고 있지 않으므로, 무형자산으로 인식할 수 없다.

ⓑ 고객충성도에 대한 통제 : 기업은 고객구성이나 시장점유율에 근거하여 고객관계와 고객충성도를 잘 유지함으로써 고객이 계속하여 거래할 것이라고 기대할 수 있다. 그러나 일반적으로 고객관계나 고객충성도에서 창출될 미래경제적효익에 대해서는 기업이 충분한 통제를 가지고 있지 않으므로, 무형자산으로 인식할 수 없다.

ⓒ 고객관계의 교환거래 : 고객관계를 보호할 법적 권리가 없는 경우에도 동일하거나 유사한, 비계약적 고객관계를 교환하는 거래(사업결합 과정에서 발생한 것이 아닌)는 고객관계로부터 기대되는 미래경제적효익을 통제할 수 있다는 증거를 제공한다. 그러한 교환거래는 고객관계가 분리가능하다는 증거를 제공하므로 그러한 고객관계는 무형자산의 정의를 충족한다.

ⓒ 미래경제적효익 : 무형자산의 미래경제적효익은 제품의 매출, 용역수익, 원가절감 또는 자산의 사용에 따른 기타 효익의 형태로 발생할 수 있다. 예를 들면, 제조과정에서 지적재산을 사용하면 미래 수익을 증가시키기보다는 미래 제조원가를 감소시킬 수 있다.

② 무형자산의 인식

무형자산으로 인식하기 위해서는 다음의 조건을 모두 충족해야 한다.

㉠ 무형자산의 정의 : 식별가능성, 통제, 미래경제적효익

㉡ 무형자산의 인식기준 : 미래경제적효익이 기업에 유입될 가능성은 최선의 추정치를 반영하는 합리적이고 객관적인 가정에 근거하여 평가하여야 한다. 미래경제적효익의 확실성에 대한 평가는 무형자산을 최초로 인식하는 시점에서 이용 가능한 증거에 근거하며, 외부 증거에 비중을 더 크게 둔다.

> ⓐ 자산에서 발생하는 미래경제적효익이 기업에 유입될 가능성이 높다.
> ⓑ 자산의 원가를 신뢰성 있게 측정할 수 있다.

③ 무형자산의 종류

무형자산의 종류로는 물리적 실체는 없지만 식별가능한 비화폐성자산과 사업결합으로 인해 발생하는 영업권이 있다.

㉠ 영업권 : 영업권은 사업결합으로 인해 발생하는 무형자산으로, 우수한 경영진, 뛰어난 판매조직, 양호한 신용, 원만한 노사관계, 기업의 좋은 이미지 등 동종의 타 기업에 비하여 특별히 유리한 사항들을 집합한 무형의 자원을 말한다.

㉡ 개발비 : 기업의 상업적인 목적의 개발활동과 관련하여 발생한 지출액 중 미래의 경제적 효익이 기업에 유입될 가능성이 매우 높으며, 취득원가를 신뢰성 있게 측정한 것을 말한다.

㉢ 산업재산권

ⓐ 특허권 : 특정 발명을 특허법에 의하여 등록하여 일정기간 독점적·배타적으로 이용할 수 있는 권리(특허권을 타인으로부터 매입한 경우에는 취득에 소요된 매입원가와 취득부대비용으로 그것을 사용할 수 있는 권리)

ⓑ 실용신안권 : 물건의 모양·구조 또는 결합 등 실용적인 고안을 관계 법률에 의하여 등록하여 일정기간 동안 독점적·배타적으로 이용할 수 있는 권리

ⓒ 의장권 : 물건의 외관상 미감을 얻기 위한 고안을 관계 법률에 의하여 등록하여 일정기간 동안 독점적·배타적으로 이용할 수 있는 권리

ⓓ 상표권 : 특정 상표를 관계 법률에 의하여 등록하여 일정기간 동안 독점적·배타적으로 이용할 수 있는 권리

㉣ 기타의 무형자산 : 라이선스, 프랜차이즈, 저작권, 컴퓨터소프트웨어, 임차권리금, 광업권, 어업권 등이 있다. 기업이 터널이나 교량을 건설하여 정부에 기부하는 대가로 취득하는 용역운영권도 무형자산의 일종이다.

(2) 무형자산의 취득원가

무형자산의 취득원가는 무형자산을 취득하여 목적하는 활동에 사용하기까지 소요된 모든 현금지출액 또는 현금 등의 가액으로, 구입원가와 자산을 사용할 수 있도록 준비하는 데 직접 관련되는 지출로 구성된다.

> 무형자산의 취득원가 = 구입원가 + 직접 관련된 지출

① 개별 취득하는 무형자산의 취득원가

구입가격과 자산을 의도한 목적에 사용할 수 있도록 준비하는 데 직접 관련된 원가(종업원급여, 전문가 수수료, 검사비용 등)로 구성된다. 구입가격을 측정할 때는 현금 등 지급액에서 매입할인과 리베이트는 차감하고 수입관세와 환급받을 수 없는 제세금을 가산한다.

더 알아보기 무형자산의 취득원가에 포함되지 않는 지출의 예

- 새로운 제품이나 용역의 홍보원가(광고와 판매촉진 활동원가 포함)
- 새로운 지역에서 또는 새로운 계층의 고객을 대상으로 사업을 수행하는 데 발생하는 원가
- 관리원가와 기타 일반경비원가
- 경영자가 의도하는 방식으로 운용될 수 있으나 사용이 시작되지 않은 기간에 발생한 원가
- 자산의 산출물에 대한 수요가 확립되기 전까지 발생하는 손실과 같은 초기 영업손실
- 무형자산 개발과 관련된 활동 중 반드시 필요하지 않은 부수적인 활동과 관련된 수입과 지출
- 무형자산을 사용하거나 재배치하는 데 발생하는 지출

---

② 사업결합에 의한 취득

사업결합으로 취득하는 무형자산의 원가는 사업결합일의 공정가액으로 한다. 사업결합과정에서 인정되어 대가를 지급한 무형자산의 공정가액은 인식기준(미래경제적효익 및 신뢰성 있는 측정)을 항상 충족하는 것으로 본다. 또한 사업결합 전에 그 자산을 피취득자가 인식하였는지 여부에 관계없이, 피취득자가 진행하고 있는 연구·개발 프로젝트가 무형자산의 정의를 충족한다면 영업권과 분리하여 별도의 자산으로 인식해야 한다.

③ 정부보조에 의한 취득

무형자산을 정부보조로 무상 또는 공정가치보다 낮은 대가로 취득할 수 있다. 자산관련정부보조금(공정가치로 측정되는 비화폐성 보조금 포함)은 재무상태표에 이연수익으로 표시하거나 자산의 장부금액을 결정할 때 차감하여 표시한다.

④ 교환에 의한 취득

교환에 의한 취득의 경우 무형자산의 원가는 제공받은 자산의 공정가치로 측정하며, 다음 중 하나에 해당하는 경우 제공한 자산의 장부금액으로 측정한다.

> ㉠ 교환거래에 상업적 실질이 결여된 경우
> ㉡ 취득한 자산과 제공한 자산의 공정가치를 둘 다 신뢰성 있게 측정할 수 없는 경우

⑤ 내부적으로 창출된 무형자산(영업권 제외)

내부적으로 창출된 무형자산이 인식기준을 충족하는지를 평가하기 위하여 무형자산의 창출과정을 연구단계와 개발단계로 구분한다.

㉠ 연구단계에서 창출된 무형자산

ⓐ 연구(또는 내부 프로젝트의 연구단계)에 대한 지출은 무형자산으로 인식하지 않고 발생시점에 비용으로 인식한다.

ⓑ 연구활동의 예

> - 새로운 지식을 얻고자 하는 활동
> - 연구결과나 기타 지식을 탐색, 평가, 최종 선택, 응용하는 활동
> - 재료, 장치, 제품, 공정, 시스템이나 용역에 대한 여러 가지 대체안을 탐색하는 활동
> - 새롭거나 개선된 재료, 장치, 제품, 공정, 시스템이나 용역에 대한 여러 가지 대체안을 제안, 설계, 평가, 최종 선택하는 활동

ⓛ 개발단계에서 창출된 무형자산

ⓐ 개발단계는 연구단계보다 훨씬 더 진전되어 있는 상태이기 때문에 어떤 경우에는 내부 프로젝트의 개발단계에서는 무형자산을 식별할 수 있으며, 그 무형자산이 미래경제적효익을 창출할 것임을 제시할 수 있다. 따라서 무형자산을 사용하거나 판매하기 위한 다음의 요건을 사업계획 등을 통하여 모두 제시할 수 있는 경우에만 개발활동(또는 내부 프로젝트의 개발단계)에서 발생한 무형 자산을 인식한다. 그 외에는 연구비와 동일하게 비용으로 인식한다.

> - 무형자산을 완성할 수 있는 기술적 실현가능성
> - 무형자산을 사용하거나 판매하려는 기업의 의도
> - 무형자산을 사용하거나 판매할 수 있는 기업의 능력
> - 무형자산이 미래경제적효익을 창출하는 방법. 무형자산의 산출물이나 무형자산 자체를 거래하는 시장이 존재함을 제시할 수 있거나 또는 무형자산을 내부적으로 사용할 것이라면 그 유용성을 제시할 수 있다.
> - 무형자산의 개발을 완료하고 그것을 판매하거나 사용하는 데 필요한 기술적, 재정적 자원 등의 입수가능성
> - 개발과정에서 발생한 무형자산 관련 지출을 신뢰성 있게 측정할 수 있는 기업의 능력

ⓑ 개발활동의 예

> - 생산이나 사용 전의 시제품과 모형을 설계, 제작, 시험하는 활동
> - 새로운 기술과 관련된 공구, 지그, 주형, 금형 등을 설계하는 활동
> - 상업적 생산 목적으로 실현가능한 경제적 규모가 아닌 시험공장을 설계, 건설, 가동하는 활동
> - 신규 또는 개선된 재료, 장치, 제품, 공정, 시스템이나 용역에 대하여 최종적으로 선정된 안을 설계, 제작, 시험하는 활동

▷ 무형자산을 창출하기 위한 내부 프로젝트를 연구단계와 개발단계로 구분할 수 없는 경우에는 그 프로젝트에서 발생한 지출은 모두 연구단계에서 발생한 것으로 본다.

ⓒ 기타 무형자산으로 인식할 수 없는 항목

ⓐ 내부적으로 창출된 영업권 : 내부적으로 창출한 영업권은 자산으로 인식하지 아니한다. 내부적으로 창출한 영업권은 원가를 신뢰성 있게 측정할 수 없고 기업이 통제하고 있는 식별가능한 자원이 아니다(즉, 분리가능하지 않고 계약상 또는 기타 법적 권리로부터 발생하지 않기 때문에).

ⓑ 내부적으로 창출한 브랜드, 제호, 출판표제, 고객 목록과 이와 실질이 유사한 항목은 무형자산으로 인식하지 아니한다. 이는 사업을 전체적으로 개발하는 데 발생한 원가와 구별할 수 없기 때문이다.

ⓒ 사업개시에 따른 지출은 무형자산으로 인식하지 않는다. 사업개시원가는 법적 실체를 설립하는 데 발생한 법적비용과 사무비용과 같은 설립원가, 새로운 시설이나 사업을 개시하기 위하여 발생한 지출(개업원가), 또는 새로운 영업을 시작하거나 새로운 제품이나 공정을 시작하기 위하여 발생하는 지출(신규영업준비원가)로 구성된다.

ⓓ 교육 훈련을 위한 지출, 광고 및 판매촉진 활동을 위한 지출(우편 주문 카탈로그 포함), 기업의 전부나 일부의 이전 또는 조직 개편에 관련된 지출은 무형자산으로 인식할 수 없다.

ⓔ 특정 소프트웨어가 없으면 기계장치의 가동이 불가능한 경우 그 소프트웨어는 기계장치의 일부로 회계처리한다.

2. 무형자산의 보유

(1) 무형자산의 인식 후 측정

무형자산의 회계정책으로 원가모형이나 재평가모형을 선택할 수 있다.

① 원가모형

최초인식 후에 무형자산은 취득원가에서 상각누계액과 손상차손누계액을 차감한 금액을 장부금액으로 한다.

② 재평가모형

무형자산을 재평가일의 공정가액에서 이후의 상각누계액을 차감한 재평가금액을 장부금액으로 기록하는 것을 말한다. 무형자산의 재평가는 유형자산과 동일하다.

(2) 무형자산의 상각 및 손상회계

① 내용연수

무형자산은 내용연수에 따라 다음과 같이 회계처리된다. 그 자산이 순현금유입을 창출할 것으로 기대되는 기간에 대하여 예측가능한 제한이 없을 경우, 무형자산의 내용연수가 비한정인 것으로 본다.

㉠ 내용연수가 유한한 경우 상각을 수행한다.

㉡ 내용연수가 비한정인 경우 상각하지 않으며, 매년 또는 무형자산의 손상을 시사하는 징후가 있을 때 손상검사를 수행하여야 한다.

㉢ 내용연수가 비한정인 무형자산의 내용연수를 유한으로 변경하는 것은 회계추정의 변경으로 회계처리한다.

② 무형자산의 상각

㉠ 무형자산의 상각은 공정가액 또는 회수가능가액이 증가하더라도 취득원가에 기초하여 상각하고, 무형자산은 당해 자산의 법률적 취득시점이 아닌 자산이 사용가능한 때부터 상각한다.

㉡ 무형자산의 상각대상금액을 내용연수 동안 체계적으로 배분하기 위해 정액법, 체감잔액법과 생산량비례법 등 다양한 방법을 사용할 수 있다. 상각방법은 자산이 갖는 예상 미래경제적효익의 예상되는 소비형태에 기초하여 선택하고, 미래경제적효익의 예상되는 소비형태가 달라지지 않는다면 매 회계기간에 일관성 있게 적용한다. 다만, 그 형태를 신뢰성 있게 결정할 수 없는 경우에는 정액법을 사용한다.

㉢ 무형자산의 상각이 다른 자산의 제조와 관련된 경우에는 관련 자산의 제조원가로, 그 밖의 경우에는 판매비와 관리비로 계상한다.

㉣ 내용연수가 유한한 무형자산의 상각의 상각기간과 상각방법은 적어도 매 회계연도 말에 검토한다.

㉤ 무형자산의 잔존가치는 제3자의 구입약정 등이 있는 경우를 제외하고 '영(0)'이다.

㉥ 내용연수가 유한한 무형자산은 그 자산을 더 이상 사용하지 않을 때도 상각을 중지하지 아니한다. 다만, 완전히 상각하거나 매각예정으로 분류되는(또는 매각예정으로 분류되는 처분자산집단에 포함되는) 경우에는 상각을 중지한다.

③ 무형자산의 손상회계

    ㉠ 무형자산에 대한 유의적인 손상 징후가 발견되었다면 손상차손을 인식한다.

    ㉡ 아직 사용하지 않은 무형자산이나 사업결합으로 취득한 영업권도 손상검사 대상이다.

    ㉢ 비한정 내용연수를 유한 내용연수로 재평가하는 것은 그 자산의 손상을 시사하는 하나의 경우가 되므로 그 자산에 대한 손상검사를 하여야 한다.

    ㉣ 재평가한 무형자산에 대하여 더 이상 활성시장이 존재하지 않는다는 것은 손상검사를 할 필요가 있다는 것을 나타내는 것일 수 있다.

    ㉤ 무형자산의 손상 및 손상회복의 회계처리는 유형자산의 회계처리와 동일하다.

    ㉥ 영업권에 인식한 손상차손은 후속기간에 환입하지 아니한다.

(3) 무형자산의 회계처리 유의사항

① 개별 취득하는 무형자산과 사업결합으로 취득하는 무형자산은 인식 조건 중 미래경제적효익의 유입가능성은 항상 충족되는 것으로 본다.

② 무형자산의 잔존가치는 해당 자산의 장부금액과 같거나 큰 금액으로 증가할 수도 있는데, 이 경우에는 자산의 잔존가치가 이후에 장부금액보다 작은 금액으로 감소될 때까지는 무형자산의 상각액은 영(0)이 된다.

③ 시장에 대한 지식에서 미래경제적효익이 발생하고 이것이 법적 권리에 의해서 보호된다면 그러한 지식은 무형자산으로 인식할 수 있다.

④ 계약상 또는 기타 법적 권리가 갱신가능한 한정된 기간 동안 부여된다면, 유의적인 원가 없이 기업에 의해 갱신될 것이 명백한 경우에만 그 갱신기간을 무형자산의 내용연수에 포함한다.

⑤ 최초에 비용으로 인식한 무형항목에 대한 지출은 그 이후에 무형자산의 원가로 인식할 수 없다.

    주의 최초에 비용으로 인식한 무형항목에 대한 지출은 회계정책 변경으로도 무형자산의 원가로 인식할 수 없다.

⑥ 재평가한 무형자산과 같은 분류 내의 무형자산을 그 자산에 대한 활성시장이 없어서 재평가할 수 없는 경우에는 원가에서 상각누계액과 손상차손누계액을 차감한 금액으로 표시한다.

⑦ 무형자산 원가의 인식은 그 자산을 경영자가 의도하는 방식으로 운용될 수 있는 상태에 이르면 중지한다. 따라서 무형자산을 사용하거나 재배치하는 데 발생하는 원가는 자산의 장부금액에 포함하지 않는다.

3. 무형자산의 폐기와 처분

무형자산을 처분하거나 사용이나 처분으로부터 미래경제적효익이 기대되지 않는 경우(폐기)에 재무상태표에서 제거한다. 무형자산의 제거로 인하여 발생하는 이익이나 손실은 판매후 리스거래인 경우를 제외하고 자산을 제거할 때 당기손익으로 인식한다.

무형자산은 여러 방법(예 매각, 금융리스의 체결, 기부)으로 처분할 수 있다. 무형자산의 처분일은 수령자가 해당 자산을 통제하게 되는 날이다.

4. 사업결합과 영업권

(1) 사업결합의 일반사항

① 사업결합이란 취득자가 하나 이상의 사업에 대한 지배력을 획득하는 거래나 그 밖의 사건을 말한다. 이러한 사업결합에는 대등한 두 회사의 합병도 포함된다.

② 사업결합의 취득일은 취득자가 피취득자에 대한 지배력을 획득한 날이다.

③ 취득일 현재, 취득자는 영업권과 분리하여 식별가능한 취득 자산, 인수 부채 및 피취득자에 대한 비지배지분을 인식한다.

(2) 사업결합의 회계처리

① 사업결합은 취득법을 적용하여 회계처리한다. 취득법은 취득하는 자산과 인수하는 부채를 공정가치로 인식하는 방법이다.

② 이전대가는 사업결합시 피취득자에게 지급하는 현금 등으로 이는 공정가치로 측정한다. 그 공정가치는 취득자가 이전하는 자산, 취득자가 피취득자의 이전 소유주에 대하여 부담하는 부채 및 취득자가 발행한 지분의 취득일의 공정가치 합계로 산정한다.

③ 취득자는 사업결합에서 취득한 식별가능한 무형자산을 영업권과 분리하여 인식한다. 무형자산은 분리가능성 기준이나 계약적, 법적기준을 충족하는 경우에 식별가능하다.

④ 피취득자로부터 취득한 순공정가치를 초과하여 이전대가를 지급한 경우에는 그 차익을 영업권으로 계상하며, 순공정가치보다 미달하여 지급한 경우에는 그 차액을 염가매수차익으로 계상한다.

[영업권 인식]				
(차) 자산	100	(대) 부채	40
영업권	20	이전대가	80
[염가매수차익]				
(차) 자산	100	(대) 부채	40
		이전대가	50
		염가매수차익	10

⑤ 영업권은 비한정내용연수를 가진 무형자산으로, 염가매수차익은 당기손익으로 인식한다.

02 | 실전대비문제

01 다음은 (주)한국의 매출채권과 관련된 자료이다.

	20x1년 말	20x2년 말
매출채권(총액)	₩500,000	₩540,000
대손충당금	₩(80,000)	₩(50,000)
매출채권(순액)	₩420,000	₩490,000

(주)한국은 20x2년도 포괄손익계산서에 대손상각비로 ₩40,000을 보고하였으며, 20x2년 외상매출은 ₩1,800,000이다. 20x2년에 (주)한국이 현금으로 수령한 매출채권은 얼마인가? (2017년)

① ₩1,690,000   ② ₩1,720,000

③ ₩1,760,000   ④ ₩1,830,000

[해설]

대손충당금

대손충당금	₩70,000	기초	₩80,000
기말	₩50,000	대손상각비	₩40,000
	₩120,000		₩120,000

매출채권

기초	₩500,000	대손충당금	₩70,000
		기말	₩540,000
외상매출	₩1,800,000	현금수령액	₩1,690,000
	₩2,300,000		₩2,300,000

답 ①

02 (주)한국은 거래처에 대여금을 제공하였다. 동 대여금에 대한 조건은 ₩20,000을 3년 후에 상환받으며, 이 금액의 10% 이자를 매년 말 수령하는 것이다. 시장이자율이 연 4%일 때, (주)한국이 인식할 대여금은?(단, 계산금액은 소수점 첫째 자리에서 반올림한다) (2018년)

할인율	3기간 단일금액 ₩1의 현재가치	3기간 정상연금 ₩1의 현재가치
4%	0.8890	2.7751
6%	0.8396	2.6730
10%	0.7513	2.4868

① ₩20,000   ② ₩22,138

③ ₩23,330   ④ ₩25,468

[해설] 대여금의 현재가치＝₩20,000×0.889＋₩2,000×2.7751＝₩23,330

답 ③

03 다음은 20x1년 12월 31일 결산 시 (주)한국이 보유하고 있는 자산항목이다.

• 지폐와 주화	₩18,000
• 보통예금	₩25,000
• 배당금지급통지표	₩20,000
• 수입인지	₩15,000
• 양도성예금증서(취득 20x1년 1월 1일, 만기 20x2년 2월 1일)	₩13,000
• 타인발행수표	₩10,000
• 국채(취득 20x1년 6월 1일, 만기 20x2년 1월 15일)	₩20,000
• 선일자수표(발행일 20x2년 1월 5일)	₩50,000
• 당좌차월	₩30,000

20x1년 말 (주)한국의 재무상태표상 표시될 현금 및 현금성자산은 얼마인가? (2016년)

① ₩53,000   ② ₩73,000

③ ₩106,000   ④ ₩156,000

[해설] 현금 및 현금성자산＝지폐와 주화 ₩18,000＋보통예금 ₩25,000＋배당금지급통지표 ₩20,000
    ＋타인발행수표 ₩10,000
    ＝₩73,000

┤ 심화 Tip ├

현금 및 현금성자산

	통화	지폐 및 주화
현금	통화대용증권	타인발행당좌수표, 자기앞수표, 송금환, 우편환, 만기가 도래한 국공채의 이자표, 기한이 도래한 어음
	요구불예금	보통예금, 당좌예금
현금성자산		현금 전환이 용이하고, 취득 당시 만기가 3개월 이내에 도래 금융상품

답 ②

04 다음은 20x1년 말 (주)한국이 보유한 자산의 내역이다. 20x1년 말 (주)한국의 현금 및 현금성자산은?

(2018년)

• 지폐 및 주화	₩12,800
• 양도성예금증서(취득일 20x1년 9월 1일, 만기 20x2년 1월 12일)	₩7,400
• 보통예금	₩34,200
• 선일자수표	₩12,800
• 수입인지	₩7,500
• 환매조건부채권(취득일 20x1년 12월 1일, 만기 20x2년 2월 1일)	₩25,000

① ₩47,000

② ₩59,800

③ ₩72,000

④ ₩84,800

해설 현금 및 현금성자산 = 지폐 및 주화 + 보통예금 + 환매조건부채권 = ₩12,800 + ₩34,200 + ₩25,000 = ₩72,000

답 ③

05 다음은 20x1년 말 (주)한국이 보유한 자산의 일부 내역이다. 20x1년 말 (주)한국의 현금 및 현금성자산 합계액이 ₩150,000일 때 지폐 및 주화의 금액은 얼마인가?

(2019년)

• 지폐 및 주화 : ?	
• 보통예금 : ₩54,000	
• 선일자수표 : ₩13,000	
• 타인발행수표 : ₩20,000	
• 수입인지 : ₩7,000	
• 환매조건부채권(취득일 20x1년 9월 1일, 만기일 20x2년 1월 12일) : ₩40,000	
• 양도성예금증서(취득일 20x1년 12월 1일, 만기일 20x2년 2월 1일) : ₩50,000	

① ₩13,000

② ₩23,000

③ ₩26,000

④ ₩36,000

해설 • 선일자수표는 현금 및 현금성자산으로 분류하지 아니하고 매출채권으로 분류하는 것에 주의한다.
• 우표, 수입인지는 소모품이나 선급비용으로 분류한다.
• 환매조건부채권은 만기가 취득일로부터 3개월 이내에 도래하지 않기 때문에 현금 및 현금성자산으로 분류하지 않는다.
• 현금 및 현금성자산 합계액 = 지폐 및 주화 + 보통예금 + 타인발행수표 + 양도성예금증서
• ₩150,000 = 지폐 및 주화 + ₩54,000 + ₩20,000 + ₩50,000
∴ 지폐 및 주화 = ₩26,000
문제 3번 심화Tip 참조

답 ③

06 (주)한국의 20x2년 초 대손충당금 잔액은 ₩8,000이다. 20x2년 중 회수불능으로 판단되어 제거된 매출채권은 ₩3,000이었으며, 20x2년 말까지 이 중 ₩1,000이 회수되었다. 20x2년 말 매출채권 총액은 ₩90,000이며, 미래현금흐름 추정액은 ₩81,000인 경우 20x2년 말 (주)한국이 매출채권에 대해서 인식할 손상차손(대손상각비)은 얼마인가? (2016년)

① ₩3,000　　　　　　　　　　② ₩4,000

③ ₩6,000　　　　　　　　　　④ ₩9,000

해설

대손충당금			
대손확정	₩3,000	기초	₩8,000
		회수	₩1,000
기말	₩9,000	대손상각비	₩3,000

답 ①

07 (주)한국은 20x1년 1월 1일에 내용연수 5년의 기계장치를 취득하였다. (주)한국은 동 기계장치의 잔존가치를 ₩20,000으로 추정하고, 원가모형을 적용하여 연수합계법으로 감가상각하고 있다. 동 기계장치와 관련하여 (주)한국이 20x1년도에 인식한 감가상각비는 ₩150,000이다. 취득 이후 기계장치에 대한 자산손상은 없었다면, 20x3년 12월 31일 기계장치의 장부금액은 얼마인가? (2016년)

① ₩90,000　　　　　　　　　　② ₩110,000

③ ₩150,000　　　　　　　　　④ ₩360,000

해설　20x1년 감가상각비 = (기계장치 취득원가 - ₩20,000) × 5/15 = ₩150,000
　　　∴ 기계장치 취득원가 = ₩470,000
　　　20x2년 감가상각비 = (₩470,000 - ₩20,000) × 4/15 = ₩120,000
　　　20x3년 감가상각비 = (₩470,000 - ₩20,000) × 3/15 = ₩90,000
　　　20x3년 12월 31일 장부금액 = ₩470,000 - (₩150,000 + ₩120,000 + ₩90,000) = ₩110,000

답 ②

08 (주)한국은 20x1년 4월 1일에 차량운반구를 취득하여 사용하고 있으며, 내용연수 3년, 잔존가치 ₩120,000, 정액법에 의하여 감가상각을 하고 있다. (주)한국은 차량운반구에 대하여 원가모형을 적용하고 있다. 감가상각비는 월할 계산하며, 이 차량운반구에 대한 취득시점 이후 자산손상은 없었다. 20x1년에 인식한 감가상각비가 ₩225,000이라면, 20x2년 12월 31일 차량운반구의 장부금액은 얼마인가? (2017년)

① ₩495,000　　　　　　　　　　② ₩525,000

③ ₩700,000　　　　　　　　　　④ ₩725,000

해설　20x1년은 9개월 기간만큼 감각상각하는 것에 주의한다.
　　　취득원가를 P라고 가정하면,
　　　20x1년에 인식한 감가상각비 = (P - ₩120,000)/3 × 9/12 = ₩225,000
　　　∴ P = ₩1,020,000
　　　20x2년에 인식한 감가상각비 = (₩1,020,000 - ₩120,000)/3 = ₩300,000
　　　20x2년 12월 31일 장부금액 = ₩1,020,000 - (₩225,000 + ₩300,000) = ₩495,000

답 ①

09 (주)한국은 장부금액 ₩3,500,000의 토지를 제공하고 공정가치가 ₩2,500,000인 기계장치를 취득하면서 현금 ₩2,000,000을 추가로 받았다. 이 거래는 상업적 실질이 있는 것으로 판단되며 제공한 자산의 공정가치보다 취득한 자산의 공정가치가 더 명백하다. (주)한국이 동 거래와 관련하여 인식하여야 하는 손익은 얼마인가?

① 처분손실 ₩1,000,000   ② 처분손실 ₩500,000

③ ₩0   ④ 처분이익 ₩1,000,000

[해설] 제공한 자산의 공정가치보다 취득한 자산의 공정가치가 더 명백하므로 취득원가는 기계장치의 공정가치와 현금의 합이 된다.
취득원가 = ₩2,500,000 + ₩2,000,000 = ₩4,500,000
손익 = ₩4,500,000 − ₩3,500,000 = ₩1,000,000

답 ④

10 재고자산에 대한 설명으로 옳은 것은?   (2016년)

① 완성될 제품이 원가 이상으로 판매될 것으로 예상하는 경우에는 그 생산에 투입하기 위해 보유하는 원재료 및 기타 소모품을 감액하지 않는다.

② 재고자산평가를 위한 저가법은 총액을 기준으로 평가하여야 한다. 그러나 재고항목들이 서로 유사하거나 관련되어 있는 경우에는 저가법을 항목별로 적용할 수 있다.

③ 개별법을 적용할 수 없는 재고자산의 단위원가는 가중평균법, 선입선출법 또는 후입선출법 중 한 가지 방법을 선택하여 적용한다.

④ 특정고객을 위한 비제조 간접원가 또는 제품 디자인원가는 재고자산 원가에 항상 포함되지 않는다.

[해설] ② 재고자산은 항목별로 저가법을 적용하되, 유사하거나 관련 있는 항목들은 통합하여 적용할 수 있다.
③ 한국채택국제회계기준에서 후입선출법은 적용할 수 없다.
④ 특정고객의 비제조간접원가 또는 디자인원가는 재고자산 원가에 포함될 수도 있다.

답 ①

11 회계기준에 제시된 재고자산에 대한 설명으로 옳은 것은? (2018년)

① 재고자산은 취득원가와 순공정가치 중 낮은 금액으로 측정한다.

② 부산물이 중요하지 않은 경우 흔히 순실현가능가치로 측정하며, 주산물의 원가에서 차감되기 때문에 주산물의 장부금액은 원가와 중요한 차이가 없다.

③ 후속 생산단계에 투입하기 전에 보관이 필요한 경우 이외의 보관원가는 취득원가에 포함할 수 있다.

④ 생물자산에서 수확한 농림어업 수확물로 구성된 재고자산은 순실현가능가치로 측정하여 수확시점에 최초로 인식한다.

해설 ① 자산의 장부금액은 취득원가와 순실현가능가치 중 낮은 금액으로 측정한다.

③ 보관원가는 재고자산의 취득원가에 포함할 수 없고, 발생기간의 비용으로 인식한다.

④ 생물자산에서 수확한 농림어업 수확물로 구성된 재고자산은 순공정가치로 측정하여 수확시점에 최초로 인식한다.

답 ②

12 (주)한국은 재고자산의 가격결정 방법으로 선입선출을 가정한 소매재고법(매출가격환원법)을 사용하고 있으며, 20x1년도 선입선출법 원가율은 60%이다. 다음 자료를 이용할 때 (주)한국의 20x1년 매출원가는? (2018년)

기초재고원가	₩100	기초재고판매가	₩400
당기매입원가	₩600	당기매입판매가	?
판매가 순인상액	₩200	판매가 순인하액	₩100
순매출액	₩900		

① ₩360

② ₩400

③ ₩450

④ ₩500

해설

선입선출법 원가율 60% → $\dfrac{₩600}{당기매입판매가 + ₩200 - ₩100} = 0.6$

∴ 당기매입판매가 = ₩900

기초재고	₩400	매출액	₩900
당기매입	₩900		
순인상액	₩200		
순인하액	₩100	기말재고	₩500
합계	₩1,400	합계	₩1,400

기말재고원가 = ₩500 × 60% = ₩300

매출원가 = ₩100 + ₩600 - ₩300 = ₩400

답 ②

13 다음은 (주)한국의 20x1년도 기말재고자산과 관련된 자료이다.

• 기초상품재고액	₩60,000	• 실제 기말재고수량	1,050개
• 당기매입액	₩300,000	• 단위당 취득원가	₩100
• 장부상 기말재고수량	1,200개	• 단위당 순실현가능가액	₩80

(주)한국은 정상감모손실과 평가손실은 매출원가로 처리하고, 비정상감모손실은 기타비용으로 처리하는 회계정책을 채택하고 있다. 재고감모분 중 20%는 정상적으로 발생한 감모분이며, 나머지는 비정상적으로 발생한 감모분이다. (주)한국의 20x1년도 매출원가는 얼마인가?

(2016년)

① ₩252,000
② ₩255,000
③ ₩264,000
④ ₩276,000

[해설]

기초재고 ₩60,000 + 당기매입 ₩300,000

판매 : 매출원가
정상감모손실 : 매출원가
비정상감모손실* : 영업외 비용
평가손실 : 매출원가
기말재고 ₩84,000

*감모손실 1,200 × ₩100 = ₩120,000
　　　　　 1,050 × ₩100 = ₩(105,000)
　　　　　　　　　　　　　　 ₩15,000

정상감모손실 ₩3,000 비정상감모손실 ₩12,000

매출원가 = ₩360,000 − ₩84,000 − ₩12,000 = ₩264,000

[답] ③

14 (주)한국은 소매재고법을 적용하여 재고자산 회계처리를 하고 있다. 다음은 20x1년도 재고자산과 관련된 자료이다. 평균원가(원가기준 가중평균) 소매재고법을 적용한다고 가정할 경우 (주)한국의 20x1년도 매출원가는 얼마인가?

(2016년)

	원가	매가
• 기초재고자산	₩300	₩500
• 당기매입액	₩18,900	₩31,000
• 매출액		₩25,000
• 순인상액		₩700
• 순인하액		₩200

① ₩14,300
② ₩15,000
③ ₩15,700
④ ₩16,400

[해설] 원가율 = (₩300 + ₩18,900)/(₩500 + ₩31,000 + ₩700 − ₩200) = 60%
기말재고자산 = (₩32,000 − ₩25,000) × 60% = ₩4,200
매출원가 = ₩19,200 − ₩4,200 = ₩15,000

[답] ②

15 다음은 (주)한국의 20x1년의 매입과 매출에 관한 자료이다.

일자	적요	수량	단가
1월 1일	기초재고	1,000개	₩10.00
2월 10일	매입	2,000개	₩11.50
7월 12일	매출	2,000개	₩20.00
8월 7일	매입	1,000개	₩12.00
12월 31일	기말재고	?	

(주)한국은 재고자산의 평가방법으로 가중평균법을 적용하고 있다. (주)한국은 계속기록법을 적용하고 20x1년 기초재고의 단위당 원가와 순실현가능가치는 동일하다고 가정하자. 20x1년 말 현재 상품재고자산의 단위당 순실현가능가치가 ₩9.00이고, 실사를 통해 확인한 재고가 1,800개라면 (주)한국의 20x1년 재고자산감모손실과 재고자산평가손실은 각각 얼마인가?

(2017년)

	재고자산감모손실	재고자산평가손실
①	₩2,300	₩4,500
②	₩2,300	₩6,800
③	₩4,500	₩2,300
④	₩4,500	₩6,800

해설

날짜	적요	수량	단가	평균단가	재고금액
01.01	기초재고	1,000	₩10.00	₩10.00	₩10,000
02.10	매입	2,000	₩11.50	₩11.00	₩33,000
07.12	매출	2,000	₩20.00	₩11.00	₩11,000
08.07	매입	1,000	₩12.00	₩11.50	₩23,000

- 2,000 × ₩11.50 = ₩23,000
- 1,800 × ₩11.50 = ₩20,700 → 감모손실 ₩2,300
- 1,800 × ₩9.00 = ₩16,200 → 평가손실 ₩4,500

답 ①

16 유형자산의 회계처리에 관한 다음 설명 중 옳지 않은 것은? (2017년)

① 유형자산의 감가상각방법은 자산의 미래경제적효익이 소비되는 형태를 반영한다.

② 안전 또는 환경상의 이유로 취득하는 유형자산은 당해 유형자산을 취득하지 않았을 경우보다 관련 자산으로부터 미래경제적효익을 더 많이 얻을 수 있게 해주기 때문에 자산으로 인식할 수 있다.

③ 유형자산의 감가상각은 자산이 사용가능한 때부터 시작한다.

④ 유형자산을 사용하거나 이전하는 과정에서 발생하는 원가는 당해 유형자산의 장부금액에 포함하여 인식한다.

> [해설] 유형자산이 경영진이 의도하는 방식으로 가동될 수 있는 장소와 상태에 이른 후에는 원가를 더 이상 인식하지 않는다. 따라서 유형자산을 사용하거나 이전하는 과정에서 발생하는 원가는 당해 유형자산의 장부금액에 포함하여 인식하지 아니한다.
>
> [답] ④

17 (주)한국은 20x1년 초 건물을 ₩100,000에 구입하면서 정부발행 채권을 액면가액(₩50,000)으로 의무 매입하였다. 동 채권은 3년 만기이며, 액면이자율은 5%이고, 이자는 매년 말에 후급한다. (주)한국은 취득한 채권을 상각후원가측정금융자산으로 분류하였으며, 구입 당시 시장이자율은 8%이다. 20x1년 초에 인식할 건물의 취득원가는 얼마인가?(단, 8%, 3기간의 단일금액 ₩1의 현재가치는 0.79, 정상연금 ₩1의 현재가치는 2.58이다) (2019년)

① ₩104,050

② ₩106,450

③ ₩139,500

④ ₩145,950

> [해설] 유형자산 취득 시 불가피하게 구입하여야 하는 국공채는 일반적으로 공정가치보다 높은 가격이다. 이 경우 국공채의 매입가액과 공정가치의 차액은 취득부대비용으로 분류하며 해당 유형자산의 원가에 가산한다.
> - 정부발행 채권 공정가치=(₩50,000×0.79)+(₩2,500×2.58)=₩45,950
> - 정부발행 채권 매입가액=₩50,000
> - 정부발행 채권의 차액으로 인한 취득부대비용=₩50,000−₩45,950=₩4,050
> - ∴ 20x1년 초에 인식할 건물의 취득원가=₩100,000+₩4,050=₩104,050
>
> [답] ①

18 한국채택국제회계기준서 제1023호 '차입원가'에서는 적격자산을 의도된 용도로 사용하거나 판매가능한 상태에 이르게 하는 데 상당한 기간을 필요로 하는 자산으로 규정하고 있다. 다음 중 한국채택국제회계기준서 제1023호 '차입원가'에 따라 적격자산이 될 수 없는 것은? (2017년)

① 투자부동산   ② 금융자산

③ 제조설비자산   ④ 전력생산설비

[해설] 취득시점부터 판매가 가능한 금융자산과 단기간 내 생산 가능한 재고자산은 적격자산에서 제외된다.

답 ②

19 (주)한국은 20x1년 초 내용연수 4년, 잔존가치 ₩300,000인 기계장치를 ₩5,000,000에 취득하여 정률법으로 감가상각하고 있다. (주)한국은 동 기계장치에 대하여 원가모형을 적용하고 있으며, 취득시점 이후 자산손상은 없었다. 동 기계장치의 20x4년 감가상각누계액 기초잔액이 ₩4,375,000이었다면 20x4년 (주)한국이 인식할 감가상각비는?(단, 상각률은 0.5이다) (2018년)

① ₩212,500   ② ₩225,000

③ ₩312,500   ④ ₩325,000

[해설] 20x4년 감가상각비 = ₩5,000,000 - ₩4,375,000 = ₩625,000 × 0.5 = ₩312,500
20x4년 총 감가상각비 = ₩312,500 + 잔존가치와의 차액 ₩12,500 = ₩325,000

답 ④

20 (주)한국은 20x1년 7월 1일 내용연수 4년, 잔존가치 ₩100,000인 업무용 차량을 구입하여 정액법으로 감가상각하고 있으며, 동 차량과 관련된 지출내역은 아래와 같다. (주)한국은 동 업무용 차량에 대하여 원가모형을 적용하고 있으며, 취득시점 이후 동 차량의 자산손상은 없었다. 20x1년 동 업무용 차량의 감가상각비는?(단, (주)한국은 감가상각비를 월할 계산한다) (2018년)

항목	금액	항목	금액
차량가격	₩1,000,000	취득세 및 등록세	₩300,000
자동차보험료	₩200,000	하이패스 충전액	₩100,000

① ₩150,000   ② ₩175,000

③ ₩187,500   ④ ₩300,000

[해설] 차량 취득가격 = ₩1,000,000 + ₩300,000 = ₩1,300,000
감가상각비 = (₩1,300,000 - ₩100,000) × 1/4 × 6/12 = ₩150,000

답 ①

21 다음 중 투자부동산으로 분류되지 않는 것은 어느 것인가? (2016년)

① 제3자를 위하여 건설 또는 개발 중인 부동산
② 운용리스로 제공하기 위하여 보유하고 있는 미사용 건물
③ 직접 소유하고 운용리스로 제공하고 있는 건물
④ 장래 사용목적을 결정하지 못한 채로 보유하고 있는 토지

[해설] 제3자를 위하여 건설 또는 개발 중인 부동산은 재고자산으로 분류한다.

답 ①

22 투자부동산의 회계처리에 관한 설명으로 옳지 않은 것은? (2017년)

① 운용리스로 제공하기 위하여 보유하고 있는 미사용 건물은 투자부동산에 해당한다.
② 투자부동산의 공정가치모형에서는 투자부동산의 공정가치 변동으로 발생하는 손익을 발생한 기간의 당기손익에 반영한다.
③ 투자부동산을 재개발하여 미래에도 투자부동산으로 사용하고자 하는 경우에도 재개발기간 동안 자가사용부동산으로 대체한다.
④ 부동산 소유자가 부동산 사용자에게 부수적인 용역을 제공할 때 전체 계약에서의 해당 용역의 비중이 중요한 경우 부동산은 투자부동산이 아닌 자가사용부동산으로 분류한다.

[해설] 미래에 투자부동산으로 사용하기 위해 건설 또는 개발 중인 부동산은 투자부동산으로 분류된다.

답 ③

23 무형자산에 대한 설명으로 옳은 것은? (2016년)

① 내부적으로 창출한 브랜드, 제호, 출판표제, 고객 목록은 개발하는 데 발생한 원가를 전체 사업과 구별할 수 없더라도 무형자산으로 인식한다.

② 무형자산에 대한 대금지급기간이 일반적인 신용기간보다 긴 경우 무형자산의 원가는 실제 총지급액이 된다.

③ 개별 취득하는 무형자산은 자산에서 발생하는 미래경제적효익이 기업에 유입될 가능성이 높다는 발생가능성 인식기준을 항상 충족하는 것으로 본다.

④ 내용연수가 유한한 무형자산의 잔존가치는 해당 자산의 장부금액과 같을 수는 있으나, 장부금액보다 더 클 수는 없다.

해설 | 무형자산을 구입하기 위해 지출한 취득금액은 미래경제적효익이 발생할 것이라는 기대를 가지고 있으므로 인식기준을 충족한다.

    ① 내부적으로 창출한 브랜드, 제호, 출판표제, 고객목록과 같은 항목은 사업을 전체적으로 개발하는 데 발생한 원가와 구별할 수 없으므로 무형자산으로 인식하지 아니한다.

    ② 무형자산에 대한 대금지급기간이 일반적인 신용기간보다 긴 경우 무형자산의 원가는 현금가격상당액이 된다.

    ④ 잔존가치는 장부금액보다 더 클 수도 있다.

답 ③

24 무형자산에 대한 설명으로 옳지 않은 것은? (2019년)

① 내용연수가 유한한 무형자산은 정액법으로만 상각한다.

② 내부적으로 창출한 영업권은 무형자산으로 인식하지 않는다.

③ 최초에 비용으로 인식한 무형항목에 대한 지출은 그 이후에 무형자산의 원가로 인식할 수 없다.

④ 무형자산도 유형자산과 마찬가지로 재평가모형을 선택할 수 있다.

해설 | 무형자산의 회계처리는 내용연수에 따라 다르다. 내용연수가 유한한 무형자산은 상각하고, 내용연수가 비한정인 무형자산은 상각하지 아니한다. 내용연수가 유한한 무형자산의 감가상각방법은 해당 자산의 경제적 효익이 소비될 것으로 예상되는 형태를 반영한 방법이어야 하며, 그 방법을 신뢰성 있게 결정할 수 없는 경우에는 정액법을 사용하여야 한다. 그 외에는 다양한 상각방법을 허용한다.

    ② 내부적으로 창출한 영업권은 취득원가를 신뢰성 있게 측정할 수 없고, 통제 및 식별이 불가능하므로 무형자산으로 인식하지 않는다.

    ③ 무형자산의 원가는 무형자산의 인식기준을 최초로 충족시킨 이후에 발생한 지출금액의 합이며, 이미 비용으로 인식한 지출은 무형자산의 원가로 인식할 수 없다.

    ④ 무형자산은 유형자산과 마찬가지로 원가모형 또는 재평가모형 중 한 가지를 선택할 수 있다. 하지만 유형자산과는 다르게 무형자산에 재평가모형을 적용하기 위해서는 해당 무형자산에 대한 활성시장이 존재하여야만 가능하다.

답 ①

25 다음은 (주)한국이 20x1년에 연구개발 프로젝트와 관련하여 지출한 내역이다. 20x1년에 (주)한국이 인식할 무형자산의 취득원가는 얼마인가?(단, 개발단계에서 발생한 지출은 무형자산의 인식요건을 충족하는 것으로 가정한다)

(2019년)

- 연구결과나 기타 지식을 평가 및 최종 선택하는 활동 : ₩100,000
- 생산이나 사용 전의 시제품과 모형을 제작하는 활동 : ₩150,000
- 새로운 기술과 관련된 금형을 설계하는 활동 : ₩210,000
- 개발된 제품의 대량생산을 위해 필요한 기계장치의 취득 : ₩600,000
- 개발 후 해당 자산을 운용하는 직원에 대한 교육훈련비 : ₩32,000

① ₩360,000
② ₩392,000
③ ₩460,000
④ ₩960,000

해설 무형자산 취득원가＝₩150,000 ＋ ₩210,000 ＝ ₩360,000

* 직원에 대한 교육훈련비는 무형자산의 정의 중 통제가능성을 충족하지 못하기 때문에 무형자산으로 인식하지 아니한다.

┤ 심화 Tip ├

무형자산

1. 정의
   물리적 실체는 없지만 식별할 수 있는 비화폐성자산을 무형자산이라고 한다.

2. 무형자산 충족 요건
   무형자산으로 인식하기 위해서는 아래의 조건을 모두 충족해야 한다.
   ① 무형자산의 정의를 충족(식별가능성, 통제가능성, 미래경제적효익의 가능성)한다.
   ② 미래경제적효익의 유입가능성이 높다.
   ③ 자산의 취득원가를 신뢰성 있게 측정이 가능하여야 한다.

3. 내부적으로 창출한 무형자산
   내부적으로 창출한 무형자산은 연구단계와 개발단계로 구분하는데 연구단계에서 발생한 지출은 비용으로 인식하고, 개발단계에서 발생한 지출은 무형자산으로 인식한다.
   ① 연구활동의 사례
     • 새로운 지식을 얻고자 하는 활동
     • 연구결과나 기타 지식을 평가 및 최종 선택하는 활동
     • 재료, 장치, 제품, 공정, 시스템이나 용역에 대한 여러 가지 대체안을 탐색하는 활동
   ② 개발활동의 사례
     • 생산이나 사용 전의 시제품과 모형을 제작하는 활동
     • 새로운 기술과 관련된 공구, 지그, 주형, 금형 등을 설계하는 활동
     • 상업적 생산목적으로 실현가능한 경제적 규모가 아닌 시험공장을 설계, 건설, 가동하는 활동
     • 최종적으로 선정된 안을 설계, 제작, 시험하는 활동

답 ①

26 다음은 (주)한국의 20x1년도 무형자산을 내부적으로 창출하는 과정에서 발생한 연구활동 및 개발활동 관련 지출 내역이다. (주)한국이 20x1년도 연구활동으로 분류해야 하는 금액은 얼마인가? (2016년)

• 생산이나 사용 전의 시제품과 모형을 제작하는 활동	₩120,000
• 재료, 장치 및 제품에 대한 여러 가지 대체안을 탐색하는 활동	₩130,000
• 상업적 생산 목적으로 실현가능한 경제적 규모가 아닌 시험공장을 건설하는 활동	₩140,000
• 새로운 기술과 관련된 공구 및 주형을 설계하는 활동	₩60,000
• 새로운 지식을 얻고자 하는 활동	₩90,000
• 연구결과나 기타 지식을 평가 및 최종 선택하는 활동	₩50,000
• 개선된 재료, 장치 및 제품에 대하여 최종적으로 선정된 안을 설계하는 활동	₩70,000

① ₩220,000   ② ₩270,000
③ ₩390,000   ④ ₩410,000

[해설]

연구단계	개발단계
ㄱ. 새로운 지식을 얻고자 하는 활동 ㄴ. 연구결과나 기타 지식을 탐색, 평가, 최종 선택, 응용하는 활동 ㄷ. 재료, 장치, 제품, 공정, 시스템이나 용역에 대한 여러 가지 대체안을 탐색하는 활동 ㄹ. 새롭거나 개선된 재료, 장치, 제품, 공정, 시스템이나 용역에 대한 여러 가지 대체안을 제안, 평가, 최종 선택하는 활동	ㄱ. 생산이나 사용 전의 시제품과 모형을 설계, 제작, 시험하는 활동 ㄴ. 새로운 기술과 관련된 공구, 지그, 주형, 금형 등을 설계하는 활동 ㄷ. 상업적 생산 목적으로 실현가능한 경제적 규모가 아닌 시험공장을 설계, 건설, 가동하는 활동 ㄹ. 신규 또는 개선된 재료, 장치, 제품, 공정, 시스템이나 용역에 대하여 최종적으로 선정된 안을 설계, 제작, 시험하는 활동

연구활동 금액 = ₩130,000 + ₩90,000 + ₩50,000 = ₩270,000

답 ②

27 20x1년 12월 31일 (주)한국의 장부상 당좌예금 잔액은 ₩30,000이었으나, 은행측 잔액은 ₩32,000이었다. (주)한국과 은행의 당좌예금 잔액에 대한 차이의 원인이 다음과 같을 때, (주)한국의 수정 후 당좌예금 잔액은 얼마인가?

(2016년)

• 거래처에 ₩15,000의 당좌수표를 발행하였으나, 당 수표가 은행에서 인출되지 않았다. • 은행 예금이자 ₩5,000이 입금되었으나, (주)한국의 회계담당자는 이를 통보받지 못하였다. • 거래처로부터 받은 수표 ₩15,000이 부도처리되었으나, (주)한국의 회계담당자는 이를 알지 못하였다. • 당좌예금 수수료 ₩3,000을 은행이 인출하였으나, (주)한국의 회계담당자는 이를 통보받지 못하였다.

① ₩12,000   ② ₩14,000
③ ₩17,000   ④ ₩22,000

[해설] (주)한국 수정 후 당좌예금 잔액

수정 전 당좌잔액 ₩30,000 + 예금이자 ₩5,000 − 부도수표 ₩15,000 − 당좌예금 수수료 ₩3,000 = ₩17,000

답 ③

28 20x1년 12월 31일 (주)한국의 장부상 당좌예금 잔액은 ₩100,000이다. (주)한국의 당좌예금 잔액과 거래은행으로부터 통지받은 예금 잔액에 대한 차이의 원인이 다음과 같을 때, 수정 전 은행측 잔액은 얼마인가?

(2019년)

> • 추심을 의뢰한 어음 ₩20,000이 20x1년 12월 31일에 추심되었으나 (주)한국의 장부에는 기입되지 않았다.
> • 당좌예금 수수료 ₩5,000을 은행이 인출하였으나, (주)한국의 회계담당자는 이를 알지 못했다.
> • (주)한국이 거래처에 ₩15,000의 당좌수표를 발행하였으나, 아직 은행에서 인출되지 않았다.
> • (주)한국이 20x1년 12월 31일에 ₩40,000을 당좌예금계좌에 예입하였으나 은행은 20x2년 1월 1일에 기록하였다.

① ₩85,000

② ₩90,000

③ ₩115,000

④ ₩140,000

해설 • (주)한국의 수정 후 장부상 당좌예금 잔액=수정 전 당좌예금 잔액＋추심어음－당좌예금 수수료
＝₩100,000＋₩20,000－₩5,000
＝₩115,000
• (주)한국의 수정 후 장부상 당좌예금 잔액＝은행측의 수정 후 잔액
• 은행측의 수정 후 잔액＝은행측의 수정 전 잔액－당좌수표 인출액＋거래일 이후 예입한 금액
＝은행측의 수정 전 잔액－₩15,000＋₩40,000
＝₩115,000
∴ 은행측의 수정 전 잔액＝₩90,000

답 ②

29 (주)한국과 (주)대한은 기계장치를 교환하였으며, 동 교환과 관련하여 (주)한국은 (주)대한으로부터 ₩300,000을 수령하였다. (주)한국이 보유한 기계장치의 공정가치가 (주)대한이 보유한 기계장치의 공정가치보다 더 명백한 경우, 동 교환과 관련하여 두 회사가 인식할 처분손익은?(단, 동 거래는 상업적 실질이 존재한다)

(2018년)

구분	(주)한국		(주)대한	
	장부금액	공정가치	장부금액	공정가치
기계장치	₩6,000,000	₩5,400,000	₩5,000,000	₩5,500,000

	(주)한국		(주)대한	
①	이익	₩100,000	손실	₩600,000
②	이익	₩600,000	손실	₩100,000
③	손실	₩100,000	이익	₩600,000
④	손실	₩600,000	이익	₩100,000

해설 (주)한국

기계장치	₩5,100,000	기계장치	₩6,000,000
현금	₩300,000		
처분손실	₩600,000		

(주)대한

기계장치	₩5,400,000	기계장치	₩5,000,000
		현금	₩300,000
		처분이익	₩100,000

답 ④

30 다음 중 기말재고자산에 포함되지 않는 항목은?

(2019년)

① 상품에 대한 점유가 이전되었으나 고객이 매입의사를 아직 표시하지 않은 시송상품

② 목적지에 아직 도착하지 않은 도착지 인도기준의 판매상품

③ 고객에게 재고자산을 인도하였지만 대금의 일부가 아직 회수되지 않은 할부판매상품

④ 자금을 차입하고 그 담보로 제공한 상품으로 아직 저당권이 실행되지 않은 저당상품

해설 할부판매의 경우 대금의 일부가 아직 회수되지 않았더라도, 고객에게 상품을 인도한 시점에 판매된 것으로 하기 때문에 기말재고자산에 포함하지 않는다.
① 상품의 점유는 이전되었으나 고객이 매입의사를 표시하지 않은 경우에는 판매된 것으로 보지 않기 때문에 기말재고자산에 포함된다.
② 도착지 인도기준의 판매상품은 목적지에 도착하기 전에는 기말재고자산에 포함된다.
④ 저당상품은 형식적인 소유권을 넘긴 것 뿐이고 경제적 실질은 제공자에 있기 때문에 기말재고자산에 포함된다.

답 ③

31 다음은 20x1년 1월 1일에 영업을 시작한 (주)한국의 20x1년 상품매입과 매출 관련 자료이다. (주)한국은 매출원가를 산정하기 위해 수량파악은 계속기록법, 원가흐름은 선입선출법을 적용한다. (주)한국의 20x1년 12월 31일 현재 재고상품의 실사결과 재고수량은 700개이다. (주)한국의 20x1년 매출총이익은 얼마인가?(단, 재고자산평가손실은 없다)

(2016년)

	매입수량(개)	매입단가(₩)	매출수량(개)	판매단가(₩)
1월 2일	1,000	35		
3월 15일			800	50
6월 21일	500	40		
9월 7일			200	55
10일 8일	600	50		
12월 3일			400	60

① ₩24,000
② ₩34,000
③ ₩41,000
④ ₩51,000

[해설] 총매출액 = ₩50 × 800 + ₩55 × 200 + ₩60 × 400 = ₩75,000
매출원가 = 1,000 × ₩35 + 400 × ₩40 = ₩51,000
매출총이익 = ₩75,000 − ₩51,000 = ₩24,000

답 ①

32 (주)한국은 공장을 신축하기 위하여 구건물이 서 있던 토지를 구입하고 즉시 구건물을 철거하였다. 다음 자료를 고려하여 토지의 취득원가를 계산하면 얼마인가?

(2016년)

• 토지 구입대금	₩1,500,000
• 토지 취득세 및 등기비용	₩70,000
• 토지 취득관련 중개수수료	₩60,000
• 신축공장 건축허가비용	₩20,000
• 신축공장건물 설계비용	₩50,000
• 기존건물 철거비용	₩100,000
• 기존건물 철거 시 발생한 폐자재 처분 수입	₩30,000
• 토지의 구획정리비용	₩40,000
• 신축건물 공사원가	₩800,000

① ₩1,680,000
② ₩1,740,000
③ ₩1,770,000
④ ₩2,540,000

[해설] 토지의 취득원가 = 토지 구입대금 ₩1,500,000 + 토지 취득세 및 등기비용 ₩70,000 + 토지 취득관련 중개수수료
₩60,000 + 기존건물 철거비용 ₩100,000 − 기존건물 철거 시 발생한 폐자재 처분 수입 ₩30,000
+ 토지의 구획정리비용 ₩40,000
= ₩1,740,000

답 ②

33 석탄을 이용하여 전력을 생산하는 (주)한국은 신규 화력발전시설을 취득하였다. 환경법에서는 석탄을 이용한 화력발전시설의 경우 탄소저감장치의 설치를 의무화하고 있다. (주)한국이 동 화력발전시설을 취득하는 데 발생된 항목과 금액이 다음과 같을 때, 신규 화력발전시설의 취득원가는? (2018년)

항목	금액	항목	금액
화력발전기	₩2,000,000	탄소저감장치	₩1,000,000
화력발전기 운송료	₩1,000,000	탄소저감장치 운송료	₩500,000
화력발전기 설치비	₩1,000,000	탄소저감장치 설치비	₩50,000
직원교육비*	₩70,000	시운전용 석탄 사용료	₩30,000
가동손실**	₩40,000	전기생산용 석탄 구입액	₩150,000

* 직원교육비는 동 화력발전시설을 직접 운영하는 직원에 대한 교육비임
** 가동손실은 화력발전기 설치 후 가동수준이 완전조업도에 미치지 못하여 발생된 금액임

① ₩3,130,000
② ₩4,650,000
③ ₩4,680,000
④ ₩4,720,000

해설 취득원가 = 화력발전기 + 화력발전기 운송료 + 화력발전기 설치비 + 탄소저감장치 + 탄소저감장치 운송료 + 탄소저감장치 설치비 + 시운전용 석탄 사용료
= ₩4,680,000

답 ③

34 (주)한국은 사용하던 기계장치(취득원가 ₩5,000,000, 감가상각누계액 ₩2,000,000, 공정가치 ₩2,800,000)를 (주)서울이 사용하던 차량운반구(취득원가 ₩4,000,000, 감가상각누계액 ₩1,200,000, 공정가치 알 수 없음)와 교환하고, 추가로 (주)서울로부터 현금 ₩500,000을 수령하였다. (주)한국이 사용하던 기계장치의 공정가치가 (주)서울이 사용하던 차량운반구의 공정가치보다 더 명백하며, 상기 교환거래는 상업적 실질이 존재한다. (주)한국이 상기 교환거래와 관련하여 인식하는 손익은 얼마인가? (2016년)

① ₩0
② 손실 ₩200,000
③ 손실 ₩400,000
④ 손실 ₩500,000

해설

차량운반구	₩2,300,000	기계장치	₩3,000,000
현금	₩500,000		
처분손실	₩200,000		

답 ②

35 (주)한국은 본사 건물 신축공사를 20x1년 2월 1일에 개시하여 20x1년 12월 31일에 완공하였다. 신축공사에 지출된 금액은 다음과 같으며, 건물 신축을 위한 목적으로 20x1년 2월 1일 특정차입금 ₩120,000을 은행으로부터 연 10% 이자율로 차입하였다(만기일 : 20x1년 12월 31일). 이 중에서 ₩30,000은 20x1년 2월 1일부터 2개월간 연 8% 수익률로 일시투자하였다. 20x1년 (주)한국이 특정차입금과 관련하여 자본화할 차입원가는 얼마인가?(단, 연평균지출액과 이자비용은 월할로 계산한다) (2019년)

날짜	지출액
20x1년 2월 1일	₩90,000
20x1년 4월 1일	₩60,000
20x1년 12월 31일	₩40,000

① ₩8,250 ② ₩10,500
③ ₩10,600 ④ ₩11,000

[해설] 특정차입금과 관련하여 자본화할 차입원가

$$= ₩120,000 \times \frac{11}{12} \times 0.1 - ₩30,000 \times \frac{2}{12} \times 0.08 = ₩10,600$$

답 ③

36 20x1년 초 (주)한국은 (주)대한을 합병하였다. 합병일 현재 (주)대한의 자산에 대한 장부가치는 ₩4,700이며, 이 중 유형자산은 ₩3,500, 무형자산은 ₩1,200이다. (주)대한의 자산에 대한 공정가치 평가결과, 유형자산의 공정가치는 ₩4,000이며, 무형자산의 공정가치는 신뢰성 있게 측정할 수 없었다. (주)대한의 부채의 장부가치와 공정가치가 각각 ₩3,100과 ₩3,500이다. (주)한국이 (주)대한에 이전대가를 ₩2,000 지급한 경우, (주)한국이 인식할 영업권은? (2018년)

① ₩200 ② ₩400
③ ₩1,500 ④ ₩1,600

[해설] 자산의 공정가치 : ₩4,000
부채의 공정가치 : ₩3,500
영업권 = ₩2,000 - ₩500 = ₩1,500

답 ③

37 (주)한국은 20x1년 8월 1일에 화재로 인하여 창고에 보관 중이던 재고자산의 30%가 소실되었다. 20x1년 1월 1일부터 20x1년 8월 1일까지 발생한 관련 회계기록은 다음과 같다.

> 20x1년 기초재고자산
> 20x1년 8월 1일까지의 매입액
> 20x1년 8월 1일까지의 매출액

(주)한국의 매출총이익률은 20%이다. 이 경우 화재로 인한 (주)한국의 재고손실액은 얼마인가?

(2017년)

① ₩160,000　　　　　　　　　　② ₩180,000

③ ₩420,000　　　　　　　　　　④ ₩600,000

[해설] 매출총이익률이 20%이므로 매출원가율은 80%이다.
매출원가 = ₩2,000,000 × 0.8 = ₩1,600,000
매출원가 = 기초재고 ₩700,000 + 매입액 ₩1,500,000 − 20x1년 8월 1일 재고 = ₩1,800,000
∴ 20x1년 8월 1일 재고 = ₩600,000
화재로 인하여 20x1년 8월 1일 재고의 30%가 소실
∴ 재고소실액 = ₩600,000 × 0.3 = ₩180,000

답 ②

38 (주)한국은 20x1년 초 기계장치를 ₩50,000에 취득하여 사용 중에 있으며, 동 기계장치의 내용연수는 4년, 잔존가치는 ₩10,000이다. (주)한국은 동 기계장치를 정액법으로 감가상각하고 있으며, 회계연도 말 공정가치로 재평가하고 있다. 20x1년 말 동 기계장치의 공정가치가 ₩50,000인 경우, 감가상각누계액의 수정을 자산 장부금액의 재평가와 일치하는 방식으로 자산의 총장부금액을 조정하는 방법과 자산의 총장부금액에서 감가상각누계액을 제거하는 방법 각각에 의한 재평가잉여금의 차이는? (2018년)

① ₩0　　　　　　　　　　② ₩10,000

③ ₩20,000　　　　　　　　　　④ ₩30,000

[해설]

	장부가액	비례수정법		누계액제거법
기계장치	₩50,000	×125%	₩62,500	₩50,000
감가상각누계액	₩(10,000)	×125%	₩(12,500)	−
	₩40,000	×125%	₩50,000	₩50,000

재평가잉여금은 ₩10,000으로 동일하다.

답 ①

39 (주)한국은 20x1년 초 내용연수 3년, 잔존가치 ₩10,000인 기계장치를 ₩40,000에 취득하여 감가상각하고 있다. (주)한국은 동 기계장치에 대하여 재평가모형을 적용하고 있으며, 20x1년 말 동 기계장치의 공정가치는 ₩45,000이다. (주)한국은 재평가 시 감가상각누계액의 수정을 자산 장부금액의 재평가와 일치하는 방식으로 자산의 총장부금액을 조정하는 방법으로 하고 있다. (주)한국이 동 기계장치를 정액법으로 감가상각하는 경우와 연수합계법으로 감가상각하는 경우, 각각의 재평가잉여금의 차이는?

(2018년)

① ₩5,000
② ₩7,000
③ ₩12,000
④ ₩30,000

[해설] • 정액법일 경우

	장부가액	비례수정법	
기계장치	₩40,000	×150%	₩60,000
감가상각누계액	₩(10,000)	×150%	₩(15,000)
	₩30,000	×150%	₩45,000

• 연수합계법일 경우

	장부가액	비례수정법	
기계장치	₩40,000	×180%	₩72,000
감가상각누계액	₩(15,000)	×180%	₩(27,000)
	₩25,000	×180%	₩45,000

• 재평가잉여금의 차이 = ₩20,000 − ₩15,000 = ₩5,000

답 ①

40 (주)한국은 20x1년 3월 1일 보유하던 받을어음을 다음과 같은 조건으로 할인받았다. 어음할인일에 (주)한국이 수령한 현금은 얼마인가?(단, 이자는 월할 계산한다)

(2019년)

• 어음 액면금액 : ₩200,000	• 표시이자율 : 연 6%
• 발행일 : 20x1년 1월 1일	• 만기일 : 20x1년 6월 30일
• 이자지급시기 : 만기일	• 할인율 : 9%

① ₩194,000
② ₩199,820
③ ₩201,880
④ ₩204,820

[해설] • 만기가 6개월인 어음을 만기까지 보유할 경우 이자수익 $= ₩200,000 × 0.06 × \frac{6}{12} = ₩6,000$

• 어음을 만기까지 보유할 경우 가치 = 액면금액 + 이자수익 = ₩200,000 + ₩6,000 = ₩206,000

• 어음 2개월 보유 후 할인 시 할인액 $= ₩206,000 × 0.09 × \frac{4}{12} = ₩6,180$

∴ 현금수령액 = 어음의 만기 시 가치 − 할인액 = ₩206,000 − ₩6,180 = ₩199,820

답 ②

41 (주)한국은 20x1년 초에 영업을 개시하여 단일 제품만을 생산·판매하고 있다. (주)한국의 기말재고자산과 관련된 자료가 다음과 같을 경우, (주)한국이 20x1년에 인식할 재고자산평가손실은 얼마인가?

(2019년)

구분	수량	단위당 원가				
		취득원가	현행대체원가	판매가격	추가완성원가	판매비용
원재료	10	110	105	–	–	–
재공품	5	200	–	250*	50	5
제품	20	240	–	250	–	5

* 재공품의 판매가격은 추가 가공 후 완제품으로 시장에서 판매되는 가격임.

① ₩ 0

② ₩ 25

③ ₩ 50

④ ₩ 75

해설 제품의 판매가격이 ₩ 250이고 취득원가가 ₩ 240으로 판매가격이 취득원가보다 더 크기 때문에 평가손실을 인식하지 않고 원재료도 평가손실을 인식하지 아니한다. 따라서 평가손실은 재공품에서만 발생한다.
재공품에서 발생한 수량 1개당 평가손실 금액이 ₩ 200 – (₩ 250 – ₩ 50 – ₩ 5) = ₩ 50이므로 수량이 5개인 (주)한국의 총 평가손실액은 ₩ 25가 된다.

답 ②

42 (주)한국은 20x1년 12월 31일 창고에 화재가 발생하여 재고자산의 80%가 소실되었다. (주)한국의 장부를 검토하여 다음과 같은 정보를 확인하였다. 재고자산 추정손실금액은 얼마인가?(단, (주)한국의 매출과 매입은 모두 신용거래이며, 최근 3년간 평균매출총이익률은 30%이다)

(2019년)

- 기초매입채무 : ₩30,000
- 기초재고자산 : ₩10,000
- 기말매출채권 : ₩40,000
- 당기 매입채무 현금지급액 : ₩40,000

- 기말매입채무 : ₩20,000
- 기초매출채권 : ₩60,000
- 당기 매출채권 현금회수액 : ₩50,000

---

① ₩8,000

② ₩10,000

③ ₩15,200

④ ₩19,000

해설 기말자산을 구하기 위해서는 매출원가＝기초재고자산＋매입재고자산－기말재고자산이기에 매출원가를 알아야 기말재고자산을 구할 수 있다. 매출원가를 도출하기 위해 문제에 주어진 외상매입과 매출채권을 이용하여 외상매입금과 외상매출액을 구해보면

외상매입

기말매입채무	₩20,000	기초매입채무	₩30,000
매입채무 현금지급액	₩40,000	외상매입금	₩30,000

매출채권

기초매출채권	₩60,000	기말매출채권	₩40,000
외상매출액	₩30,000	매출채권 현금회수액	₩50,000

- 매출원가율＝1－평균매출총이익률＝1－0.3＝0.7
- 매출원가＝외상매출액×매출원가율＝₩30,000×0.7＝₩21,000
- 기말재고자산 ＝ 기초재고자산＋외상매입금－매출원가
  ＝ ₩10,000＋₩30,000－₩21,000
  ＝ ₩19,000

∴ 재고자산의 추정손실금액＝기말재고자산×재고자산 손실률＝₩19,000×0.8＝₩15,200

답 ③

43 (주)한국은 20x1년 1월 1일 기계장치를 ₩100,000에 취득하였다. 동 기계장치의 내용연수는 5년이며, 잔존가치는 ₩0이다. (주)한국은 기계장치에 대해 원가모형을 적용하고, 정액법으로 감가상각하고 있다. 20x2년 말에 기계장치에 대하여 손상징후가 있어 회수가능액을 추정하였는데 순공정가치는 ₩43,000, 사용가치는 ₩45,000이었다. 장부금액과 회수가능액의 차이는 중요하며 자산의 손상사유에 해당한다. 20x2년에 (주)한국이 인식할 손상차손은 얼마인가?

(2019년)

① ₩0

② ₩15,000

③ ₩17,000

④ ₩35,000

해설 자산의 회수가능액이 장부금액에 못 미치는 경우에 자산의 장부금액을 회수가능액으로 감액하는데, 해당 감소금액을 손상차손이라 한다. 손상차손 금액을 구하기 위해 먼저 자산의 장부금액부터 구해야 한다.

기계장치의 취득원가가 ₩100,000이고 잔존가치는 없으며, 내용연수가 5년이므로 연간 감가상각비는 ₩20,000(= ₩100,000 ÷ 5)이다. 기계장치를 취득하고 2년째에 손상사유가 발생하였으므로, 20x2년 말 기계장치의 장부금액은 ₩60,000[= ₩100,000 − (₩20,000 × 2)]이다.

유형자산은 보고기간 말마다 자산손상 징후를 검토하고 징후가 있다면 이를 반영하여 해당 자산의 회수가능액을 추정하며 손상발생 시 유형자산의 회수가능액은 순공정가치와 사용가치 중 큰 금액으로 한다. 따라서 순공정가치 ₩43,000과 사용가치 ₩45,000 중 큰 ₩45,000이 기계장치 회수가능액이 된다. 따라서 20x2년 말 장부금액이 ₩60,000인 기계장치가 손상이 발생하여 ₩45,000으로 감액하였으므로 손상차손은 ₩15,000이다.

답 ②

03 | 자본과 부채

제1절   자본

1. 자본의 의의 및 분류

(1) 자본의 의의

자본은 소유주가 기업에 대하여 갖는 지분으로, 자산에서 채권자지분인 부채를 차감한 순자산이다. 따라서 자본을 잔여지분이라고도 부른다.

▷ 자산과 부채가 확정되면 자본은 그 결과에 의하여 결정되기 때문에 평가대상이 되지 않는다.

(2) 자본의 분류

구분		계정과목	내용
납입자본	자본금	보통주자본금 우선주자본금	주주들이 납입한 법정자본금을 말하며 반드시 보통주자본금과 우선주자본금으로 구분하여 표시한다. 자본금 = 발행주식수 × 주당액면가
	자본잉여금	주식발행초과금 자기주식처분이익 감자차익 전환권대가	증자나 감자 등 주주와의 거래에서 발생하여 자본을 증가시키는 잉여금을 말한다.
기타자본 구성요소	기타자본	주식할인발행차금 자기주식 자기주식처분손실 감자차손 주식선택권	항목의 성격으로 보아 자본거래에 해당하나 최종 납입된 자본으로 볼 수 없거나 자본의 가감 성격으로 자본금이나 자본잉여금으로 분류할 수 없는 항목을 말한다.
	기타포괄손익 누계액	기타포괄손익-공정가치측정금융자산평가손익 해외사업환산손익 현금흐름위험회피 파생상품평가손익 재평가잉여금 보험수리적 손익 지분법자본변동	포괄이익(기업실체가 일정기간 동안 소유주와의 자본거래를 제외한 모든 거래나 사건에서 인식한 자본의 변동) 중 포괄손익계산서상 당기순이익에 포함되지 않은 포괄손익을 말한다.
이익잉여금		법적적립금 임의적립금 미처분이익잉여금	손익계산서상 손익과 다른 자본항목에서 이입된 금액의 합계액에서 배당, 자본전입 및 자본조정항목의 상각 등으로 처분된 금액을 차감한 잔액을 말한다.

2. 주식

(1) 주식의 종류

① 보통주

보통주는 기본적인 소유권을 나타내는 주식으로 기업이 실패할 경우 최종위험을 부담하고 성공할 경우 이득을 받는 잔여지분의 성격을 갖는다. 보통주를 소유한 보통주주는 주주총회에서 임원의 선임 및 기타사항에 대하여 주식의 소유비율만큼 의결권을 행사할 수 있으며, 이익배당을 받을 권리가 있다.

② 우선주

보통주에 우선하여 배당금을 받을 권리가 부여되거나 회사를 청산하는 경우 청산시점의 부채를 상환하고 남는 잔여재산에 대하여 보통주에 우선하는 청구권이 인정되는 주식을 말한다.

누적적우선주	특정연도에 이익배당을 지급받지 못한 경우에는 차후 연도에 지급받지 못한 이익배당액을 누적하여 우선적으로 지급받을 수 있는 권리가 부여된 주식
참가적우선주	정해진 우선주 배당률의 배당을 초과하여 보통주와 함께 일정한 한도까지 이익배당에 참여할 권리가 부여된 우선주
전환우선주	미리 약정한 비율로 우선주를 보통주로 전환할 수 있는 선택권을 부여한 주식
상환우선주	주식발행회사가 미리 약정한 상환가격으로 우선주를 상환할 수 있는 선택권을 갖고 있는 우선주

> **더 알아보기** | 상환우선주의 분류
>
> • 회사가 상환청구권을 갖는 경우 : 자본으로 분류
> • 주주가 상환청구권을 갖는 경우 : 금융부채로 분류

③ 주식의 종류와 배당의 계산

㉠ 누적적우선주의 배당금은 당기 배당분과 이전에 지급받지 못한 이월분을 배당받을 경우 함께 인식한다.

> 누적적우선주배당금 = 우선주자본금 × 최소배당률 × 당기 및 미수령기간

㉡ 참가적우선주 중 한도가 정해진 우선주를 부분참가적우선주, 한도가 없는 우선주를 완전참가적우선주라고 한다.

> ⓐ 완전참가적우선주배당금
> = Max(우선주자본금×최소배당률, 총배당금을 자본금비율로 안분한 금액)
> ⓑ 부분참가적우선주배당금
> = Min(우선주자본금×최대배당률, 완전참가적을 가정한 경우 배당금)

(2) 주당이익

① 기본주당이익

㉠ 유통되고 있는 보통주를 기준으로 산정한 주당이익을 기본주당이익(basic EPS)이라 하고, 잠재적보통주까지 고려하여 산정한 주당이익을 희석주당이익(diluted EPS)이라 한다.

ⓛ 기본주당이익은 지배기업의 보통주에 귀속되는 특정 회계기간의 당기순손익(분자)을 그 기간에 유통된 보통주식수를 가중평균한 주식수(분모)로 나누어 계산한다.

주당이익=보통주에게 귀속되는 이익 / 가중평균 보통주식수

ⓒ 기본주당이익 정보의 목적은 회계기간의 경영성과에 대한 지배기업의 보통주 1주당 지분의 측정치를 제공하는 것이다.

ⓡ 기본주당이익을 계산할 때 지배기업의 보통주에 귀속되는 금액은 지배기업에 귀속되는 계속영업손익, 지배기업에 귀속되는 당기순손익에서 자본으로 분류된 우선주에 대한 세후우선주배당금, 우선주 상환 시 발생한 차액 및 유사한 효과를 조정한 금액이다.

ⓜ 당기순손익에서 차감할 세후우선주배당금은 다음과 같다.

ⓐ 당해 회계기간과 관련하여 배당결의된 비누적적우선주에 대한 세후배당금
ⓑ 배당결의 여부와 관계없이 당해 회계기간과 관련한 누적적우선주에 대한 세후배당금

▷ 전기 이전의 기간과 관련하여 당기에 지급되거나 결의된 누적적우선주배당금은 제외한다.

② 보통주식수

㉠ 기본주당이익을 계산하기 위한 보통주식수는 그 기간에 유통된 보통주식수를 가중평균한 주식수(가중평균유통보통주식수)로 한다.

㉡ 특정회계기간의 가중평균유통보통주식수는 그 기간 중 각 시점의 유통주식수의 변동에 따라 자본금 액이 변동할 가능성을 반영한다. 가중평균유통보통주식수는 기초의 유통보통주식수에 회계기간 중 취득된 자기주식수 또는 신규 발행된 보통주식수를 각각의 유통기간에 따른 가중치를 고려하여 조정 한 보통주식수이다.

㉢ 가중평균유통보통주식수를 산정하기 위한 보통주유통일수 계산의 기산일은 통상 주식발행의 대가를 받을 권리가 발생하는 시점(일반적으로 주식발행일)이다.

㉣ 자원의 실질적인 변동을 유발하지 않으면서 보통주가 새로 발행될 수도 있고 유통보통주식수가 감소 할 수도 있다. 자본금전입이나 무상증자(주식배당), 그 밖의 증자에서의 무상증자 요소, 주식분할, 주식병합 등이 이에 해당한다.

㉤ 자본금전입, 무상증자, 주식분할의 경우에는 추가로 대가를 받지 않고 기존 주주에게 보통주를 발행 하므로 자원은 증가하지 않고 유통보통주식수만 증가한다. 이 경우 당해 사건이 있기 전의 유통보통주 식수를 비교표시되는 최초기간의 개시일에 그 사건이 일어난 것처럼 비례적으로 조정한다.

㉥ 주식병합은 일반적으로 자원의 실질적인 유출 없이 유통보통주식수를 감소시킨다. 그러나 전반적으 로 주식을 공정가치로 매입한 효과가 있는 경우에는 실질적으로 자원이 유출되면서 유통보통주식수 가 감소한다.

㉦ 사업결합 이전대가의 일부로 발행된 보통주의 경우 취득일을 가중평균유통보통주식수를 산정하는 기산일로 한다.

㉧ 보통주로 반드시 전환하여야 하는 전환금융상품은 계약체결시점부터 기본주당이익을 계산하기 위한 보통주식수에 포함한다.

㉨ 잠재적보통주는 보통주로 전환된다고 가정할 경우 주당계속영업이익을 감소시키거나 주당계속영업 손실을 증가시킬 수 있는 경우에만 희석성 잠재적보통주로 취급한다.

일자	구분	발행주식수	자기주식수	유통주식수
20x1년 1월 1일	기초	2,000	300	1,700
20x1년 5월 31일	유상증자	800	–	2,500
20x1년 12월 1일	자기주식의 현금매입	–	250	2,250
20x1년 12월 31일	기말	2,800	550	2,250

$(1,700 \times 5/12) + (2,500 \times 6/12) + (2,250 \times 1/12) = 2,146$주
또는 $(1,700 \times 12/12) + (800 \times 7/12) - (250 \times 1/12) = 2,146$주

(3) 주식과 자본거래

① 주식발행방법

주식의 발행가액이 결정되는 것에 따라 액면발행, 할증발행, 할인발행으로 나뉜다.

발행방법	회계처리				
액면발행 (발행가액 = 액면가액)	(차) 현금	×××	(대) 자본금	×××	
할증발행 (발행가액 > 액면가액)	(차) 현금	×××	(대) 자본금 주식발행초과금(자본잉여금)	××× ×××	
할인발행 (발행가액 < 액면가액)	(차) 현금 주식할인발행차금(기타자본)	××× ×××	(대) 자본금	×××	

- ⊙ 주식발행가액은 신주발행수수료 등 신주발행을 위하여 직접 발생한 기타의 비용을 차감한 후의 금액을 말한다.
- ⓒ 주식발행초과금과 주식할인발행차금은 상호간 우선적으로 상계한다.

② 증자와 감자

- ⊙ 증자 : 증자란 이사회의 결의에 따라 미발행주식 중 일부를 추가로 발행하여 자본금을 증가시키는 것을 말한다.
  - ⓐ 실질적 증자(유상증자) : 신주를 발행하여 주금을 납입받아 자본금을 조달하는 방법이다.
  - ⓑ 형식적 증자(무상증자) : 자본금 증가가 있지만 회사의 자산이 증가하지 않아 형식적으로만 자본금이 증가하는 것으로 자본잉여금이나 이익잉여금의 자본금전입, 전환사채의 전환, 주식배당 등의 경우이다.
- ⓒ 감자 : 감자란 기업이 사업규모를 축소하거나 결손금을 보전할 목적으로 기업의 자본금을 감소시키는 것을 말한다.
  - ⓐ 실질적 감자(유상감자) : 유상감자 방법으로 이미 발행한 주식을 매입하여 소각하는 매입소각의 방법과 주식금액을 주주에게 환급하여 소각하는 방법이 있다(주식소각, 주금의 환급).
  - ⓑ 형식적 감자(무상감자) : 결손금을 직접 자본금으로 보전하는 경우에 해당하며, 회사의 자산은 감소하지 않는다. 이는 무상감자 또는 명목적 감자라고 하는데 주식의 액면금액을 감소시키는 방법과 발행된 주식수를 줄이는 방법이 있다(주금액 감소, 주식병합).

③ 주식의 소각

보통주의 소각과 상환우선주의 상환 등이 있으며 취득가액과 액면금액의 차액은 감자차익과 감차차손으로 계상된다.

④ 자기주식

㉠ 의의 : 회사가 이미 발행하여 유통되고 있는 주식 중에서 매입 또는 증여 등에 의하여 취득된 주식으로서 공식적으로 소각되지 않은 주식을 말한다.

㉡ 회계처리 : 한국채택국제회계기준에서는 자기주식을 취득한 경우 취득원가로 자본조정의 차감항목으로 분류하고, 원가법에 근거하여 회계처리하도록 한다고 규정하였다.

취득 시	(차) 자기주식(취득원가)	×××	(대) 현금	×××
처분 시	• 처분가액＞취득원가인 경우 (차)　현금(처분가액)　××× • 처분가액＜취득원가인 경우 (차)　현금(처분가액)　××× 　　자기주식처분이익(주)　××× 　　자기주식처분손실(주)　××× (주) 이전에 발생한 자기주식처분이익의 잔액이 있으나 자기주식처분손실이 이를 초과하는 경우이다.		(대)　자기주식(취득원가)　××× 　　　자기주식처분이익 (대)　자기주식(취득원가)　×××	
소각 시	• 액면가액＞취득원가인 경우 (차)　자본금(액면가액)　××× • 액면가액＜취득원가인 경우 (차)　자본금(액면가액)　××× 　　감자차손　×××		(대)　자기주식(취득원가)　××× 　　　감자차익　××× (대)　자기주식(취득원가)　×××	

ⓐ 자기주식처분이익은 자본잉여금으로 분류한다.

ⓑ 자기주식처분이익과 자기주식처분손실은 우선상계하고 잔액을 회계처리한다.

ⓒ 자기주식의 소각 시 액면가액과 취득가액의 차액만큼 감자차손익이 발생한다.

ⓓ 감자차익과 감자차손은 상호간 우선상계하고 잔액을 회계처리한다.

ⓔ 자기주식은 재무상태표 자본에 대한 차감계정으로 계상하며, 자기주식의 취득은 자본감소거래로 본다.

ⓕ 자기주식은 액면가액과 상관없이 취득가액으로 계상하는 원가법으로 처리한다.

3. 주식기준보상거래

(1) 주식기준보상거래의 의의

① 주식기준보상거래란 회사가 재화나 용역을 제공받는 대가로 거래상대방에게 회사의 주식이나 주식선택권 등 지분상품을 부여하거나 지분상품의 가격에 기초하여 산정하는 현금이나 기타자산을 지급하는 거래를 말한다.

② 주식선택권(stock option)이란 보유자에게 특정 기간 확정되었거나 산정 가능한 가격으로 기업의 주식을 매수할 수 있는 권리(의무는 아님)를 부여하는 계약을 말한다.

구분		가득조건
용역제공조건		거래상대방이 특정기간 동안 용역을 제공할 것을 요구하는 조건
성과조건	시장조건	목표주가의 달성, 주식선택권의 목표내재가치 달성 등 지분상품의 시장가격과 관련된 조건을 달성할 것을 요구하는 조건
	비시장조건	목표이익, 목표판매량, 목표매출액 달성 등 지분상품의 시장가격과 직접관련 없는 조건을 달성할 것을 요구하는 조건

(2) 주식기준보상거래의 종류

① 주식기준보상거래는 주식결제형, 현금결제형, 선택형으로 나뉜다.

② 주식결제형 주식기준보상거래는 재화나 용역을 제공받는 대가로 기업의 지분상품(주식 또는 주식선택권 등)을 부여하고, 현금결제형은 지분상품의 가격에 기초하여 그에 상응하는 현금 등을 지급하는 계약이다. 선택형은 거래상대방이 지분상품의 수령이나 현금 등의 수령을 선택할 수 있는 약정을 의미한다.

③ 주식결제형 주식기준보상거래로 재화나 용역을 제공받은 경우에는 그에 상응하는 보상원가를 자본의 증가로 인식하고, 현금결제형 주식기준보상거래로 재화나 용역을 제공받는 경우에는 그에 상응한 보상원가를 부채의 증가로 인식한다.

④ 제공받는 재화나 용역은 자산의 인식요건을 충족하는 경우 자산으로, 그 외에는 비용으로 인식한다.

⑤ 주식기준보상약정에 따라 거래상대방이 현금, 그 밖의 자산 또는 기업의 지분상품을 받을 권리는 회사와 거래당사자가 체결한 일정 계약조건이 충족될 때 가득(권리의 획득)된다.

구분	재화나 용역의 대가	보상원가
주식결제형	기업의 지분상품(주식 또는 주식선택권 등)을 부여	자본으로 인식
현금결제형	기업의 주식이나 다른 지분상품의 가격에 기초한 금액을 지불	부채로 인식
선택형	기업이나 거래상대방이 약정에 따라 현금지급이나 지분상품발행 중 하나를 선택	자본 또는 부채로 인식

(3) 거래형태별 주식기준보상거래

- 보고기간 말 총보상원가 = 보고기간 말 주가차액보상권 공정가치 × 보고기간 말 주가차액보상권 행사가능수량
- 당기 주식보상비용 = 당기 말 누적보상원가 – 전기 말 누적보상원가
- *누적보상원가 = 보고기간 말 총보상원가 × (누적기간/가득기간)

① 임직원으로부터 용역을 제공받고 주식선택권을 부여한 경우

㉠ 주식결제형 주식기준보상거래의 주식보상원가 계산 시 지분상품의 공정가치는 용역제공기간 동안 안분하여 비용과 자본으로 계상한다.

(차) 주식보상비용	××× (대) 주식선택권(자본조정)	×××

㉡ 공정가치는 이용가능한 시장가격을 기초로 하되 부여일 현재 기준으로 측정한다.

㉢ 부여일에 측정한 공정가치는 그 이후 기간에 다시 측정하지 않으며 기대권리소멸률만 반영하여 처리한다.

② 가득일(주식선택권행사일) 이후에는 주식선택권은 다른 자본계정(주식발행초과금)으로 이체가능하다.

⑩ 지분상품의 공정가치를 측정할 수 없는 경우에는 재화나 용역을 제공받는 날 기준의 내재가치(부여일 주식의 시장가치 − 행사가격)로 최초 측정하여 회계처리하고 이후 매 보고기간 말 결제일에 내재가치를 재측정하여 변동액은 당기손익으로 인식한다.

▶ 주식결제형인 경우 공정가치 측정

구분	측정기준	재측정
원칙	제공받는 재화나 용역의 공정가치로 직접 측정	재측정하지 않음
예외	부여한 지분상품의 공정가치에 기초하여 간접측정	재측정하지 않음
	부여한 지분상품의 공정가치를 추정할 수 없는 경우 내재가치로 측정	재측정함

⑪ 주식결제형이 아닌 현금결제형 주식기준보상거래에서는 부여일 현재 부채의 공정가치를 측정하여 비용과 부채(장기미지급비용)로 계상한다. 이후 매 보고기간 말 결제일에 부채의 공정가치를 재측정하여 공정가치 변동액을 당기손익으로 인식한다.

| (차) 주식보상비용 | ××× | (대) 장기미지급비용(부채) | ××× |

② 임직원이 아닌 거래상대방에게 주식선택권을 부여한 경우
  ㉠ 제공받은 재화나 용역의 공정가치를 신뢰성 있게 측정할 수 있는 경우 제공받은 재화나 용역의 공정가치(제공받는 날의 공정가치)로 회계처리한다.
  ㉡ 제공받은 재화나 용역의 공정가치를 신뢰성 있게 측정할 수 없는 경우 부여한 지분상품의 공정가치로 회계처리한다.

③ 거래상대방이 결제방식을 선택할 수 있는 경우(선택형)
  ㉠ 기업이 거래상대방에게 주식기준보상거래를 현금이나 지분상품발행으로 결제받을 수 있는 선택권을 부여한 경우에는, 부채요소와 자본요소가 포함된 복합금융상품을 부여한 것이다.

복합금융상품의 공정가치 − 부채요소의 공정가치 = 자본요소의 공정가치

  ㉡ 부채요소에 대하여는 현금결제형 주식기준보상거래에 관한 규정에 따라 부담하는 부채를 인식하고 자본요소에 대하여는 주식결제형 주식기준보상거래에 관한 규정에 따라 자본의 증가를 인식한다.
  ㉢ 기업이 결제일에 현금을 지급하는 대신 지분상품을 발행하는 경우에는, 부채를 발행되는 지분상품의 대가로 보아 자본으로 직접 대체한다.
  ㉣ 기업이 결제 시 지분상품을 발행하는 대신 현금을 지급하는 경우에는 현금지급액은 모두 부채의 상환액으로 보며, 이미 인식한 자본요소는 계속 자본으로 분류한다.

④ 기업이 결제방식을 선택할 수 있는 경우(선택형)
  ㉠ 현금을 지급해야 하는 현재의무가 있는 경우에는 현금결제형 주식기준보상거래로 보아 회계처리한다.
  ㉡ 현금을 지급해야 하는 현재의무가 없는 경우에는, 주식결제형 주식기준보상거래로 보아 회계처리한다.

4. 포괄손익

포괄손익이란 일정기간 동안 주주와의 자본거래를 제외한 모든 거래나 사건에서 인식한 자본의 변동을 말한다. 당기순손익의 누계액이 이익잉여금(결손금)으로 표현되고, 기타포괄손익의 누계액이 기타포괄손익 누계액으로 표현된다.

포괄손익 = 당기순손익 ± 기타포괄손익

(1) 이익잉여금(결손금)

기업의 이익창출활동에 의하여 획득된 이익 중 배당금으로 사외에 유출되거나 자본금으로 대체되지 않고 사내에 유보된 부분을 말한다. 결손금이란 기업이 결손을 보고한 경우 보고된 결손금 중 다른 잉여금으로 보전되지 않고 이월된 부분을 말한다.

(2) 이익잉여금의 구성

이익잉여금은 법정적립금, 임의적립금, 미처분이익잉여금(미처리결손금), 배당금 등으로 구성된다.

① 법정적립금

법률의 규정에 의하여 요건이 충족되면 적립이 강제되는 적립금으로, 우리나라의 경우 이익준비금이 법정적립금의 대표적인 예다. 이익준비금은 자본금의 1/2에 달할 때까지 매 결산기에 금전에 의한 이익배당액의 1/10 이상을 적립해야 한다.

② 임의적립금

회사가 특정 목적을 달성하기 위하여 정관의 규정이나 주주총회의 결의에 따라 임의로 적립하는 금액으로서 배당금으로 이익잉여금이 사외로 유출되는 것을 방지하기 위하여 사내에 유보한 적립금을 말한다.

ㄱ 적극적 적립금 : 자산의 취득이나 부채의 상환 등 기업의 자금 또는 순자산을 증가시킬 목적으로 적립하는 적립금으로서 목적이 달성되면 별도적립금으로 대체된다. 이러한 적립금에는 감채적립금, 사업확장적립금 등이 있다.

ㄴ 소극적 적립금 : 기업의 자본감소의 방지 또는 순자산의 감소와 같이 예상되는 손실 등에 충당할 목적으로 적립하는 것으로서 목적이 달성되면 사외로 유출되는 적립금이다. 이러한 적립금에는 배당 평균적립금, 결손보전적립금, 재해손실적립금 등이 있다.

③ 미처분이익잉여금

기업이 벌어들인 이익 중 배당이나 다른 잉여금으로 처분되지 않고 남아있는 이익잉여금으로서, 전기에 처분하지 않고 당기로 이월된 전기이월 이익잉여금에 회계변경누적효과와 전기오류수정 손익을 가감하고, 중간배당금을 차감한 후 당기순손익을 가감 조정하여 계상된다.

④ 배당금

기업의 영업활동 결과 계상된 순이익의 일부를 투자에 대한 대가로 주주에게 분배되는 금액이다.

ㄱ 현금배당 : 주주에게 지급되는 배당금이 현금으로 지급되는 배당으로, 이익잉여금을 초과하여 배당금이 지급될 수 없다.

ㄴ 주식배당 : 현금이 아닌 주식으로 이익을 배당하는 것으로, 배당금에 해당하는 이익잉여금을 자본화할 목적으로 이루어지는 것이다.

© 주식분할 : 하나의 주식을 여러 가지 동일주식으로 분할하는 것으로, 주식 1주의 시장가치를 하락시킴으로써 주식을 보다 광범위하게 분산시키고 주식의 시장성을 향상시키기 위한 목적으로 한다.

② 주식병합 : 발행주식의 일정비율을 회수하여 발행주식의 총수를 감소시키는 것을 말한다.

더 알아보기 무상증자, 주식배당, 주식분할 및 주식병합 비교

구분	순자산가액의 변동	발행주식수의 변동	주식액면가액의 변동
무상증자	자본금이 증가하고, 자본잉여금 또는 이익잉여금이 감소(순자산가액은 변동 없다)	증가	변동 없음
주식배당	자본금이 증가하고 이익잉여금이 감소(순자산가액은 변동 없다)	증가	변동 없음
주식분할	자본계정 간 변동 없음	증가	감소
주식병합	자본계정 간 변동 없음	감소	증가 또는 변동 없음

(3) 기타포괄손익누계액

① 의의

기타포괄손익은 주주와의 자본거래를 제외한 거래나 사건으로 인하여 회계기간 동안 발생한 자본의 변동 중 당기손익에 포함하지 않은 손익항목이다.

② 종류

㉠ 기타포괄손익-공정가치측정금융자산평가손익 : 기타포괄손익-공정가치측정금융자산의 공정가치 변동으로 인한 미실현 손익에 해당한다.

㉡ 해외사업환산손익 : 해외지점, 해외사무소, 해외소재 지분법적용대상회사, 해외종속회사의 외화표시 재무제표를 현행환율법에 의하여 환산하는 경우 발생하는 차액으로서 차기 이후 발행되는 금액과 상계 또는 가산처리하고 관련지점, 사업소 또는 지분법적용대상회사가 청산, 폐쇄 또는 매각되는 회계연도에 그 잔액을 당기손익으로 처리한다.

㉢ 현금흐름위험회피 파생상품평가손익 : 미래 특정예상거래의 현금흐름 변동위험에 대하여 파생상품을 위험회피수단으로 지정한 경우 그 파생상품의 평가손익 중 위험회피에 효과적인 부분은 기타포괄손익누계액으로 계상 후 동 예상거래가 당기손익에 영향을 미치는 회계연도에 당기손익으로 인식한다.

㉣ 재평가잉여금 : 유·무형자산의 재평가 결과 자산의 장부금액이 재평가로 인하여 증가된 경우에 그 증가액은 기타포괄손익으로 인식하고 재평가잉여금의 과목으로 자본에 가산한다.

㉤ 보험수리적 손익 : 확정급여부채의 측정 시 사용한 이전의 보험수리적 가정과 실제 일어난 결과의 차이 효과 및 보험수리적 가정의 변경 효과로 인해 생기는 확정급여채무 현재가치의 변동이다.

㉥ 지분법자본변동 : 관계기업의 자본변동이 발생하는 경우 이중 지분율에 해당하는 금액을 지분법자본변동으로 인식한다.

③ 당기손익으로의 재분류

㉠ 재분류조정은 당기나 과거 기간에 기타포괄손익으로 인식되었으나 당기손익으로 재분류된 금액이다. 재분류조정은 그 조정액이 당기손익으로 재분류되는 기간의 기타포괄손익의 관련 구성요소에 포함된다. 이러한 금액은 당기나 과거기간에 미실현이익으로 기타포괄손익에 인식되었을 수도 있다. 이러한 미실현이익은 총포괄손익에 이중으로 포함되지 않도록 미실현이익이 실현되어 당기손익으로 재분류되는 기간의 기타포괄손익에서 차감되어야 한다.

ⓒ 재분류조정은 해외사업장을 매각할 때, 위험회피예상거래가 당기손익에 영향을 미칠 때 발생한다.

ⓒ 재분류조정은 재평가잉여금의 변동이나 확정급여제도의 재측정요소에 의해서는 발생하지 않는다. 이러한 구성요소는 기타포괄손익으로 인식하고 후속 기간에 당기손익으로 재분류하지 않는다. 재평가잉여금의 변동은 자산이 사용되는 후속기간 또는 자산이 제거될 때 이익잉여금으로 대체될 수 있다.

▶ 기타포괄손익의 재분류조정

구분	내용
당기손익으로 재분류하지 않는 항목	• 유형자산과 무형자산의 재평가잉여금 • 당기손익-공정가치측정금융부채의 신용위험변동으로 인한 평가손익 • 기타포괄손익-공정가치측정 범주 지분상품 투자에서 발생한 평가손익 • 확정급여제도의 재측정요소 • 기타포괄손익-공정가치측정 범주 지분상품 투자에 대한 위험회피에서 위험회피수단의 평가손익
당기손익으로 재분류하는 항목	• 기타포괄손익-공정가치측정 범주 채무상품에서 발생한 평가손익 • 해외사업장의 재무제표 환산으로 인한 외환차이(해외사업장환산손익)

단, 관계기업 기타포괄손익과 현금흐름위험회피에서 위험회피에 효과적인 파생상품평가손익은 경우에 따라 다르다.

구분	당기손익으로 재분류하지 않는 항목	당기손익으로 재분류하는 항목
관계기업 기타포괄손익	관계기업의 기타포괄손익이 재분류하지 않는 항목인 경우	관계기업의 기타포괄손익이 재분류하는 항목인 경우
현금흐름위험회피에서 위험회피에 효과적인 파생상품평가손익	예상거래로 비금융자산(부채)을 인식하게 되거나 확정계약인 경우	나머지 경우

제2절 금융부채와 사채

1. 부채

(1) 부채의 의의

과거의 거래나 사건의 결과로서 현재 기업실체가 부담하고 다른 실체에게 자산을 이전하거나 용역의 제공을 위해 미래에 자원의 유출이 예상되는 의무이다.

(2) 부채의 인식 및 측정

① 부채의 인식

과거사건의 결과로 현재의무가 존재하며, 이로 인한 자원을 유출할 가능성이 높고, 관련 금액을 신뢰성 있게 추정할 수 있다면 부채를 인식한다.

② 의무발생사건

　　해당 의무의 이행 외에는 현실적인 대안이 없는 법적의무나 의제의무가 생기게 하는 사건이다.

　　㉠ 법적의무 : 명시적 또는 암묵적 조건에 따른 계약이나 법률, 그 밖의 법적 효력에 따라 발생하는 의무이다.

　　㉡ 의제의무 : 과거의 실무관행, 발표된 경영방침, 구체적이고 유효한 약속 등으로 기업이 특정 책임을 부담할 것이라고 상대방에게 표명하고, 그 결과로 기업이 해당 책임을 이행할 것이라는 정당한 기대를 상대방이 가지면 의제의무가 성립된다.

③ 부채의 측정

　　㉠ 최초로 인식할 때에는 공정가치로 측정한다. 부채의 공정가치는 미래현금흐름지출액을 부채 발생시점의 시장이자율로 할인한 현재가치로 한다. 다만, 당기손익인식금융부채가 아닌 경우 당해 금융부채의 발행과 직접 관련되는 거래원가는 최초인식하는 공정가치에 차감하여 측정한다.

　　㉡ 장기선수금, 이연법인세부채는 현재가치로 평가하지 않는다.

2. 금융부채

(1) 금융부채의 의의

금융부채란 거래상대방에게 현금 등 금융자산을 지급할 계약상 의무나 잠재적으로 불리한 조건으로 거래상대방과 금융자산이나 금융부채를 교환하기로 한 계약상 의무를 말한다. 차입금이나 사채 등이 이러한 조건에 해당한다.

(2) 금융부채의 종류

① 당기손익 – 공정가치측정금융부채

단기간의 이익획득의 목적으로 취득 · 부담하거나(단기매매항목의 정의 충족), 당기손익–공정가치측정금융부채로 지정한 파생상품 항목인 경우 당기손익인식금융부채에 해당한다.

② 상각후원가측정금융부채

당기손익–공정가치측정금융부채를 제외한 금융부채이다.

(3) 금융부채의 인식과 제거

① 금융부채는 금융상품의 계약당사자가 되는 때에만 재무상태표에 인식한다.

② 금융부채(또는 금융부채의 일부)는 소멸한 경우(즉, 계약상 의무가 이행, 취소 또는 만료된 경우)에만 재무상태표에서 제거한다. 기존 차입자와 대여자가 실질적으로 다른 조건으로 채무상품을 교환하거나 기존 금융부채의 조건이 실질적으로 변경된 경우에는 최초의 금융부채를 제거하고 새로운 금융부채를 인식한다. 소멸하거나 제3자에게 양도한 금융부채의 장부금액과 지급한 대가의 차액은 당기손익으로 인식한다.

(4) 금융부채의 측정

① 최초인식

금융부채는 최초인식 시 공정가치로 측정하며, 금융부채의 취득발행과 직접 관련되는 거래원가는 최초인식하는 공정가치에 차감하여 측정한다. 다만, 당기손익인식금융부채와 관련하여 발생한 거래원가는 즉시비용으로 인식한다. 다만, 당기손익-공정가치측정금융부채와 관련하여 발생한 거래원가는 즉시비용으로 인식한다.

② 후속측정

ㄱ 당기손익-공정가치측정금융부채 : 공정가치로 측정하고, 공정가치 변동을 당기손익으로 인식한다.

ㄴ 상각후원가측정금융부채 : 상각후원가로 측정한다.

ㄷ 금융부채는 재분류하지 아니한다.

3. 사채

(1) 사채의 의의

사채란 회사가 장기에 걸쳐 거액의 자금을 조달하기 위해 증권을 발행하여 일정기간에 표시이자를 지급함과 동시에 만기에 원금을 상환하는 조건으로 차입한 채무를 말한다.

(2) 사채의 구성요소

① 만기

만기란 사채발행자가 원금을 상환하기로 약속한 날을 의미한다.

② 액면가액(원금)

액면가액이란 사채발행자가 만기에 상환하기로 약속한 금액을 의미한다.

③ 액면이자(표시이자)

액면이자란 사채발행자가 일정기간마다 지급하기로 한 금액으로 액면가액에 일정한 이자율을 곱한 금액이다. 이때의 일정한 이자율을 액면이자율(또는 표면이자율)이라고 한다.

④ 발행가액

발행가액이란 사채를 발행하여 조달한 순현금유입액을 말한다. 따라서 사채 발행 시 부담한 사채발행비는 제외된 금액을 의미한다.

▷ 사채발행비 : 사채를 발행할 때 발생한 인쇄비, 발행수수료, 증권거래소의 부과금이나 세금 등 기타 사채발행과 관련하여 발생한 비용을 말한다. 사채발행에 따른 제비용은 사채의 발행금액에서 직접 차감하여 처리한다. 그러므로 사채발행비에 해당하는 금액만큼 사채할인발행차금이 증가하거나 사채할증발행차금이 감소한다.

⑤ 유효이자율

ㄱ 유효이자율이란 사채의 발행가액(순현금유입액)과 사채를 발행함으로써 지급해야 하는 미래현금흐름(순현금유출액)의 현재가치를 일치시켜 주는 이자율을 의미한다.

일반적으로 사채를 발행할 때 시장이자율에 의해 사채 발행가액이 결정되므로 시장이자율을 통해 유효이자율을 알 수 있다. 그러나 사채발행비용이 있는 경우 유효이자율과 시장이자율은 불일치하며, 이때는 사채발행비용을 고려한 유효이자율을 다시 계산해야 한다.

ⓛ 사채발행비용이 있는 경우 발행시점의 유효이자율은 시장이자율보다 높다.

(3) 사채의 발행

액면가액과 발행가액의 차이에 따라 액면발행, 할인발행, 할증발행으로 구분한다.

① 액면발행

　　㉠ 액면가액＝발행가액

　　ⓛ 사채의 발행가액은 만기 금액과 일치한다.

　　㉢ 사채의 표시(액면)이자율은 사채소유자에게 현금으로 지급해야 할 이자계산에 사용된다.

(차) 현금	×××	(대) 사채	×××

② 할인발행

　　㉠ 액면가액＞발행가액

　　ⓛ 액면가에서 발행가액을 차감한 가액을 사채할인발행차금으로 하여 당해 사채에서 차감하는 형식으로 기재하고 사채의 상환기간에 걸쳐 일정한 방법으로 상각하여 이자비용에 가산한다.

　　㉢ 사채할인발행차금은 선급이자의 성격에 해당한다.

(차) 현금	×××	(대) 사채	×××
사채할인발행차금	×××		

③ 할증발행

　　㉠ 액면가액＜발행가액

　　ⓛ 발행가에서 액면가액을 차감한 가액을 사채할증발행차금으로 하여 당해 사채에서 가산하는 형식으로 기재하고 사채의 상환기간에 걸쳐 일정한 방법으로 상각하여 이자비용에서 차감한다.

　　㉢ 매기 현금이자지급액보다 낮은 이자비용이 인식된다.

　　㉣ 유효이자율법에 의해 상각할 경우 기간경과에 따라 할증발행차금상각액은 매기 증가한다.

　　㉤ 기간경과에 따른 이자비용은 매기 감소한다.

　　㉥ 사채의 장부금액은 매기 할증발행차금의 상각액만큼 감소한다.

　　㉦ 사채할증발행차금은 선수이자의 성격에 해당한다.

(차) 현금	×××	(대) 사채	×××
		사채할인발행차금	×××

(4) 사채이자지급 시의 회계처리

사채발행기간 동안 매기 인식할 이자비용은 사채할인발행의 경우는 액면이자나 사채할인발행차금상각액을 가산한 금액이 되며, 사채할증발행 시 사채할증발행차금상각액을 액면이자에서 차감한 금액이 된다. 최초인식 후 유효이자율법을 사용하여 상각후원가로 측정한다.

사채의 발행조건	사채기간 동안 인식할 총사채이자비용
액면발행	표시이자지급액(실제현금유출액)
할인발행	표시이자지급액 + 사채할인발행차금총액
할증발행	표시이자지급액 - 사채할증발행차금총액

(5) 사채발행차금의 상각

유효이자율법을 적용하여 상각 또는 환입한다.

① 할인발행의 경우

> - 사채장부가액＝사채액면가액 − 사채할인발행차금잔액
> - 유효이자＝사채장부가액 × 유효이자율(시장이자율)
> - 액면이자＝사채액면 × 표시이자율
> - 사채할인발행차금상각액＝유효이자 − 액면이자

　㉠ 사채할인발행차금은 사채의 차감계정이다.

　㉡ 사채할인발행차금은 액면금액에서 발행가액을 차감한 가액을 사채할인발행자금으로 하여 당해 사채에서 차감하는 형식으로 기재하고 사채의 상환기간에 걸쳐 일정한 방법으로 상각하여 이자비용에 가산한다.

　㉢ 사채가 할인발행되는 경우 사채발행자가 사채만기일에 상환해야 하는 금액은 발행금액보다 크다.

　㉣ 사채를 할인발행하고 중도상환 없이 만기까지 보유한 경우, 발행자가 사채발행시점부터 사채만기까지 포괄손익계산서에 인식한 이자비용의 총합은 발행시점의 사채할인발행차금과 연간 액면이자 합계를 모두 더한 값과 일치한다.

　㉤ 사채를 할인발행한 경우, 중도상환이 없다면 발행자가 재무상태표에 인식하는 사채의 장부금액은 매년 체증적으로 증가한다.

② 할증발행의 경우

> 사채할증발행차금환입액＝액면이자 − 유효이자

　㉠ 할증발행의 경우 사채의 장부금액은 매년 감소한다.

　㉡ 사채를 액면가액 이상으로 발행하는 경우를 사채할증발행이라고 하는데, 이 경우 액면이자율이 시장이자율보다 높을 때 발행하여 액면금액과 발행가액의 차액을 사채발행초과금계정으로 처리한다. 사채할증발행차금을 상각하게 되면 이자비용이 줄게 되어 당기순이익이 증가하게 되고 사채의 장부가액이 감소하게 된다.

　㉢ 사채발행 시 사채의 유효이자율이 표시이자율보다 낮은 경우 사채는 할증발행된다.

　▷ 유효이자율법을 적용할 경우 할인발행의 경우는 이자비용이 매년 증가하고, 할증발행의 경우 이자비용은 매년 감소한다.

더 알아보기 사채의 발행방법에 따른 효과

구분	발행가액	이자율	이자비용	차금상각액	장부가액
액면발행	액면가액＝발행가액	액면이자율＝유효이자율	일정	없음	일정
할인발행	액면가액＞발행가액	액면이자율＜유효이자율	증가	증가	증가
할증발행	액면가액＜발행가액	액면이자율＞유효이자율	감소	증가	감소

(6) 이자지급일 사이의 사채발행

사채를 이자지급일 사이에 발행하는 경우의 사채의 시장가치는 직전 이자지급일부터 발행일까지의 경과이자가 포함되어 있다. 즉, 사채발행에 따른 현금수령액에서 직전 이자지급일부터 발행일까지 경과이자를 차감한 금액이 사채의 시장가치이다. 이때 적용하는 이자율은 권면상 발행일의 시장이자율을 적용하는 것이 아니라 실제 발행일의 시장이자율을 적용하여야 한다. 이를 도식화하면 아래와 같다.

> 권면상 발행일의 현재가치(실제 발행일의 시장이자율)
> + 직전 이자지급일부터 발행일까지 유효이자
> = 현금수수액
> − 직전 이자지급일부터 발행일까지 표시이자
> = 사채 발행가액(= 사채 시장가치)

(7) 사채의 상환

① 사채를 만기 전에 상환하는 경우, 상환에 따른 이익이나 손실이 발생할 수 있다. 이는 발행시점 이후 시장이자율이 변동하여 사채의 미래현금흐름의 현재가치가 달라졌기 때문이다.

② 사채 발행시점보다 시장이자율이 상승하면 사채상환이익이 발생한다.

③ 사채 발행시점보다 시장이자율이 하락하면 사채상환손실이 발생한다.

④ 이자 지급 전에 사채가 상환되는 경우, 장부가액에 경과이자를 반영 후 사채상환손익을 계산한다.

만기상환	• 사채발행차금이 전액 상각되어 그 잔액이 "0"이므로 사채의 장부가액과 액면가액이 동일하여 사채상환으로 인한 상환손익은 발생하지 않는다.					
	(차) 사채(액면금액)	×××	(대)	현금		×××
조기상환	• 액면발행이며, 장부가액과 상환가액이 동일한 경우					
	(차) 사채	×××	(대)	현금		×××
	• 할인발행이며, 장부가액이 상환가액보다 큰 경우					
	(차) 사채	×××	(대)	현금		×××
				사채할인발행차금		×××
				사채상환이익		×××
	• 할인발행이며, 장부가액이 상환가액보다 작은 경우					
	(차) 사채	×××	(대)	현금		×××
	사채상환손실	×××		사채할인발행차금		×××

(8) 전환사채

① 전환사채의 의의

전환사채는 일반사채(채무상품)에 보통주로 전환할 수 있는 전환권(지분상품)을 부여한 특수한 형태의 사채이다. 발행될 때에는 사채이지만 유가증권의 소유자가 일정한 조건으로 전환권을 행사하면 사채는 소멸하고 보통주로 전환되는 사채를 말한다. 전환사채는 일반사채에 주식의 성질을 가미함으로써 사채의 발행을 촉진시키고, 주식으로 전환될 경우에는 증자와 동일한 효과를 누릴 수 있다.

② 전환권가치(전환권대가)의 측정

전환사채는 일반사채와 전환권이라는 두 가지 요소로 구성되는 복합적 성격의 증권이다. 따라서 전환사채는 일반사채의 발행가액보다 전환권가치(전환권대가)만큼 높은 가액으로 발행되며, 전환사채의 발행가액은 일반사채에 해당하는 부채부분과 전환권에 해당하는 자본(자본잉여금)부분으로 분리할 수 있다.

> ㉠ 전환사채 발행가액=일반사채를 가정한 공정가치 + 전환권대가
> ㉡ 전환권대가=전환사채 발행가액 − 일반사채를 가정한 공정가치

이 경우 일반사채를 가정한 공정가치는 전환권이 없는 채무상품의 미래현금흐름을 시장이자율을 적용하여 할인한 현재가치로 계산한다.

③ 보장수익률과 상환할증금

전환사채는 보통주로의 전환권을 부여하고 있기 때문에 일반사채보다 높은 발행가액과 낮은 표시이자 조건으로 발행된다. 하지만 전환사채 발행회사의 주가가 현저하게 낮아 만기까지 전환권을 행사할 수 없게 된 경우 투자자는 시장이자율보다 낮은 수익률을 얻게 된다. 이에 따라 전환권을 행사하지 않은 경우에 투자자의 일정수준의 수익률을 보장하기 위하여 일정금액을 만기에 추가로 지급하기로 약정한다. 이때 투자자에게 보장하는 수익률을 보장수익률, 만기 시 추가로 지급하는 금액을 상환할증금이라고 한다. 이때 전환사채의 공정가치는 상환할증금을 반영한 현금흐름의 현재가치이다.

> 전환권대가 = 발행금액 − 상환할증금이 반영된 전환사채의 현재가치

제3절 충당부채와 퇴직급여

1. 충당부채

(1) 충당부채의 의의와 종류

① 충당부채의 의의

충당부채는 과거사건으로 생긴 현재의무로서, 기업이 가진 경제적 효익이 있는 자원의 유출을 통해 그 이행이 예상되지만 그 지출시기 또는 금액이 불확실한 부채이다. 충당부채는 결제에 필요한 미래 지출의 시기 또는 금액에 불확실성이 있다는 점에서 매입채무와 미지급비용과 같은 그 밖의 부채와 구별된다.

더 알아보기 확정부채와 추정부채

- 확정부채 : 확정부채는 재무상태표일 현재 부채의 존재가 확실하며 그 지급금액이 확정되어 있으므로 측정 및 보고에 있어 큰 문제가 없다.
- 추정부채 : 만기 시의 지급금액이 확정되어 있지 아니하며, 인식 당시 지급시기 및 수취인도가 확인되지 않는 경우가 대부분이다 (충당부채와 우발부채에 해당함).

② 충당부채의 종류

    ㉠ 판매(제품)보증충당부채 : 제품 등을 일정기간 동안 품질을 보증하여 판매하고, 그 보증기간 동안 판매한 제품 등에서 발생하는 하자에 대하여 보증수리비용 등이 발생할 것이 예상될 때 그 비용을 적절히 추정하여 매출시점에 속하는 기간에 비용으로 인식하고 부채로 설정하는 충당부채이다.

> **제품보증충당부채＝매출액×경험률 － 당해보증비용발생액**

    ㉡ 경품충당부채 : 기업은 특정상품의 판매를 촉진하기 위하여 환불정책, 경품, 포인트 적립, 마일리지제도를 시행할 때 관련비용에 대한 최선의 추정치를 경품충당부채로 인식한다.

> **경품충당부채＝차기 이후 발생할 경품액**

    ㉢ 복구충당부채 : 대기, 토양, 수질오염, 방사능 오염 등을 유발할 가능성이 있는 유형자산에 대해서는 경제적 사용이 종료된 후에 환경보전을 위하여 반드시 원상을 회복시켜야 한다.

> **복구충당부채＝복구비용의 현재가치**

(2) 충당부채의 인식

① 충당부채의 인식요건

충당부채는 다음의 요건을 모두 충족하는 경우에 인식한다. 이 요건을 충족하지 못할 경우에는 어떠한 충당부채도 인식할 수 없다.

㉠ 과거사건의 결과로 현재의무(법적의무 또는 의제의무)가 존재한다.

㉡ 당해 의무를 이행하기 위하여 경제적 효익을 갖는 자원이 유출될 가능성이 높다.

㉢ 당해 의무의 이행에 소요되는 금액을 신뢰성 있게 추정할 수 있다.

② 과거사건

충당부채로 인식되기 위해서는 과거사건으로 인한 의무가 기업의 미래행위(즉, 미래 사업행위)와 독립적이어야 한다. 예를 들어, 불법적인 환경오염으로 인한 범칙금이나 환경정화비용의 경우에는 기업의 미래행위에 관계없이 당해 의무의 이행에 경제적 효익을 갖는 자원의 유출이 수반되므로 충당부채를 인식한다.

③ 현재의무

보고기간 말에 현재의무가 존재할 가능성이 존재하지 않을 가능성보다 높으면 과거사건이 현재의무를 생기게 한 것으로 본다. 보고기간 말 기준으로 이용할 수 있는 모든 증거를 고려하여 충당부채의 인식 여부를 판단해야 한다. 의무 이행에 대한 상대방은 불특정 다수가 될 수도 있으므로 상대방이 누구인지 반드시 알아야 하는 것은 아니다. 입법 예고된 법률의 세부 사항이 아직 확정되지 않은 경우에는 해당 법안대로 제정될 것이 거의 확실한 때에만 의무가 생긴 것으로 본다.

④ 자원의 유출가능성

제품보증이나 이와 비슷한 계약 등 비슷한 의무가 다수 있는 경우에 의무 이행에 필요한 자원의 유출 가능성은 해당 의무 전체를 고려하여 판단한다. 비록 개별 항목에서 의무 이행에 필요한 자원의 유출 가능성이 높지 않더라도 전체적인 의무 이행에 필요한 자원의 유출 가능성이 높을 경우(그 밖의 인식기준이 충족된다면)에는 충당부채를 인식한다.

⑤ 신뢰성 있는 추정

추정치를 사용하는 것은 재무제표 작성의 필수적인 과정이며 재무제표의 신뢰성을 손상시키지 아니한다. 충당부채의 성격상 다른 재무상태표 항목에 비하여 불확실성이 더 크므로 그에 대한 추정치의 사용은 특히 필수적이다.

⑥ 최선의 추정치

충당부채로 인식하는 금액은 현재의무를 보고기간 말에 이행하기 위하여 소요되는 지출에 대한 최선의 추정치이어야 한다.

⑦ 인식과 측정기준의 적용

㉠ 미래의 예상 영업손실 : 충당부채로 인식하지 아니한다.

㉡ 손실부담계약 : 손실부담계약은 계약상 의무의 이행에 필요한 회피 불가능 원가가 그 계약에서 받을 것으로 예상되는 경제적 효익을 초과하는 계약이다. 취소 불가능한 손실부담계약을 체결하고 있는 경우에는 관련된 현재의무를 충당부채로 인식하고 측정한다.

⑧ 변동

㉠ 매 보고기간 말마다 충당부채의 잔액을 검토하고, 보고기간 말 현재 최선의 추정치를 반영하여 조정한다.

㉡ 충당부채를 현재가치로 평가하여 표시하는 경우에는 장부금액을 기간 경과에 따라 증가시키고 해당 증가 금액은 차입원가로 인식한다.

㉢ 충당부채는 최초인식과 관련 있는 지출에만 사용한다.

⑨ 변제

충당부채를 결제하기 위하여 필요한 지출액의 일부 또는 전부를 제3자가 변제할 것이 예상되는 경우 기업이 의무를 이행한다면 변제를 받을 것이 거의 확실하게 되는 때에 한하여 변제금액을 인식하고 별도의 자산으로 회계처리한다.

⑩ 현재가치

㉠ 화폐의 시간가치 효과가 중요한 경우 충당부채는 의무를 이행하기 위하여 예상되는 지출액의 현재가치로 평가한다.

㉡ 할인율은 부채의 고유한 위험과 화폐의 시간가치에 대한 현행 시장의 평가를 반영한 세전 이율이다. 이 할인율에 반영되는 위험에는 미래현금흐름을 추정할 때 고려된 위험은 반영하지 아니한다.

㉢ 현재의무를 이행하기 위하여 소요되는 지출 금액에 영향을 미치는 미래사건이 발생할 것이라는 충분하고 객관적인 증거가 있는 경우에는 그러한 미래사건을 감안하여 충당부채 금액을 추정한다.

⑪ 예상되는 자산처분

㉠ 자산의 예상처분이익은 충당부채를 측정하는 데 고려하지 아니한다.

㉡ 예상되는 자산처분이 충당부채를 발생시킨 사건과 밀접하게 관련되었더라도 당해 자산의 예상처분이익은 충당부채를 측정하는 데 고려하지 아니한다. 자산의 예상처분이익은 당해 자산과 관련된 회계처리를 다루고 있는 한국채택국제회계기준서에서 규정하고 있는 시점에 인식한다.

(3) 복구충당부채 회계처리

① 최초인식 : 충당부채의 인식요건을 충족하는 복구비용은 미래에 발생할 복구비용을 적절한 할인율로 할인한 현재가치를 복구충당부채로 인식하고 동 금액을 관련자산의 취득원가에 가산한다.

| (차변) 관련자산 | ××× | (대변) 현금 | ××× |
| | | 복구충당부채 | ××× |

② 매년 보고기간 말 : 복구충당부채의 장부가액에 유효이자율법을 적용한 이자비용을 매년 보고기간 말에 당기비용으로 인식하고 동 금액을 복구충당부채의 장부가액에 가산한다.

| (차변) 이자비용 | ××× | (대변) 복구충당부채 | ××× |

③ 복구비용 지출시기 : 복구비용을 실제로 지출하는 때에는 복구충당부채의 장부가액과 실제복구비용과의 차액을 당기손익(복구공사손익)으로 인식한다.

| (차변) 복구충당부채 | ××× | (대변) 현금 | ××× |
| 복구공사손실 | | | |

(4) 우발부채와 우발자산

① 우발부채

　㉠ 우발부채의 의의

　　ⓐ 과거사건은 발생하였으나 기업이 전적으로 통제할 수 없는 하나 또는 그 이상의 불확실한 미래사건의 발생 여부에 의하여서만 그 존재 여부가 확인되는 잠재적인 의무

　　ⓑ 과거사건에 의하여 발생하였으나 당해 의무를 이행하기 위하여 경제적 효익을 갖는 자원이 유출될 가능성이 높지 아니한 경우 또는 당해 의무를 이행하여야 할 금액을 신뢰성 있게 측정할 수 없는 경우에 해당하여 인식하지 아니하는 현재의무

더 알아보기 충당부채와 우발부채의 인식

구분	신뢰성 있는 측정가능	신뢰성 있는 측정불가
발생가능성 50% 초과	충당부채	우발부채
50% 미만 일정수준(희박하지 않음)	우발부채	우발부채

　㉡ 우발부채의 인식 및 측정

　　ⓐ 부채의 인식기준을 충족시키지 못하므로 우발부채는 부채로 인식하지 아니한다.

　　ⓑ 의무를 이행하기 위하여 경제적 효익을 갖는 자원의 유출가능성이 아주 낮지 않다면, 우발부채를 공시한다.

　　ⓒ 제3자와 연대하여 의무를 지는 경우에는 이행할 전체의무 중 제3자가 이행할 것으로 기대되는 부분을 우발부채로 처리한다. 신뢰성 있게 추정할 수 없는 극히 드문 경우를 제외하고는 당해 의무 중에서 경제적 효익을 갖는 자원의 유출가능성이 높은 부분에 대하여 충당부채를 인식한다.

ⓓ 우발부채는 당초에 예상하지 못한 상황에 따라 변화할 수 있으므로, 경제적 효익을 갖는 자원의 유출가능성이 높아졌는지 여부를 결정하기 위하여 지속적으로 검토한다. 과거에 우발부채로 처리하였더라도 미래경제적효익의 유출가능성이 높아진 경우에는 그러한 가능성의 변화가 발생한 기간의 재무제표에 충당부채로 인식한다(신뢰성 있게 추정할 수 없는 극히 드문 경우는 제외).

② 우발자산
　ⓐ 과거사건에 의하여 발생하였으나 기업이 전적으로 통제할 수는 없는 하나 이상의 불확실한 미래사건의 발생 여부에 의하여서만 그 존재가 확인되는 잠재적 자산을 말한다.
　ⓑ 우발자산은 자산으로 인식하지 아니한다.
　ⓒ 경제적 효익의 유입 가능성이 높은 우발자산에 대해서는 보고기간 말에 우발자산의 특성에 대해 간결하게 설명을 공시하고 실무적으로 적용할 수 있는 경우에는 측정된 재무적 영향의 추정 금액을 공시한다.

2. 퇴직급여

퇴직급여란 퇴직 후에 지급하는 종업원급여를 말한다. 퇴직급여는 종업원 퇴직시점에 지급하지만 이는 이전기간에 발생한 근로에 대한 대가이다. 기업은 수익비용대응논리에 따라 근로자가 퇴직급여를 받을 권리를 획득하는 근로제공 시점에 예상퇴직급여액만큼 비용으로 인식하고 관련 부채를 계상하여야 한다.
퇴직급여제도는 확정기여제도나 확정급여제도로 분류된다. 확정기여제도 외의 모든 퇴직급여제도는 확정급여제도이다.

(1) 확정기여제도

종업원에게 지급할 퇴직급여금액이 기금에 출연하는 기여금과 그 투자수익에 의해 결정되는 퇴직급여제도로, 기업은 별도의 부채가 발생하지 않는다.
① 확정기여형 퇴직급여제도의 경우 기업의 법적의무나 의제의무는 기업이 기금에 출연하기로 약정한 금액으로 한정한다.
② 확정기여형 퇴직급여제도의 경우 보험수리적 위험과 투자위험은 종업원이 부담한다. 채무나 비용을 측정하기 위해 보험수리적 가정을 세울 필요가 없고 그 결과 보험수리적 손익이 발생할 가능성도 없다.
③ 보험수리적 가정
　ⓐ 보험수리적 가정은 퇴직급여의 궁극적인 원가를 결정하는 여러 가지 변수에 대한 최선의 추정을 반영하는 것이다.
　ⓑ 보험수리적 가정은 사망률 이직률 등을 의미하는 인구통계적가정과 할인율, 급여수준 등을 의미하는 재무적 가정으로 이루어진다.
　ⓒ 보험수리적 가정은 편의가 없어야 하며 서로 양립할 수 있어야 한다.
　ⓓ 재무적 가정은 채무가 결제될 회계기간에 대하여 보고기간 말 현재 시장의 예상에 기초하며, 명목기준으로 결정한다.
　ⓔ 퇴직급여채무(기금이 적립되는 경우와 적립되지 않는 경우 모두 포함)를 할인하기 위해 사용하는 할인율은 보고기간 말 현재 우량회사채의 시장수익률을 참조하여 결정한다. 만약 그러한 우량회사채가 없는 경우에는 국채의 시장수익률을 사용한다.

(2) 확정급여제도

종업원에게 지급할 퇴직급여금액이 일반적으로 종업원의 임금과 근무연수에 기초하는 산정식에 의해 결정되는 퇴직급여제도로, 기업과 종업원 사이에 합의된 공식적인 제도나 그 밖의 여러 가지 협약에 의한 퇴직급여를 지급할 의무가 발생한다. 확정급여제도는 기금을 별도로 적립하지 않는 경우도 있으나, 전부나 일부의 기금을 적립하는 경우도 있다. 확정급여형 퇴직급여제도의 경우 보험수리적 위험과 투자위험은 회사가 부담한다.

① 확정급여부채의 구성요소

  ㉠ 근무원가

    ⓐ 당기근무원가 : 당기에 종업원이 근무용역을 제공하여 생긴 확정급여채무 현재가치의 증가분이다.

    ⓑ 과거근무원가 : 종업원이 과거 기간에 제공한 근무용역에 대한 확정급여채무 현재가치 변동금액이다.

    ⓒ 정산 손익 : 확정급여채무를 정산함에 따라 발생하는 변동금액이다.

  ㉡ 순확정급여부채(자산) : 순확정급여부채(자산)를 결정하기 위하여 확정급여채무의 현재가치에서 사외적립자산의 공정가치를 차감한다.

  > 순확정급여부채(자산)＝확정급여채무의 현재가치 － 사외적립자산의 공정가치

    ⓐ 확정급여채무의 현재가치 : 종업원이 당기와 과거 기간에 근무용역을 제공하여 생긴 채무를 결제하기 위해 필요한 예상 미래지급액의 현재가치를 말한다.

    ⓑ 사외적립자산 : 퇴직급여 지급과 관련하여 장기종업원급여기금에서 보유하고 있는 자산이나 적격보험계약을 말한다.

  ㉢ 순확정급여부채(자산)의 순이자 : 보고기간에 시간이 지남에 따라 생기는 순확정급여부채(자산)의 변동을 말한다.

  ㉣ 순확정급여부채(자산)의 재측정요소 : 보험수리적 손익과 기타 변동을 말한다.

② 확정급여제도의 회계처리

  ㉠ 확정급여형 퇴직급여제도에서 확정급여채무의 현재가치와 당기근무원가를 결정하기 위해 예측단위적립방식을 사용한다.

    ▷ 예측단위적립방식 : 종업원이 당기와 과거 기간에 제공한 근무용역의 대가로 획득한 급여에 대한 기업의 궁극적인 원가를 산정한 보험수리적 기법

  ㉡ 확정급여채무의 현재가치와 사외적립자산의 공정가치는 재무제표에 인식된 금액이 보고기간 말에 결정될 금액과 중요하게 차이가 나지 않을 정도의 주기를 두고 산정한다.

  ㉢ 퇴직급여비용을 자산의 원가에 포함하는 경우를 제외하고는 확정급여원가의 구성요소를 다음과 같이 인식한다.

    ⓐ 근무원가를 당기손익에 인식한다.

    ⓑ 순확정급여부채(자산)의 순이자를 당기손익에 인식한다.

    ⓒ 순확정급여부채(자산)의 재측정요소를 기타포괄손익에 인식한다.

  ㉣ 확정급여채무와 사외적립자산에서 발생한 모든 변동은 발생한 기간에 인식한다.

  ㉤ 기타포괄손익에 인식되는 확정급여제도의 재측정요소는 후속기간에 당기손익으로 재분류되지 아니한다. 그러나 기타포괄손익에 인식된 금액을 자본 내에서 대체할 수 있다.

03 | 실전대비문제

01 (주)한국은 투자목적으로 A사채와 B주식을 취득하였다. (주)한국은 A사채로부터 원리금 수취와 매매차익 모두를 기대하고 있으며, B주식의 공정가치 변동액을 기타포괄손익으로 인식하도록 선택하였다. 다음 설명 중 옳지 않은 것은? (2019년)

① (주)한국은 A사채의 공정가치 변동액을 기타포괄손익으로 인식한다.

② (주)한국이 A사채를 당기손익-공정가치측정 범주로 재분류하는 경우 재분류 전에 인식한 기타포괄손익 누계액은 당기손익으로 재분류한다.

③ (주)한국은 B주식으로 인해 수령한 배당금을 당기손익으로 인식한다.

④ (주)한국이 B주식을 처분할 때 기 인식한 기타포괄손익누계액을 당기손익으로 재분류할 수 있다.

[해설] 지분상품의 경우 자산이 제거되면서 기타포괄손익을 후속적으로 당기손익으로 재분류하지 않으며, 자본 내에서 다른 항목으로 대체할 수 있다. 이 경우 기타포괄손익누계액은 미처분 이익잉여금으로 대체된다.

① A사채는 기타포괄손익-공정가치측정금융자산으로 볼 수 있는데, 유효이자율법으로 이자수익을 당기손익으로 인식한 후, 공정가치 변동으로 인한 평가손익을 기타포괄손익으로 인식한다.

② 기타포괄손익-공정가치측정금융자산을 당기손익-공정가치측정금융자산으로 재분류하는 경우 공정가치로 측정하며, 재분류 전에 인식한 기타포괄손익누계액은 재분류일에 당기손익으로 재분류한다.

③ 배당수익은 지급받을 권리가 발생하는 시점에 당기손익으로 인식한다.

답 ④

02 (주)한국은 20x1년 7월 1일에 액면금액 ₩100,000(액면이자율 연 8%, 이자지급 매년 말, 만기일 20x3년 12월 31일)의 사채를 발행하였다. 사채 권면상의 발행일은 20x1년 1월 1일이나 회사 내부 사정으로 6개월이 경과된 후 20x1년 7월 1일에 발행하였다. 발행일의 유효이자율은 연 10%이다. (주)한국의 발행 당시 현금수령액은 얼마인가?(단, 계산금액은 소수점 첫째 자리에서 반올림하며, 단수차이로 인한 오차가 있으면 가장 근사치를 선택한다) (2017년)

할인율	단일금액 ₩1의 현재가치			정상연금 ₩1의 현재가치		
	1기	2기	3기	1기	2기	3기
8%	0.9259	0.8573	0.7938	0.9259	1.7833	2.5771
10%	0.9090	0.8264	0.7513	0.9090	1.7355	2.4868

① ₩95,024

② ₩95,775

③ ₩97,400

④ ₩99,775

[해설] 20x1년 1월 1일 사채 발행가액 = ₩100,000 × 0.7513 + ₩8,000 × 2.4868 = ₩95,024

20x1년 7월 1일에 6개월치분의 이자 = ₩95,024 × 10% × 6/12 = ₩4,751

∴ 발행 당시 현금수령액 = ₩95,024 + ₩4,751 = ₩99,775

답 ④

03 20x1년 설립된 (주)한국은 20x1년 초 공정가치 ₩1,500,000인 채무상품을 매입하면서 기타포괄손익–공정가치측정금융자산으로 인식하였다. 동 채무상품의 표시이자율과 유효이자율은 연 5%로 동일하며, 만기는 10년이다. 동 채무상품의 취득시점 신용은 손상되어 있지 않았다. 20x1년 말 동 채무상품의 공정가치는 ₩1,470,000, 기대신용손실은 ₩20,000로 측정되었다. (주)한국이 20x1년 기타포괄손익에 인식한 누적손실은? (2018년)

① ₩10,000 ② ₩20,000

③ ₩30,000 ④ ₩50,000

[해설] 20x1년 초 공정가치 ₩1,500,000
20x1년 말 공정가치 ₩1,470,000
공정가치 변동 ₩30,000 = 손상차손 ₩20,000 + 평가손실 ₩10,000

답 ①

04 (주)한국은 20x1년 초 액면금액 ₩2,000,000(액면이자율 연 5%, 이자지급 매년 말, 10년 만기)의 사채를 발행하였으며, 발행시점 유효이자율은 연 10%이다. 동 사채의 발행으로 (주)한국이 10년간 포괄손익계산서상 이자비용으로 인식할 총액은?(단, 계산금액은 소수점 첫째 자리에서 반올림한다) (2018년)

할인율	10기간 단일금액 ₩1의 현재가치	10기간 정상연금 ₩1의 현재가치
5%	0.6139	7.7217
10%	0.3855	6.1445

① ₩614,550 ② ₩1,385,550

③ ₩1,614,550 ④ ₩1,771,000

[해설] 사채발행금액 = ₩2,000,000 × ₩0.3855 + ₩100,000 × 6.1445 = ₩1,385,450
10년간 포괄손익계산서상 이자비용으로 인식할 총액
= 10년간 이자비용 ₩1,000,000(= ₩100,000 × 10) + 사채할인발행차금 ₩614,550 = ₩1,614,550

답 ③

05 (주)한국은 20x1년 초 액면금액 ₩5,000인 상환우선주 100주를 발행하였다. 동 상환우선주의 연 배당률은 5%이며, 상환우선주 발행 시 유효이자율은 연 7%이다. (주)한국은 보유자의 청구에 따라 20x4년 초 주당 ₩6,000에 의무적으로 상환해야 한다. 동 상환우선주가 배당에 있어서 누적적우선주인 경우 상환우선주 발행 시 (주)한국이 수령하는 현금은?(단, 계산금액은 소수점 첫째 자리에서 반올림한다)

(2018년)

할인율	단일금액 ₩1의 현재가치			정상연금 ₩1의 현재가치		
	1기	2기	3기	1기	2기	3기
5%	0.9523	0.9070	0.8638	0.9523	1.8594	2.7232
7%	0.9345	0.8734	0.8163	0.9345	1.8080	2.6243

① ₩535,388   ② ₩555,388

③ ₩590,926   ④ ₩600,000

[해설] 수령한 현금 = ₩6,000 × 100주 × 0.8163 + ₩5,000 × 100주 × 5% × 2.6243 = ₩555,388

답 ②

06 (주)한국은 20x1년 1월 1일에 액면금액 ₩1,000,000(표시이자율 연 8%, 이자지급일 매년 12월 31일, 만기일 20x3년 12월 31일)의 사채를 발행하였다. 사채발행일 현재 유효이자율은 연 6%이다. (주)한국이 유효이자율법을 사용할 때 동 사채와 관련하여 3년간 포괄손익계산서에 인식할 총이자비용은 얼마인가?(단, 계산금액은 소수점 첫째 자리에서 반올림하며, 단수차이로 인한 오차가 있으면 가장 근사치를 선택한다)

(2016년)

할인율	단일금액 ₩1의 현재가치			정상연금 ₩1의 현재가치		
	1기	2기	3기	1기	2기	3기
6%	0.9434	0.8900	0.8396	0.9434	1.8333	2.6730
8%	0.9259	0.8573	0.7938	0.9259	1.7833	2.5771

① ₩63,206   ② ₩186,560

③ ₩231,574   ④ ₩240,000

[해설] 사채의 발행가액 = ₩1,000,000 × 0.396 + ₩80,000 × 2.673 = ₩1,053,440
총이자비용 = ₩80,000 × 3 + ₩1,000,000 − ₩1,053,440 = ₩186,560

답 ②

07 다음은 20x1년 중 (주)한국의 주식변동에 관한 자료이다. 20x1년 (주)한국의 당기순이익이 ₩3,202,500인 경우 기본주당순이익은 얼마인가?(단, 제시된 자료 이외의 주식 변동은 없으며, 가중평균유통보통주식수는 월할 계산한다)

(2016년)

- 1월 1일   유통보통주식수는 3,000주이다.
- 3월 1일   보통주 1,000주를 시장가격으로 발행하였다.
- 6월 1일   20%의 주식배당을 하였다.
- 12월 1일   자기주식 300주를 취득하였다.

① ₩150   ② ₩300
③ ₩500   ④ ₩700

[해설] 가중평균유통보통주식수 = 3,000주 × 1.2 × 12/12 + 1,000주 × 1.2 × 10/12 − 300주 × 1/12
                      = 4,575주
      기본주당순이익 = ₩3,202,500/4,575주 = ₩700

[답] ④

08 20x1년 초 (주)한국의 유통보통주식수는 10,000주이며, 20x1년 7월 1일 5,000주를 유상증자하였다. 20x1년 10월 1일 (주)한국은 자기주식을 취득하였으며, (주)한국의 20x1년 당기이익은 ₩1,940,000, 기본주당이익은 ₩160이다. 20x1년 (주)한국이 취득한 자기주식수는 얼마인가?(단, (주)한국의 우선주 및 잠재적보통주는 없으며, 가중평균유통보통주식수는 월할 계산한다)

(2017년)

① 1,000주   ② 1,500주
③ 2,000주   ④ 2,500주

[해설] 가중평균유통보통주식수 = 10,000주 × 12/12 + 5,000주 × 6/12 − 자기주식 × 3/12
                      = 12,125주(= ₩1,940,000/₩160)
      ∴ 자기주식 = 1,500주

[답] ②

09 (주)한국의 20x1년 1월 1일 자본의 내역은 다음과 같다. (주)한국은 20x1년 3월 15일 20x0년 재무제표를 확정하고 20x0년 12월 28일을 배당기준일로 하여 1주당 ₩200의 현금배당을 결의하였다. (주)한국은 현금배당의 10%를 이익준비금으로 적립하고 있으며, 20x1년 당기순이익은 ₩50,000이다. 20x1년 12월 31일 미처분이익잉여금은 얼마인가?

(2019년)

- 보통주자본금(100주×₩500) : ₩50,000
- 주식발행초과금 : ₩32,000
- 이익준비금 : ₩20,000
- 미처분이익잉여금 : ₩100,000

① ₩78,000
② ₩128,000
③ ₩130,000
④ ₩150,000

[해설]

20x1년 1월 1일 미처분이익잉여금	+₩100,000
당기순이익	+₩50,000
현금배당	-₩20,000
이익준비금	-₩2,000
20x1년 12월 31일 미처분이익잉여금	₩128,000

답 ②

10 20x1년 (주)한국의 재무상태표상 일부이다. 20x2년 2월 주주총회에서 미처리결손금 중 ₩20,000을 결손보전하기로 결정하였다. 결손보전 후 재무상태표에 표시될 금액으로 옳은 것은 무엇인가?

(2016년)

- 자본잉여금 ₩50,000
- 이익잉여금
  이익준비금 ₩40,000
  임의적립금 ₩30,000
  미처리결손금 ₩(30,000)

	자본잉여금	이익준비금	임의적립금	미처리결손금
①	₩30,000	₩40,000	₩30,000	₩(10,000)
②	₩50,000	₩20,000	₩30,000	₩(10,000)
③	₩50,000	₩40,000	₩10,000	₩(10,000)
④	₩50,000	₩30,000	₩20,000	₩(10,000)

[해설] 임의적립금은 제한 없이 적립과 처분이 가능하다. 임의적립금에는 감채적립금, 사업확장적립금, 시설적립금, 배당평균적립금, 결손보전적립금 등이 있다. 따라서 미처리결손금 ₩20,000도 임의적립금에서 보전한다.

답 ③

11 (주)한국은 20x1년 1월 1일에 액면금액 ₩1,000,000(이자지급일 매년 12월 31일, 만기일 20x3년 12월 31일)의 사채를 ₩879,908에 할인발행하였다. 사채발행일 현재 유효이자율은 연 12%이다. 동 사채의 20x2년 1월 1일 장부가액은 ₩915,497이다. 사채의 표시이자율은 얼마인가?(단, 계산금액은 소수점 첫째 자리에서 반올림하며, 단수차이로 인한 오차가 있으면 가장 근사치를 선택한다) (2016년)

① 5%   ② 6%

③ 7%   ④ 8%

[해설] 20x1년 장부가액 = ₩879,908 + ₩879,908 × 0.12 − 액면이자 = ₩915,497

∴ 액면이자 = ₩70,000

액면이자 = ₩1,000,000 × 표시이자율 = ₩70,000

∴ 표시이자율 = $\frac{₩70,000}{₩1,000,000}$ = 0.07(= 7%)

답 ③

12 (주)한국은 20x1년 1월 1일에 3년 만기, 액면금액 ₩100,000의 사채를 발행하였다. 액면이자율은 연 8%이고, 발행 당시 유효이자율은 연 10%이다. (주)한국은 사채이자를 매년 말 지급하기로 하였고, 사채 발행차금은 매 회계연도 말 유효이자율법으로 상각한다. 다음 중 옳지 않은 것은? (2017년)

① 사채발행차금 상각액은 매년 증가한다.

② 이자비용은 매년 증가한다.

③ 사채의 장부금액은 매년 증가한다.

④ 2차연도 말에 액면금액으로 조기상환 시 사채상환이익이 발생한다.

[해설] 액면이자율 < 유효이자율이면 사채를 할인발행한다.

④ 만기일 전에 액면금액으로 상환하면 사채상환손실이 발생한다.

① 사채할인발행은 매년 말 상각액이 증가하면서 장부금액이 커진다.

② 증가한 장부비용에 따라 이자비용도 매년 증가한다.

③ 장부금액은 매년 상각액만큼 증가하여 만기일에 장부금액과 액면금액이 같아진다.

답 ④

13 (주)한국은 20x1년 1월 1일 전환사채를 액면금액으로 발행하였다. 전환사채의 표시이자율은 연 8%(매년 말 후급), 액면금액 ₩100,000, 3년 만기이다. 발행 당시 유효이자율은 연 10%이다. 전환사채 액면금액 200원당 액면금액 100원의 보통주 1주로 전환하며, 전환권대가는 주식발행초과금으로 대체한다. 20x1년 12월 31일에 액면금액 50%에 해당하는 전환사채가 보통주로 전환되었을 경우 증가하는 주식발행초과금은 얼마인가?(단, 계산금액은 소수점 첫째 자리에서 반올림하며, 단수차이로 인한 오차가 있으면 가장 근사치를 선택한다) (2017년)

할인율	단일금액 ₩1의 현재가치			정상연금 ₩1의 현재가치		
	1기	2기	3기	1기	2기	3기
8%	0.9259	0.8573	0.7938	0.9259	1.7833	2.5771
10%	0.9090	0.8264	0.7513	0.9090	1.7355	2.4868

① ₩25,000　　　　　　　　　　② ₩25,751

③ ₩26,578　　　　　　　　　　④ ₩27,488

[해설] 20x1년 1월 1일 장부금액 = ₩100,000 × 0.7513 + ₩8,000 × 2.4868 = ₩95,024
전환권대가 = ₩100,000 − ₩95,024 = ₩4,976
20x1년 말 장부금액 = ₩96,524
50% 전환 시 자본금 = ₩100,000 × 0.5/200 × 100 = ₩25,000

전환사채	₩48,262	자본금	₩25,000
전환권대가	₩2,488	주식발행초과금	₩25,750

답 ②

14 20x1년 설립된 (주)한국은 20x1년 초 ₩2,000,000의 구축물을 취득하였다. 동 구축물의 내용연수는 5년이며, 사용 종료 후 원상회복을 해야 할 의무가 있다. 5년 후 원상회복을 위한 지출액은 ₩60,000으로 추정되며, 현재가치계산에 사용될 할인율은 연 5%이다. (주)한국이 동 구축물의 취득과 관련하여 인식할 복구충당부채는?(단, 계산금액은 소수점 첫째 자리에서 반올림한다) (2018년)

할인율	5기간 단일금액 ₩1의 현재가치
5%	0.7835

① ₩39,175　　　　　　　　　　② ₩43,129

③ ₩47,010　　　　　　　　　　④ ₩51,755

[해설] 복구충당부채 = ₩60,000 × 0.7835 = ₩47,010

답 ③

15 20x1년 1월 1일에 영업을 개시한 (주)한국은 자동차를 판매하고 첫 3년간은 무상으로 수리보증을 해주기로 하였다. (주)한국은 총매출액의 8%에 해당하는 금액이 제품보증비로 발생할 것이라고 추정하고 있다. 각 연도별 총매출액과 보증비용지출액은 다음과 같다.

	총매출액	보증비용지출액
20x1년	₩2,500,000	₩170,000
20x2년	₩1,800,000	₩150,000

(주)한국이 20x2년도 포괄손익계산서에 인식할 제품보증비용과 재무상태표에 보고할 제품보증충당부채는 얼마인가?(단, 충당부채 관련 현재가치 평가는 고려하지 않으며, 영업개시 후 재무제표에 영향을 미치는 다른 거래는 없다고 가정한다)

(2017년)

	제품보증비용	제품보증충당부채
①	₩200,000	₩30,000
②	₩144,000	₩30,000
③	₩200,000	₩24,000
④	₩144,000	₩24,000

[해설] 20x2년 제품보증비용 = ₩1,800,000 × 8% = ₩144,000
20x2년 제품보증충당부채 = (₩2,500,000 + ₩1,800,000) × 8% − (₩170,000 + ₩150,000)
= ₩24,000

답 ④

---

16 (주)한국은 퇴직급여제도로 확정급여제도를 운영하고 있다. 확정급여채무 계산 시 적용하는 할인율은 연 5%이며, 퇴직금의 지급은 20x1년 12월 31일에 이루어졌다. (주)한국의 20x1년 퇴직금지급액은 얼마인가?(단, 확정급여채무에서 발생하는 재측정요소는 없다고 가정한다)

(2019년)

- 20x1년 1월 1일 확정급여채무 : ₩500,000
- 당기근무원가 : ₩50,000
- 퇴직금지급액 : ₩ ?
- 20x1년 12월 31일 확정급여채무 : ₩400,000

① ₩50,000		② ₩75,000	
③ ₩150,000		④ ₩175,000	

[해설] 1월 1일 확정급여채무 ₩500,000 + 당기근무원가 ₩50,000 − 퇴직금지급액 + 이자원가 ₩25,000 = 12월 31일 확정급여채무 ₩400,000
∴ 퇴직금지급액 = ₩175,000

답 ④

17 (주)한국은 20x1년도 1월 1일에 보통주와 우선주를 다음과 같이 발행하여 설립되었다. 20x3년 12월 31일까지 발행주식수의 추가적인 변동은 없었다.

보통주	주당 액면금액 ₩5,000	발행주식수 400주
우선주	주당 액면금액 ₩4,000	발행주식수 250주

20x1년과 20x2년에는 배당금이 선언되거나 지급된 것이 없었다. (주)한국은 20x3년 말에 ₩1,000,000 현금배당을 계획하고 있으며, 보통주와 우선주의 배당률은 동일하게 5%이다. 우선주가 누적적이고 참가적인 경우 20x3년도 보통주에 배분될 배당금액은 얼마인가? (2017년)

① ₩150,000   ② ₩250,000

③ ₩500,000   ④ ₩600,000

[해설] 20x3년 배당액

보통주배당액 = ₩5,000 × 400 × 5% = ₩2,000,000 × 5% = ₩100,000

우선주배당액 = ₩4,000 × 250 × 5% = ₩1,000,000 × 5% = ₩50,000

→ 우선주가 누적적이고 참가적인 경우로 20x1년과 20x2년에 지급받지 못한 배당액을 고려하면 20x3년 우선주총배당액은 ₩50,000 × 3 = ₩150,000

잔여배당액 = ₩1,000,000 − ₩100,000 − ₩150,000 = ₩750,000

잔여배당액 중 보통주배당액 = ₩750,000 × $\dfrac{₩2,000,000}{₩3,000,000}$ = ₩500,000

∴ 보통주에 배분될 총배당액 = ₩100,000 + ₩500,000 = ₩600,000

답 ④

18 (주)한국은 20x1년 1월 1일에 2년 만기, 액면금액 ₩10,000의 사채를 발행하였다. 액면이자율은 연 8%이고, 발행 당시 유효이자율은 연 10%이다. (주)한국은 사채이자를 매 6개월마다 후급하고, 사채발행 차금은 유효이자율법으로 상각한다. (주)한국은 동 사채를 20x2년 7월 1일 ₩9,980에 조기상환하였다. 20x2년 7월 1일의 상환손익은 얼마인가?(단, 계산금액은 소수점 첫째 자리에서 반올림하며, 단수차이로 인한 오차가 있으면 가장 근사치를 선택한다) (2017년)

할인율	단일금액 ₩1의 현재가치			정상연금 ₩1의 현재가치		
	2기	3기	4기	2기	3기	4기
5%	0.9070	0.8638	0.8227	1.8594	2.7232	3.5459
10%	0.8264	0.7513	0.6830	1.7355	2.4868	3.1698

① 상환이익 ₩26   ② 상환손실 ₩76

③ 상환손실 ₩86   ④ 상환손실 ₩96

[해설] 사채발행금액 = ₩10,000 × 0.8227 + ₩400 × 3.5459 = ₩9,645

20x1년 7월 1일 공정가치 = ₩9,727

20x1년 말 공정가치 = ₩9,814

20x2년 7월 1일 공정가치 = ₩9,905

∴ 20x2년 7월 1일 상환손익 = ₩9,905 − ₩9,980 = ₩(75)

답 ②

19 (주)한국은 20x1년 1월 1일 액면금액 ₩1,000,000(액면이자율 연 5%, 이자지급 매년 말, 만기 20x3년 12월 31일)의 사채를 발행하였으며, 동 사채의 발행시점 유효이자율은 연 7%이다. (주)한국은 20x2년 6월 30일 동 사채를 ₩990,000(액면이자 포함)에 조기상환하였다. 사채상환손익은 얼마인가?(단, 계산금액은 소수점 첫째 자리에서 반올림하며, 단수차이로 인한 오차가 있으면 가장 근사치를 선택한다)

(2019년)

할인율	단일금액 ₩1의 현재가치			정상연금 ₩1의 현재가치		
	1기간	2기간	3기간	1기간	2기간	3기간
5%	0.9524	0.9070	0.8638	0.9524	1.8594	2.7232
7%	0.9346	0.8734	0.8163	0.9346	1.8080	2.6243

① 상환이익 ₩7,575 ② 상환이익 ₩17,425

③ 상환손실 ₩7,575 ④ 상환손실 ₩17,425

[해설] • 20x1년 1월 1일 사채의 공정가치＝(₩1,000,000×0.8163) + (₩50,000×2.6243)＝₩947,515

• 20x1년 12월 31일 사채의 공정가치＝(₩947,515×1.07) − ₩50,000＝₩963,841

• 20x2년 6월 30일 사채의 공정가치＝₩963,841 + (₩963,841×0.07×$\frac{6}{12}$)＝₩997,575

∴ 사채상환손익＝상환 시 사채의 공정가치 − 상환금액＝₩997,575 − ₩990,000＝₩7,575

답 ①

20 퇴직급여제도에 대한 설명으로 옳지 않은 것은?

(2019년)

① 확정기여제도에서 기업의 의무는 기업이 기금에 출연하기로 약정한 금액으로 한정된다.

② 확정기여제도에서 기업의 초과 기여금은 미래지급액을 감소시키거나 환급된다면 자산으로 인식한다.

③ 기타포괄손익으로 인식되는 순확정급여부채의 재측정요소는 후속기간에 당기손익으로 재분류하지 않는다.

④ 확정급여제도에서 보험수리적 위험과 투자위험은 실질적으로 종업원만 부담한다.

[해설] 확정급여제도는 기업이 초기에 일정한 금액을 적립해 놓고 후에 손실이 발생하여 적립금이 부족하게 되었을 경우 적립자산의 부족분을 보충하여 종업원의 일정한 퇴직급여 수령을 책임지는 제도이다. 따라서 보험수리적 위험과 투자위험은 실질적으로 기업이 부담한다.

① 기업이 사전에 정한 기여금만 적립하는 형태의 제도가 확정기여제도이다.

② 확정기여제도를 선택한 기업이 초과하여 기여금을 지급한 경우에는 미래 납부할 기여금이 차감되거나 환급되는 만큼 선급비용 항목 자산으로 인식한다.

③ 기타포괄손익 중 후속기간에 당기손익으로 재분류되지 않는 항목으로는 기타포괄손익-공정가치 선택 금융자산 평가손익, 당기손익-공정가치 지정 금융부채의 신용위험 변동에 따른 평가손익, 확정급여부채의 재측정요소 등이 있다.

답 ④

21 (주)한국은 퇴직급여제도로 확정급여제도를 운영하고 있다. 확정급여제도와 관련된 (주)한국의 20x1년도 자료는 다음과 같다. 확정급여채무 계산 시 적용하는 할인율은 연 8%이며, 퇴직금의 지급과 사외적립자산 기여는 모두 20x1년 12월 31일에 이루어졌다. 사외적립자산의 장부금액은 공정가치와 동일하며, 확정급여채무의 보험수리적 손익 이외의 다른 재측정요소는 없다고 가정한다. (주)한국의 20x1년도 확정급여채무의 보험수리적 손익은 얼마인가? (2017년)

기초확정급여채무의 현재가치	₩200,000
기초사외적립자산의 공정가치	₩190,000
당기근무원가	₩30,000
퇴직금지급액	₩20,000
사외적립자산 기금기여액	₩30,000
순확정급여부채	₩24,000

① 손실 ₩16,800 ② 손실 ₩13,200
③ 손실 ₩14,000 ④ 손실 ₩16,000

[해설] 확정급여채무 기말금액 = 기초금액 ₩200,000 + 당기근무원가 ₩30,000 - 지급액 ₩20,000 + 이자원가 ₩16,000
+ 재측정요소 ₩13,200
= ₩239,200
사외적립자산 기말금액 = ₩190,000 - 지급액 ₩20,000 + 기여액 ₩30,000 + 이자수익 ₩15,2000 = ₩215,200
∴ 보험수리적 손익 = ₩239,200 - ₩226,000 = 손실 ₩13,200

답 ②

22 (주)한국은 확정급여제도를 운영하고 있다. 아래의 자료를 이용하여 (주)한국의 사외적립자산의 재측정요소를 계산하면 얼마인가?(단, 사외적립자산의 기대수익률은 5%를 적용한다) (2016년)

• 기초사외적립자산의 공정가치	₩2,500,000
• 당기사외적립자산 기여금	₩400,000
• 당기퇴직금지급액	₩350,000
• 기말사외적립자산의 공정가치	₩2,905,000

① ₩125,000 ② ₩230,000
③ ₩355,000 ④ ₩405,000

[해설]
기초사외적립자산의 공정가치	₩2,500,000
당기사외적립자산 기여금	₩400,000
당기퇴직금지급액	₩(350,000)
사외적립자산 재측정요소	₩230,000
이자수익	₩125,000
기말사외적립자산의 공정가치	₩2,905,000

답 ②

23 다음의 20x1년 (주)한국의 재무제표와 거래 자료를 이용할 때, 20x1년 말 매입채무 잔액은?

(2018년)

기초매입채무	₩4,000	당기매입 중 현금지급액	₩17,500
기초상품재고	₩6,000	기말상품재고	₩5,500
당기매출액	₩25,000	매출총이익	₩5,000

① ₩5,500

② ₩6,000

③ ₩6,500

④ ₩7,000

[해설] 매출원가 = 매출액 − 매출총이익 = ₩20,000
20x1년 매입한 상품 = 기말상품재고 + 매출원가 − 기초상품재고 = ₩19,500
기말매입채무 = 기초매입채무 + 당기매입액 − 당기매입 중 현금지급액
= ₩4,000 + ₩19,500 − ₩17,500 = ₩6,000

답 ②

24 (주)한국은 20x1년 초 액면금액 ₩1,000,000(액면이자율 연 7%, 이자지급 매년 말, 만기 20x3년 말)의 사채를 발행하였으며, 동 사채의 발행시점 유효이자율은 연 5%이고, 사채발행비는 ₩60,000이다. 사채의 발행으로 유입된 현금은?(단, 계산금액은 소수점 첫째 자리에서 반올림한다)

(2018년)

할인율	단일금액 ₩1의 현재가치			정상연금 ₩1의 현재가치		
	1기	2기	3기	1기	2기	3기
5%	0.9523	0.9070	0.8638	0.9523	1.8594	2.7232
7%	0.9345	0.8734	0.8163	0.9345	1.8080	2.6243

① ₩940,002

② ₩994,424

③ ₩1,000,002

④ ₩1,054,424

[해설] 사채의 가격 = ₩1,000,000 × 0.8638 + ₩70,000 × 2.7232 = ₩1,054,424

답 ④

25 (주)한국은 20x1년 1월 1일 액면금액 ₩100,000(액면이자율 연 3%, 이자지급 매년 말, 만기 20x3년 12월 31일)의 사채를 발행하였으며, 동 사채의 발행시점 유효이자율은 연 4%이다. 다음 설명 중 옳지 않은 것은?(단, 계산금액은 소수점 첫째 자리에서 반올림하며, 단수차이로 인한 오차가 있으면 가장 근사치를 선택한다)

(2019년)

할인율	단일금액 ₩1의 현재가치			정상연금 ₩1의 현재가치		
	1기간	2기간	3기간	1기간	2기간	3기간
3%	0.9709	0.9426	0.9151	0.9709	1.9135	2.8286
4%	0.9615	0.9246	0.8890	0.9615	1.8861	2.7751

① 사채발행금액은 ₩97,225이다.

② 20x1년 사채이자비용은 ₩3,889이다.

③ 20x2년 12월 31일 사채장부금액은 ₩98,114이다.

④ 사채발행기간 동안의 총이자비용은 ₩11,775이다.

[해설] • 20x1년 12월 31일 사채의 장부금액＝(₩97,225×1.04)－₩3,000＝₩98,114
   • 20x2년 12월 31일 사채의 장부금액＝(₩98,114×1.04)－₩3,000＝₩99,038
   ① 사채의 발행금액＝(₩100,000×0.8890)＋(₩3,000×2.7751)＝97,225
   ② 20x1년 사채의 이자비용＝₩97,225×0.04＝₩3,889
   ④ 사채발행기간 동안의 총 이자비용＝액면이자율 연 3%의 3년간 이자＋사채할인발행차금
       ＝(₩3,000×3)＋(₩100,000－₩97,225)
       ＝₩11,775

답 ③

26 (주)한국은 20x1년 7월 1일 자기주식 100주(1주당 액면 ₩500)를 1주당 ₩800에 취득하였다. (주)한국은 동 자기주식 중 50주를 20x1년 10월 1일 1주당 ₩1,000에 처분하였다. 다음 설명 중 옳은 것은?

(2019년)

① 20x1년 7월 1일 자기주식의 장부금액은 ₩50,000이다.

② 20x1년 7월 1일 자기주식 취득 거래로 인해 자본총액이 ₩80,000 증가한다.

③ 20x1년 10월 1일 자기주식 처분 거래로 인해 당기순이익이 ₩20,000 증가한다.

④ 20x1년 10월 1일 자기주식 처분 거래로 인해 자본총액이 ₩50,000 증가한다.

[해설] 20x1년 10월 1일 보유하고 있는 자기주식 중 50주를 1주당 ₩1,000에 처분하였으므로 자본총액이 ₩50,000(＝₩1,000 ×50) 증가한다.
   ① 20x1년 7월 1일 자기주식 100주를 1주당 ₩800에 취득하였으므로, 자기주식의 장부금액은 ₩80,000(＝₩800 ×100)이다.
   ② 20x1년 7월 1일 자기주식 취득 거래로 인해 자본총액이 ₩80,000(＝₩800×100) 감소한다.
   ③ 자기주식 처분 거래는 당기손익 항목이 아니다. 20x1년 10월 1일 자기주식 처분 거래로 인해 자본잉여금이 ₩25,000 (＝₩500×50) 증가한다.

답 ④

27 (주)한국은 20x1년 1월 1일 전환사채(액면금액 ₩1,000,000)를 액면금액으로 발행하였다. 전환사채의 표시이자율은 연 5%(매년 말 후급), 3년 만기이며, 발행 당시 유효이자율은 연 10%이다. 전환권 청구가 없을 경우 상환기일에 액면금액의 109.74%를 일시 상환한다. (주)한국이 전환사채와 관련하여 20x1년에 인식할 이자비용은 얼마인가?(단, 계산금액은 소수점 첫째 자리에서 반올림하며, 단수차이로 인한 오차가 있으면 가장 근사치를 선택한다) (2019년)

할인율	단일금액 ₩1의 현재가치			정상연금 ₩1의 현재가치		
	1기간	2기간	3기간	1기간	2기간	3기간
5%	0.9524	0.9070	0.8638	0.9524	1.8594	2.7232
10%	0.9091	0.8265	0.7513	0.9091	1.7356	2.4869

① ₩85,142 ② ₩87,565
③ ₩94,882 ④ ₩100,000

해설
- 사채의 현재가치＝(₩1,000,000 × 0.7513) + (₩50,000 × 2.4869)＝₩876,645
- 상환할증금 현재가치＝₩97,400 × 0.7513＝₩73,176
- 전환사채 현재가치＝₩875,645 + ₩73,176＝₩948,822
∴ 20x1년에 인식할 이자비용＝₩948,822 × 0.1＝₩94,882

답 ③

28 다음은 20x1년 중 (주)한국이 발행한 주식의 변동에 대한 자료이다. (주)한국의 20x1년 당기순이익이 ₩10,000,000일 때 20x1년의 기본주당순이익은 얼마인가?(단, 가중평균유통보통주식수와 주당순이익은 소수점 첫째 자리에서 반올림하고, 제시된 자료 이외의 주식 변동은 없다고 가정하며, 가중평균유통보통주식수는 월할 계산한다) (2019년)

- 1월 1일 : 유통보통주식수 5,000주
- 4월 1일 : 보통주 2,000주를 시장가격으로 발행
- 5월 1일 : 보통주 1주를 2주로 주식분할 실시
- 9월 1일 : 자기주식 2,000주 취득

① ₩732 ② ₩769
③ ₩811 ④ ₩857

해설
- 1월 1일 유통주식수 ＝ 5,000주
- 4월 1일 보통주 발행 ＝ $2,000주 \times \dfrac{9}{12} = 1,500주$
- 5월 1일 주식분할 시 보통주 ＝ (5,000주 + 1,500주) × 2 = 13,000주
- 9월 1일 자기주식 취득 보통주 ＝ $2,000주 \times \dfrac{4}{12} = 667주$
∴ 가중유통보통주식수 ＝ 13,000주 － 667주 ＝ 12,333주

기본주당순이익 ＝ $\dfrac{당기순이익 － 우선주배당금}{가중평균유통보통주식수} = \dfrac{₩10,000,000}{12,333} ≒ ₩811$

답 ③

04 | 수익 및 기타 회계이론

제1절 수익

1. 수익인식의 5단계

수익은 자산의 유입 또는 가치 증가나 부채의 감소 형태로 자본의 증가를 가져오는 특정 회계기간에 생긴 경제적 효익의 증가로서, 지분참여자의 출연과 관련된 것은 제외한다. 한국채택국제회계기준에서는 수익을 다음의 5단계에 따라 인식하도록 규정하고 있다.

1단계	2단계	3단계	4단계	5단계
고객과의 계약식별	별도 수행의무식별	거래가격 산정	수행의무에 거래가격배분	수익인식

(1) 고객과의 계약식별

계약은 둘 이상의 당사자 사이에 집행 가능한 권리와 의무가 생기게 하는 합의이다. 수익기준서는 고객과의 계약에서 생기는 수익에만 적용하며, 리스·보험·금융상품 등의 계약과 같은 사업 영역에 있는 기업 사이의 상업적 실질이 없는 교환거래계약은 제외한다.

① 고객과의 계약의 요건
  ㉠ 계약 당사자들이 계약을 (서면, 구두, 그 밖의 사업 관행에 따라) 승인하고 각자의 의무를 수행하기로 확약
  ㉡ 이전할 재화·용역과 관련한 각 당사자의 권리를 식별 가능
  ㉢ 이전할 재화·용역의 대금지급조건을 식별 가능
  ㉣ 계약에 상업적 실질이 있음
  ㉤ 권리를 갖게 될 대가의 회수가능성이 높음

② 고객과의 계약의 요건을 충족하지 못하는 경우
  고객에게 재화나 용역을 이전해야 하는 의무가 남아 있지 않고, 고객이 약속한 대가를 모두 (또는 대부분) 받았으며, 그 대가가 고객에게 환불되지 않았다면 수익으로 인식한다. 상기에 해당되지 않는다면 고객에게서 받은 대가를 부채로 인식한다.

③ 계약결합
  둘 이상의 계약이 일괄 협상에 따른 것이거나 수행의무 혹은 대가가 연동되어 있다면, 같은 고객과 동시 또는 가까운 시기에 체결한 둘 이상의 계약을 결합하여 단일 계약으로 회계처리한다.

(2) 수행의무를 식별

① 수행의무의 정의

하나의 계약은 고객에게 재화나 용역을 이전하는 여러 약속을 포함한다. 그 재화나 용역들이 구별된다면 약속은 수행의무이고 별도로 회계처리한다. 수행의무는 고객과의 계약에서 다음 중 어느 하나를 고객에게 이전하기로 한 각각의 약속이다.

  ㉠ 구별되는 재화나 용역(또는 재화나 용역의 묶음)

  ㉡ 일련의 구별되는 재화나 용역으로서, 그 재화나 용역은 실질이 같고 고객에게 이전하는 방식도 같음

② 구별되는 재화나 용역(수행의무의 분리)의 요건

고객이 재화나 용역 그 자체나 쉽게 구할 수 있는 다른 자원과 함께하여 효익을 얻을 수 있고, 그 약속을 계약 내의 다른 약속과 별도로 식별해낼 수 있다면 재화나 용역은 구별된다. 다음 기준을 모두 충족해야 고객에게 약속한 재화나 용역은 구별된다고 볼 수 있다.

  ㉠ 고객이 재화나 용역 그 자체에서 효익을 얻거나 고객이 쉽게 구할 수 있는 다른 자원과 함께 그 재화·용역에서 효익을 얻을 수 있다(그 재화나 용역이 구별될 수 있음).

  ㉡ 고객에게 재화나 용역을 이전하기로 하는 약속을 계약 내의 다른 약속과 별도로 식별해낼 수 있다(그 재화나 용역을 이전하기로 하는 약속은 계약상 구별됨).

더 알아보기 수행의무를 별도로 식별해낼 수 없음을 나타내는 요소의 예시

- 기업은 고객이 특정한 결합산출물(들)을 생산하거나 인도하기 위한 투입물로서 그 재화나 용역을 사용하고 있다.
- 하나 이상의 해당 재화나 용역이 계약 내에서 연동되어 유의적으로 변형 또는 고객 맞춤화된다.
- 해당 재화나 용역은 상호의존도나 상호관련성이 매우 높다. 각 재화나 용역은 그 계약에서 하나 이상의 다른 재화나 용역에 의해 유의적으로 영향을 받는다.

③ 일련의 구별되는 재화나 용역

하나의 계약에서 다수의 동일한 구별되는 재화·용역이 식별되고, 그 재화나 용역이 일정 기간에 걸쳐 이행하는 수행의무이며 진행률을 측정하는 방법이 같다면 다수의 재화나 용역을 하나의 수행의무로 식별한다.

(3) 거래가격을 산정

① 거래가격 산정 일반

  ㉠ 거래가격은 고객에게 약속한 재화나 용역을 이전하고 그 대가로 기업이 받을 권리를 갖게 될 것으로 예상하는 금액이며, 제3자를 대신해서 회수한 금액(예 일부 판매세)은 제외한다.

  ㉡ 거래가격을 산정하기 위해서는 계약조건과 기업의 사업 관행을 참고한다.

  ㉢ 거래가격은 고객이 지급하는 고정된 금액일 수도 있으나, 어떤 경우에는 변동대가를 포함하거나 현금 외의 형태로 지급될 수도 있다.

  ㉣ 거래가격은 계약에 유의적인 금융요소가 포함된다면 화폐의 시간가치 영향을 조정하며, 고객에게 지급하는 대가가 있는 경우에도 거래가격에서 조정한다.

  ㉤ 대가가 변동된다면 고객에게 약속한 재화나 용역을 이전하고 그 대가로 받을 권리를 갖게 될 것으로 예상하는 금액을 추정한다.

ⓗ 변동대가는 변동대가와 관련된 불확실성이 나중에 해소될 때, 인식된 누적수익금액 중 유의적인 부분을 되돌리지(환원하지) 않을 가능성이 매우 높은 정도까지만 거래가격에 포함한다.

ⓢ 거래가격을 산정하기 위하여 기업은 재화나 용역을 현행 계약에 따라 약속대로 고객에게 이전할 것이고 이 계약은 취소·갱신·변경되지 않을 것이라고 가정한다.

② 거래가격 산정의 고려요소

고객이 약속한 대가의 특성, 시기, 금액은 거래가격의 추정치에 영향을 미친다. 거래가격을 산정할 때에는 다음 사항이 미치는 영향을 모두 고려한다.

㉠ 변동대가

대가는 할인(discount), 리베이트, 환불, 공제(credits), 가격할인(price concessions), 장려금(incentives), 성과보너스, 위약금이나 그 밖의 비슷한 항목 때문에 변동될 수 있다. 변동대가(금액)는 기댓값(가능한 범위의 모든 대가액에 각 확률을 곱한 금액의 합)이나 가능성이 제일 높은 금액 중에서보다 실제에 가까울 것으로 예상하는 방법으로 추정한다. 고객에게서 받은 대가의 일부나 전부를 고객에게 환불할 것으로 예상하는 경우에는 환불부채를 인식한다.

㉡ 변동대가 추정치의 제약

변동대가와 관련된 불확실성이 나중에 해소될 때, 이미 인식한 누적수익금액 중 유의적인 부분을 되돌리지(환원하지) 않을 가능성이 매우 높은(highly probable) 정도까지만 추정된 변동대가(금액)의 일부나 전부를 거래가격에 포함한다. 각 보고기간 말의 상황과 보고기간의 상황변동을 충실하게 표현하기 위하여 보고기간 말마다 추정 거래가격을 새로 수정한다(변동대가 추정치가 제약되는지를 다시 평가하는 것을 포함).

㉢ 계약에 있는 유의적인 금융요소

거래가격을 산정할 때, 대금의 지급시기 때문에 고객에게 재화나 용역을 이전하면서 유의적인 금융효익이 고객이나 기업에 제공되는 경우에는 화폐의 시간가치를 반영하여 약속된 대가(금액)를 조정한다. 그 상황에서 계약은 유의적인 금융요소를 포함한다. 금융지원 약속이 계약에 명확하게 명시되지 않더라도 계약형태에 따라 유의적인 금융요소가 있을 수 있다. 계약을 개시할 때 기업이 고객에게 약속한 재화나 용역을 이전하는 시점과 고객이 대가를 지급하는 시점 간의 기간이 1년 이내일 것으로 예상하면 유의적인 금융요소를 조정하지 않는 실무적 간편법을 쓸 수 있다.

ⓐ 유의적인 금융요소가 없는 경우

• 고객이 재화나 용역의 대가를 선급하였고 그 재화나 용역의 이전 시점은 고객의 재량에 따른다.

• 고객이 약속한 대가 중 상당한 금액이 변동될 수 있으며 그 대가의 금액과 시기는 고객이나 기업이 실질적으로 통제할 수 없는 미래 사건의 발생 여부에 따라 달라진다(예 대가가 판매기준 로열티인 경우).

• 약속한 대가와 재화나 용역의 현금판매가격 간의 차이가 고객이나 기업에 대한 금융제공 외의 이유로 생기며, 그 금액 차이는 그 차이가 나는 이유에 따라 달라진다. 예를 들면 지급조건을 이용하여 계약상 의무의 일부나 전부를 적절히 완료하지 못하는 계약 상대방에게서 기업이나 고객을 보호할 수 있다.

㉣ 비현금 대가

고객이 현금 외의 형태로 대가를 약속한 경우에 거래가격을 산정하기 위하여 비현금 대가를 공정가치로 측정한다. 비현금 대가의 공정가치를 합리적으로 추정할 수 없는 경우에는 그 대가와 교환하여 고객(또는 고객층)에게 약속한 재화나 용역의 개별판매가격을 참조하여 간접적으로 그 대가를 측정한다.

ⓜ 고객에게 지급할 대가

고객에게 지급할 대가에는 기업이 고객(또는 고객에게서 기업의 재화나 용역을 구매하는 다른 당사자)에게 지급하거나 지급할 것으로 예상하는 현금 금액을 포함한다. 기업이 고객에게 지급할 대가에는 고객이 기업에(또는 고객에게서 기업의 재화나 용역을 구매하는 다른 당사자에게) 갚아야 할 금액에 적용될 수 있는 공제나 그 밖의 항목(예 쿠폰이나 상품권)도 포함된다. 고객에게 지급할 대가는 고객이 기업에 이전하는 구별되는 재화나 용역의 대가로 지급하는 것이 아니라면 거래가격, 즉 수익에서 차감하여 회계처리한다.

(4) 거래가격을 계약 내 수행의무에 배분

거래가격은 일반적으로 계약에서 약속한 각 구별되는 재화나 용역의 상대적 개별판매가격을 기준으로 비례하여 배분한다. 개별판매가격은 기업이 약속한 재화나 용역을 고객에게 별도로 판매할 경우의 가격이다. 개별판매가격을 관측할 수 없다면 추정해야 한다. 개별판매가격 추정방법은 다음과 같다.

① 시장평가조정 접근법

기업이 재화나 용역을 판매하는 시장을 평가하여 그 시장에서 고객이 그 재화나 용역에 대해 지급하려는 가격을 추정할 수 있다. 비슷한 재화나 용역에 대한 경쟁자의 가격을 참조하고 그 가격에 기업의 원가와 이윤을 반영하기 위해 필요한 조정을 하는 방법을 포함할 수도 있다.

② 예상원가 이윤가산 접근법

수행의무를 이행하기 위한 예상원가를 예측하고 여기에 그 재화나 용역에 대한 적절한 이윤을 더할 수 있다.

③ 잔여 접근법

재화나 용역의 개별판매가격은 총 거래가격에서 계약에서 약속한 그 밖의 재화나 용역의 관측 가능한 개별판매가격의 합계를 차감하여 추정할 수 있다. 그러나 잔여접근법은 판매가격이 매우 다양하거나 불확실한 경우에만, 개별판매가격 추정에 사용할 수 있다.

(5) 수행의무를 이행할 때 수익을 인식

기업이 수행의무를 이행할 때(또는 이행하는 대로, 고객이 재화나 용역을 통제하게 되는 때), 그 수행의무에 배분된 거래가격을 수익으로 인식한다. 수행의무는 한 시점에 이행하거나(일반적으로 고객에게 재화를 이전하는 약속의 경우), 기간에 걸쳐 이행한다(일반적으로 고객에게 용역을 이전하는 약속의 경우).

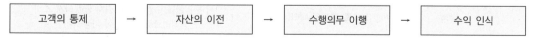

고객의 통제 → 자산의 이전 → 수행의무 이행 → 수익 인식

① 고객의 통제

자산(재화·용역)을 사용하도록 지시하고 그 자산의 나머지 효익의 대부분을 획득할 수 있는 능력을 통제라고 한다. 통제 이전의 지표는 다음과 같다.

ⓐ 기업의 대금지급청구권(고객의 대금지급의무)

ⓑ 자산의 법적 소유권(legal title) 이전

ⓒ 자산의 물리적 점유(physical possession) 이전

ⓔ 자산의 소유에 따른 유의적인 위험과 보상(significant risks and rewards of ownership)의 이전

ⓜ 고객의 자산인수(재화·용역이 합의한 요구조건을 충족한다는 것을 동의·승인하여 받아들인다는 적극적인 의미)

② 일정기간에 이행하는 수행의무

일정 기간에 걸쳐 이행하는 수행의무는 다음 중 하나를 충족한다. 그 외는 어느 한 시점에 이행되는 수행의무이며, 고객이 자산(재화·용역)을 통제하게 되는 시점에 수익을 인식한다.

㉠ 고객은 기업이 업무를 수행하는 대로 효익을 동시에 얻고 소비(예 청소용역, 케이블TV용역)

㉡ 기업이 만들거나 가치를 높이는 대로 그 자산을 고객이 통제(예 고객의 소유지에서 제작하는 자산)

㉢ 기업이 업무를 수행하여 만든 자산은 그 기업 자체에는 대체 용도가 없고, 지금까지 업무수행을 완료한 부분에 대해서는 집행 가능한 대금지급청구권이 있음(예 주문제작자산)

③ 진행률에 따른 수익인식

㉠ 진행률 측정방법의 적용

ⓐ 기간에 걸쳐 이행하는 각 수행의무에는 하나의 진행률 측정방법을 적용하며 비슷한 상황에서의 비슷한 수행의무에는 그 방법을 일관되게 적용한다.

ⓑ 고객에게 통제를 이전하지 않은 재화나 용역은 진행률 측정에서 제외한다. 이와 반대로, 수행의무를 이행할 때 고객에게 통제를 이전하는 재화나 용역은 모두 진행률 측정에 포함한다.

ⓒ 진행률은 보고기간 말마다 다시 측정한다. 상황이 바뀜에 따라 진행률을 새로 수정하며 이러한 진행률의 변동은 회계추정의 변경으로 회계처리한다.

ⓓ 수행의무의 진행률을 합리적으로 측정할 수 있는 경우에만 기간에 걸쳐 이행하는 수행의무에 대한 수익을 인식한다.

ⓔ 진행률을 합리적으로 추정하기 어려우나 수행의무를 이행하는 원가는 회수될 것으로 예상한다면 발생원가의 범위에서만 수익을 인식한다.

㉡ 진행률의 측정방법

구분	산출법	투입법
내용	해당 시점까지 이전한 재화와 용역의 가치를 측정하여 잔여분 가치와 비교	수행의무 이행을 위해 사용한 투입물 ÷ 예상 총투입물
예	• 수행을 완료한 정도를 조사 • 달성한 결과에 대한 평가 • 도달한 단계 • 생산한 단위나 인도한 단위	• 소비한 자원 • 사용한 노동시간 • 발생한 원가 • 경과한 시간 • 사용한 기계시간
장점	기업의 수행 정도를 충실히 나타냄	투입물을 수행기간에 걸쳐 균등하게 소비 → 정액법으로 수익인식 가능
단점	• 산출물을 직접 관찰하기 어려움 • 정보획득이 어려움	고객에 이전한 통제와 투입물 → 직접적인 관계가 없을 수 있음

2. 원가

(1) 계약원가

① 계약체결 증분원가

㉠ 계약체결 증분원가는 고객과 계약을 체결하기 위해 들인 원가로 계약을 체결하지 않았다면 들지 않았을 원가이다(예 판매수수료).

㉡ 고객과의 계약체결 증분원가가 회수될 것으로 예상된다면 이를 자산으로 인식한다.

㉢ 계약체결 여부와 무관하게 드는 계약체결원가는 계약체결 여부와 관계없이 고객에게 그 원가를 명백히 청구할 수 있는 경우가 아니라면 발생시점에 비용으로 인식한다.

㉣ 계약체결 증분원가를 자산으로 인식하더라도 상각기간이 1년 이하라면 그 계약체결 증분원가는 발생시점에 비용으로 인식할 수 있다.

② 계약이행원가

계약이행원가는 고객과의 계약을 이행할 때 드는 원가로, 다음 기준을 모두 충족하는 계약이행원가는 자산으로 인식한다.

㉠ 계약이나 구체적으로 식별할 수 있는 예상계약에 직접 관련*

㉡ 원가가 미래 수행의무 이행 시 사용할 자원을 창출하거나 가치를 높임

㉢ 원가가 회수될 것으로 예상

*계약(또는 구체적으로 식별된 예상 계약)에 직접 관련되는 원가에는 다음이 포함된다.

ⓐ 직접노무원가(예 고객에게 약속한 용역을 직접 제공하는 종업원의 급여와 임금)

ⓑ 직접재료원가(예 고객에게 약속한 용역을 제공하기 위해 사용하는 저장품)

ⓒ 계약이나 계약활동에 직접 관련되는 원가 배분액(예 계약의 관리·감독 원가, 보험료, 계약의 이행에 사용된 기기·장비의 감가상각비)

ⓓ 계약에 따라 고객에게 명백히 청구할 수 있는 원가

ⓔ 기업이 계약을 체결하였기 때문에 드는 그 밖의 원가(예 하도급자에게 지급하는 금액)

더 알아보기

다음 원가는 발생시점에 비용으로 인식한다.
- 일반관리원가
- 계약을 이행하는 과정에서 낭비된 재료원가, 노무원가, 그 밖의 자원의 원가로 계약가격에 반영되지 않은 원가
- 이미 이행한(또는 부분적으로 이미 이행한) 계약상 수행의무와 관련된 원가(과거의 수행정도와 관련된 원가)
- 이행하지 않은 수행의무와 관련된 원가인지 이미 이행한(또는 부분적으로 이미 이행한) 수행의무와 관련된 원가인지 구별할 수 없는 원가

---

3. 계약자산과 계약부채

(1) 계약자산

기업이 고객에게 이전한 재화나 용역에 대하여 그 대가를 받을 기업의 권리로 그 권리에 시간의 경과 외의 조건(예 기업의 미래 수행)이 있는 자산이다.

① 상각

계약자산은 그 자산과 관련된 재화나 용역을 고객에게 이전하는 방식과 일치하는 체계적 기준으로 상각한다. 그 자산은 구체적으로 식별된 예상계약에 따라 이전할 재화나 용역에 관련될 수 있다.

② 손상

㉠ 손상금액의 계산 : 장부금액이 다음 ⓐ에서 ⓑ를 뺀 금액을 초과하는 정도까지는 손상차손을 당기손익에 인식한다.

　ⓐ 그 자산과 관련된 재화나 용역의 대가로 기업이 받을 것으로 예상하는 나머지 금액

　ⓑ 그 재화나 용역의 제공에 직접 관련되는 원가로 아직 비용으로 인식하지 않은 원가

㉡ 손상의 환입 : 손상상황이 사라졌거나 개선된 경우에는 과거에 인식한 손상차손의 일부나 전부를 환입하여 당기손익으로 인식한다. 증액된 자산의 장부금액은 과거에 손상차손을 인식하지 않았다면 산정되었을 금액(상각 후 순액)을 초과해서는 안 된다.

(2) 계약부채

기업이 고객에게서 이미 받은 대가(또는 지급기일이 된 대가)에 상응하여 고객에게 재화나 용역을 이전하여야 하는 기업의 의무이다.

(3) 표시

계약 당사자 중 어느 한 편이 계약을 수행했을 때, 기업의 수행정도와 고객의 지급과의 관계에 따라 그 계약을 계약자산이나 계약부채로 재무상태표에 표시한다. 대가를 받을 무조건적인 권리는 수취채권으로 구분하여 표시한다.

(4) 계약자산과 수취채권 인식 사례

① 계약체결

㉠ 기업은 고객에게 제품 A와 B를 이전하고 그 대가로 1,000원을 받기로 20x8년 1월 1일에 계약을 체결

㉡ 계약에서는 제품 A를 먼저 인도하도록 요구하고, 제품 A의 인도 대가는 제품 B의 인도를 조건으로 한다고 기재

㉢ 대가 1,000원은 기업이 고객에게 제품 A와 B 모두를 이전한 다음에만 받을 권리가 생김 → 기업은 제품 A와 B 모두를 고객에게 이전할 때까지 대가를 받을 무조건적인 권리(수취채권)가 없음

② 수행의무

기업은 제품 A와 B를 이전하기로 한 약속을 수행의무로 식별

③ 거래가격의 배분

제품의 상대적 개별판매가격에 기초하여 제품 A에 대한 수행의무에 400원을, 제품 B에 대한 수행의무에 600원을 배분

④ 회계처리

㉠ 기업은 제품 A를 이전하는 수행의무를 이행할 때 아래와 같이 회계처리

(차)	계약자산		400원	(대)	수익	400원

ⓛ 기업은 제품 B를 이전하는 수행의무를 이행하고, 대가를 받을 무조건적인 권리(수취채권)를 인식

(차)	수취채권	1,000원	(대)	계약자산	400원
				수익	600원

(5) 계약부채 인식 사례

① 계약체결

ㄱ 기업은 제품을 개당 150원에 이전하기로 20x9년 1월 1일에 고객과 계약을 체결

ㄴ 고객이 1년 이내에 제품을 1백만 개 이상 구매할 경우에는 계약에 따라 개당 가격을 소급하여 125원으로 낮추어야 함

② 수취채권

기업은 제품에 대한 통제를 고객에게 이전할 때에 대가를 지급받을 권리가 생기며 가격감액을 소급 적용(제품 1백만 개를 운송한 후)하기 전까지, 개당 150원의 대가를 받을 무조건적 권리(수취채권)가 있음

③ 거래가격의 산정

기업은 계약 개시시점에 거래가격을 산정할 때에 고객이 임계치인 제품 1백만 개 조건을 충족할 것이고 따라서 거래가격이 제품 개당 125원으로 추정된다고 결론

④ 회계처리

기업은 제품 100개를 고객에게 처음 운송할 때에 아래와 같이 회계처리

(차)	수취채권	15,000원	(대)	수익	12,500원
				환불부채(계약부채)	2,500원

환불부채는 제품 개당 25원의 환불금을 나타내며, 이는 수량기준 리베이트(기업이 받을 무조건적인 권리가 있는 계약 표시가격 150원과 추정 거래가격 125원의 차이)로 고객에게 제공될 것으로 예상하는 것임

제2절   회계변경 및 오류수정

1. 회계변경

(1) 회계변경의 의의

회계변경이란 회계기준이나 관계법령의 제정, 개정 및 경제환경의 변화 또는 기술 및 기업경영환경의 변화 등으로 인하여 기업이 현재 채택하여 사용하고 있는 회계처리방법이 적절치 못하게 되어 새로운 회계처리방법으로 변경하는 것을 말한다. 회계변경에는 회계정책의 변경과 회계추정의 변경이 있다.

(2) 회계변경의 종류

① 회계정책의 변경

ㄱ 의의 : 회계정책이란 기업이 재무제표를 작성·표시하기 위하여 적용하는 구체적인 원칙, 근거, 관습, 규칙 및 관행을 말하고, 회계정책의 변경이란 재무제표의 작성과 보고에 적용하던 회계정책을 다른 회계정책으로 바꾸는 것을 말한다. 기업은 다음 중 하나의 경우 회계정책을 변경할 수 있다.

> ⓐ 한국채택국제회계기준에서 회계정책의 변경을 요구하는 경우
> ⓑ 회계정책의 변경을 반영한 재무제표가 거래, 기타 사건 또는 상황이 재무상태, 재무성과 또는 현금흐름에 미치는 영향에 대하여 신뢰성 있고 더 목적적합한 정보를 제공하는 경우

ㄴ 회계정책의 선택

ⓐ 거래, 기타 사건 또는 상황에 대하여 구체적으로 적용할 수 있는 한국채택국제회계기준이 없는 경우, 경영진은 판단에 따라 회계정책을 개발 및 적용하여 회계정보를 작성할 수 있다.

ⓑ 한국채택국제회계기준에서 특정 범주별로 서로 다른 회계정책을 적용하도록 규정하거나 허용하는 경우를 제외하고는 유사한 거래, 기타 사건 및 상황에는 동일한 회계정책을 선택하여 일관성 있게 적용한다.

ㄷ 회계정책의 변경에 해당하는 사례

ⓐ 유형자산 등의 측정기준을 원가모형에서 재평가모형으로, 재평가모형에서 원가모형으로 변경하는 경우

주의 측정기준의 변경은 회계추정의 변경이 아니라 회계정책의 변경에 해당한다.

ⓑ 재고자산의 단위당원가 결정방법을 선입선출법에서 총평균법으로, 가중평균법에서 선입선출법으로 변경하는 경우

ⓒ 유가증권 취득단가 산정방법을 이동평균법에서 총평균법으로, 총평균법에서 이동평균법으로 변경하는 경우

ㄹ 회계정책의 변경에 해당하지 않는 사례

ⓐ 과거에 발생한 거래와 실질이 다른 거래, 기타 사건 또는 상황에 대하여 다른 회계정책을 적용하는 경우

ⓑ 과거에 발생하지 않았거나 발생하였어도 중요하지 않았던 거래, 기타 사건 또는 상황에 대하여 새로운 회계정책을 적용하는 경우

ㅁ 회계정책 변경의 적용

ⓐ 경과규정이 있는 한국채택국제회계기준을 최초 적용하는 경우에 발생하는 회계정책의 변경은 해당 경과규정에 따라 회계처리한다.

ⓑ 경과규정이 없는 한국채택회계기준을 최초 적용하는 경우에 발생하는 회계정책의 변경이나 자발적인 회계정책의 변경은 소급적용한다.

ⓒ 과거기간 전체에 대하여 실무적으로 소급적용할 수 없는 경우에는 새로운 회계정책을 실무적으로 적용할 수 있는 가장 이른 기간의 기초부터 전진적용하여 비교정보를 재작성한다.

ⓓ 회계정책의 변경과 회계추정의 변경을 구분하는 것이 어려운 경우에는 이를 회계추정의 변경으로 보아 전진적용한다.

ⓔ 자산을 재평가하는 회계정책을 최초로 적용하는 경우의 회계정책 변경은 소급법을 적용하여 회계처리하지 아니하고, 유형자산기준서와 무형자산기준서에 따라 재평가개시일부터 적용하여 회계처리한다.

② 회계추정의 변경

　　㉠ 의의 : 회계추정의 변경이란 자산과 부채의 현재 상태를 평가하거나 자산과 부채와 관련된 예상되는 미래효익과 의무를 평가한 결과에 따라 자산이나 부채의 장부금액 또는 기간별 자산의 소비액을 조정하는 것을 말한다. 새로운 정보나 상황에 따라 지금까지 사용해오던 회계적 추정치를 바꾸는 것으로 추정의 변경은 과거기간과 연관되지 않으며 오류수정으로 보지 않는다.

　　㉡ 추정이 필요한 항목 : 기업활동에 내재된 불확실성으로 인하여 재무제표의 많은 항목이 정확히 측정될 수 없고 추정될 수밖에 없다. 추정은 최근의 이용가능하고 신뢰성 있는 정보에 기초한 판단을 수반하는데, 그 항목은 다음과 같다.

> ⓐ 대손예상률의 변경
> ⓑ 재고자산 진부화로 인한 시가의 추정
> ⓒ 금융자산이나 금융부채의 공정가치의 추정
> ⓓ 감가상각자산의 내용연수, 잔존가치 또는 감가상각자산에 내재된 미래경제적효익의 기대 소비행태에 대한 추정(상각방법의 변경)
> ⓔ 품질보증의무의 추정

　　㉢ 회계추정변경의 회계처리 : 회계추정의 변경효과는 변경이 발생한 기간부터 당기손익을 포함하여 전진적으로 회계처리한다.

더 알아보기　회계정책의 변경과 회계추정의 변경 비교

구분	회계정책의 변경	회계추정의 변경
회계처리방법	• 원칙 : 소급법 • 예외 : 회계변경의 누적효과를 합리적으로 결정하기 어려운 경우에는 전진법으로 처리	전진법
누적효과의 처리	전기이월미처분이익잉여금에 반영	해당 없음
비교재무제표의 작성 여부	해당	필요 없음

(3) 회계변경의 회계처리방법

① 소급법

　　㉠ 새로운 회계정책을 처음부터 적용한 것처럼 거래, 기타 사건 및 상황에 적용하는 방법이다.

　　㉡ 기초시점에서 새로운 회계방법의 채택으로 인한 누적효과를 계산하여 전기이월미처분이익잉여금을 수정하고, 전기의 재무제표를 새로운 원칙을 적용하여 수정하는 방법이다.

② 전진법

　　㉠ 과거의 재무제표에 대해서는 수정하지 않고 변경된 새로운 회계처리방법을 당기와 미래기간에 반영시키는 방법이다.

　　㉡ 이익조작가능성이 방지되며, 과거의 재무제표를 수정하지 않음으로써 재무제표의 신뢰성이 제고되는 장점이 있으나, 변경효과를 파악하기 어렵고 재무제표의 비교가능성이 저해된다는 단점이 있다.

2. 오류수정

(1) 오류수정의 의의 및 회계처리

① 전기오류

⊙ 전기오류는 과거기간 동안에 재무제표를 작성할 때 신뢰할 만한 정보를 이용하지 못했거나, 이를 잘못 이용하여 발생한 재무제표상의 누락이나 왜곡표시를 말한다.

ⓒ 전기오류는 특정기간에 미치는 오류의 영향이나 오류의 누적효과를 실무적으로 결정할 수 없는 경우를 제외하고는 소급재작성에 의하여 수정한다.

ⓒ 전기오류의 수정은 오류가 발견된 기간의 당기손익으로 보고하지 않는다.

② 오류수정

⊙ 오류수정은 전기 또는 그 이전의 재무제표에 포함된 회계오류를 당기에 발견하여 이를 수정하는 것을 말하는데, 회계오류란 계산상의 착오, 회계기준(회계정책 및 회계추정)의 잘못된 적용, 사실판단의 잘못이나 해석의 오류, 부정·과실·고의 또는 사실의 누락 등으로 발생하는 것을 말한다.

ⓒ 오류의 수정은 회계추정의 변경과 구별된다. 회계적 추정치는 성격상 추가 정보가 알려지는 경우 수정이 필요할 수도 있는 근사치의 개념이다. 예를 들어, 우발상황의 결과에 따라 인식되는 손익은 오류의 수정에 해당하지 아니한다.

구분	변경 전	변경 후
회계변경	K-IFRS 부합	K-IFRS 부합
오류수정	K-IFRS 위반	K-IFRS 부합

③ 오류수정의 회계처리

⊙ 당기 중에 발견한 당기의 잠재적 오류는 재무제표의 발행승인일 전에 수정한다.

ⓒ 전기 이전의 중요한 오류에 대해서는 소급법을 적용한다.

ⓒ 전기의 중요한 오류를 후속기간에 발견하는 경우 해당 후속기간의 재무제표에 비교표시된 재무정보를 재작성하여 수정한다.

ⓒ 오류가 비교표시되는 가장 이른 과거기간 이전에 발생한 경우에는 비교표시되는 가장 이른 과거기간의 자산, 부채 및 자본의 기초금액을 재작성한다.

(2) 회계오류의 유형

① 당기순이익에 영향을 미치지 않는 오류

손익에 영향을 미치지 않는 계정 분류의 오류로 유동·비유동 계정을 잘못 분류하는 등이 해당된다.

② 당기순이익에 영향을 미치는 오류

⊙ 자동조정오류 : 두 회계기간을 통하여 오류가 오류정정에 대한 회계처리를 하지 않았는데도 자동적으로 조정되어 이익잉여금에 영향을 미치지 않는 오류로, 재고자산이나 미지급비용, 선급비용, 미수수익, 선수수익 등을 부정확하게 계상한 경우와 경과계정의 과소·과대평가 등을 들 수 있다.

ⓐ 재고자산(기말상품재고액)의 오류

• 과소계상 : 기말재고자산이 과소계상되거나 누락되면 매출원가는 과대계상되고 당기순이익은 과소계상된다.

- 과대계상 : 기말재고자산이 과대계상되면 매출원가가 과소계상되어 당기순이익은 과대계상된다. 기말재고가 과대계상되면 다음연도 초 기초재고가 과대계상된다.

ⓑ 미지급비용의 오류
- 과소계상 : 부채와 비용이 과소계상되므로 당기순이익은 과대계상된다.
- 과대계상 : 부채와 비용이 과대계상되므로 당기순이익은 과소계상된다.

ⓒ 선급비용의 오류
- 과소계상 : 자산은 과소평가되고 비용은 과대계상되므로 당기순이익은 과소계상된다.
- 과대계상 : 자산은 과대평가되고 비용은 과소계상되므로 당기순이익은 과대계상된다.

ⓓ 미수수익의 오류
- 과소계상 : 자산과 수익이 과소계상되므로 당기순이익은 과소계상된다.
- 과대계상 : 자산과 수익이 과대계상되므로 당기순이익은 과대계상된다.

ⓔ 선수수익의 오류
- 과소계상 : 부채는 과소평가되고 수익은 과대계상되므로 당기순이익은 과대계상된다.
- 과대계상 : 부채는 과대평가되고 수익은 과소계상되므로 당기순이익은 과소계상된다.

ⓛ 비자동조정적 오류(영구적 오류) : 오류가 재무제표에 미치는 영향이 소멸될 때까지의 기간이 2개 연도를 초과하여 정정분개를 하지 않으면 오류가 그대로 남게 되는 오류로서 이 경우에는 오류가 완전히 상쇄되기 전까지는 오류를 발견하였을 때 이를 수정하는 분개가 필요하다. 그 예로서 감가상각비의 과대 또는 과소계상과 자본적 지출을 수익적 지출로 잘못 처리하는 경우 등이 있다.

더 알아보기 오류가 순이익과 수정 후 순이익에 미치는 영향

오류 분류	오류 내용		당기순이익 영향	수정 후 순이익 계산
자동조정적 오류	기말재고자산	과대계상	과대계상	차감
		과소계상	과소계상	가산
	선급비용	과대계상	과대계상	차감
	미수수익			
	선수수익	과대계상	과소계상	가산
	미지급비용			
비자동조정적 오류	감가상각비	과대계상	과소계상	가산
		과소계상	과대계상	차감
	자본적 지출 → 수익적 지출		과소계상	가산
	수익적 지출 → 자본적 지출		과대계상	차감

1. 법인세 회계

(1) 법인세비용

① 법인세는 국내에서 부과되는 법인세뿐만 아니라 기업의 과세소득에 기초하여 국내 및 국외에서 부과되는 모든 세금을 포함한다.

② 법인세비용(수익)은 당기법인세비용(수익)과 이연법인세 변동액으로 구성된다.

③ 당기 및 과거기간에 대한 당기법인세 중 납부되지 않은 부분을 당기법인세부채로 인식한다. 만일 과거기간에 이미 납부한 금액이 그 기간 동안 납부하여야 할 금액을 초과하였다면 그 초과금액은 당기법인세자산으로 인식한다.

④ 당기 및 과거기간의 당기법인세부채(자산)는 보고기간 말까지 제정되었거나 실질적으로 제정된 세율(및 세법)을 사용하여, 과세당국에 납부할(과세당국으로부터 환급받을) 것으로 예상되는 금액으로 측정한다.

⑤ 기업이 법적으로 집행 가능한 상계 권리를 가지고 있거나, 순액으로 결제할 의도가 있는 경우를 제외하고 당기법인세자산과 당기법인세부채는 상계하지 않는다.

(2) 회계이익과 과세소득

과세소득은 회계이익(법인세차감전순이익)에서 세법에 정해진 바에 따라 세무조정을 수행하여 산출된다. 세무조정이란 과세소득을 산출하기 위해 회계이익과 차이 나는 부분을 조정하는 것으로 다음과 같은 유형이 있다.

① 익금산입(가산항목) : 기업회계상 수익이 아니지만 세법상 익금으로 인정되는 항목

② 익금불산입(차감항목) : 기업회계상 수익이나 세법상 익금으로 인정되지 않는 항목

③ 손금산입(차감항목) : 기업회계상 비용이 아니지만 세법상 손금으로 인정되는 항목

④ 손금불산입(가산항목) : 기업회계상 비용이나 세법상 손금으로 인정되지 않는 항목

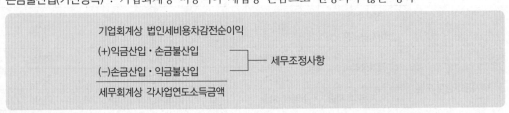

기업회계상 법인세비용차감전순이익

(+)익금산입 · 손금불산입

(-)손금산입 · 익금불산입 ── 세무조정사항

세무회계상 각사업연도소득금액

더 알아보기 세무조정 항목의 이연법인세 반영

• 접대비 한도초과액 → 영구적 차이, 법인세 관련 조정은 없다.

• 감가상각비 한도초과액 → 차감할 일시적 차이, 미래 세율만큼 이연법인세자산을 인식한다.

• 자기주식처분이익(손실) → 자본에 가감하는 법인세, 해당 금액만큼 자본에 반영하며 당기손익에는 영향이 없다. 이연법인세자산이나 부채도 발생시키지 않는다.

• 단기매매금융자산 평가이익(손실) → 가산(차감)할 일시적 차이, 미래세율만큼 이연법인세부채(자산)를 인식한다.

(3) 일시적차이

재무상태표상 자산 또는 부채의 장부금액과 세무기준액의 차이로 수익·비용의 귀속시기의 차이로 인해 발생하여 추후에 소멸된다. 추후에 소멸되지 않는 차이는 영구적차이라고 하며 이는 이연법인세로 조정하지 않는다. 일시적차이는 다음의 두 가지로 구분된다.

① 가산할 일시적차이

자산이나 부채의 장부금액이 회수나 결제되는 미래 회계기간의 과세소득(세무상결손금) 결정 시 가산할 금액이 되는 일시적차이를 말한다.

② 차감할 일시적차이

자산이나 부채의 장부금액이 회수나 결제되는 미래 회계기간의 과세소득(세무상결손금) 결정 시 차감할 금액이 되는 일시적차이를 말한다.

(4) 당기법인세와 이연법인세의 인식

대부분의 이연법인세부채와 이연법인세자산은 수익 또는 비용이 회계이익에 포함되는 기간과 과세소득(세무상결손금)에 포함되는 기간이 다를 때 발생한다. 이로 인한 이연법인세는 당기손익으로 인식한다.

① 이연법인세자산과 부채의 의의

㉠ 이연법인세자산 : 차감할 일시적차이와 미사용 세무상결손금 및 세액공제 등의 이월액으로 인해 미래 회계기간에 회수될 수 있는 법인세 금액이다. 차감할 일시적차이가 사용될 수 있는 과세소득의 발생가능성이 높은 경우에, 모든 차감할 일시적차이에 대하여 이연법인세자산을 인식한다.

㉡ 이연법인세부채 : 가산할 일시적차이와 관련하여 미래 회계기간에 납부할 법인세 금액이다. 일반적으로 모든 가산할 일시적차이와 관련하여 이연법인세부채를 인식한다.

더 알아보기 | 회계이익과 과세소득에 따른 영향

- 회계이익<과세소득 : 차감할 일시적차이 발생, 이연법인세자산 발생가능
- 회계이익=과세소득 : 조정 없음
- 회계이익>과세소득 : 가산할 일시적차이 발생, 이연법인세 부채 발생가능

---

② 이연법인세의 계산

이연법인세는 계속적으로 재무제표에 인식하기 때문에 그 변동분에 대하여 다음과 같이 계산하여 인식한다.

	기말		기초		이연법인세 효과
이연법인세 자산	당기말차감할 일시적차이 × 미래세율	−	전기말차감할 일시적차이 × 미래세율	=	이연법인세 자산 증가
이연법인세 부채	당기말가산할 일시적차이 × 미래세율	−	전기말가산할 일시적차이 × 미래세율	=	이연법인세 부채 증가

③ 이연법인세 회계처리

㉠ 이연법인세자산의 장부금액은 매 보고기간 말에 검토한다. 이연법인세자산의 일부 또는 전부에 대한 혜택이 사용되기에 충분한 과세소득이 발생할 가능성이 더 이상 높지 않다면 이연법인세자산의 장부금액을 감액시킨다. 감액된 금액은 사용되기에 충분한 과세소득이 발생할 가능성이 높아지면 그 범위 내에서 환입한다.

ⓒ 법적으로 상계할 권리를 갖는 등의 일정 조건을 만족시키는 경우를 제외하고 이연법인세자산과 부채는 상계하지 않는다.

ⓒ 이연법인세자산과 부채는 할인하지 않는다(현재가치 평가 안 함).

ⓒ 기업이 재무상태표에 유동자산과 비유동자산, 그리고 유동부채와 비유동부채로 구분하여 표시하는 경우, 이연법인세자산(부채)은 유동자산(부채)으로 분류하지 아니한다.

ⓒ 이연법인세자산과 부채는 보고기간 말까지 제정되었거나 실질적으로 제정된 세율(및 세법)에 근거하여 당해 자산이 실현되거나 부채가 결제될 회계기간에 적용될 것으로 기대되는 세율을 사용하여 측정한다.

ⓒ 사업결합으로 인하여 인식하는 자산·부채에 대해서는 이연법인세를 인식하지 않는다.

(5) 당기손익 이외로 인식되는 항목

동일 회계기간 또는 다른 회계기간에, 당기손익 이외로 인식되는 항목과 관련된 당기법인세와 이연법인세는 기타포괄손익이나 자본과 같이 당기손익 이외의 항목으로 인식된다. 따라서 동일 회계기간 또는 다른 회계기간에 인식된 당기법인세와 이연법인세는 다음과 같이 회계처리한다.

① 기타포괄손익 항목과 관련된 금액

다음과 같은 항목의 경우 당기손익이 아닌 기타포괄손익으로 인식한다.

> ⓐ 유형자산의 재평가로 인하여 발생하는 장부금액의 변동
> ⓑ 해외사업장 재무제표의 환산에서 발생하는 외환차이
> ⓒ 기타포괄손익-공정가치측정금융자산의 가치변동액

② 자본과 관련된 금액

다음과 같은 항목의 경우 자본에 직접 가감한다.

> ⓐ 소급 적용되는 회계정책의 변경이나 오류의 수정으로 인한 기초이익잉여금 잔액의 조정
> ⓑ 복합금융상품의 자본요소에 대한 최초인식에서 발생하는 금액

(6) 자본에 부가(차감)하는 법인세부담액

기업회계상 자본거래로 보아 자본잉여금 또는 자본조정계정으로 처리하지만 세무회계상 과세소득에 포함되고 차기 이후에 소멸되지 않는 영구적 차이에 해당하는 회계사건은 관련 법인세부담액을 가감한 잔액으로 재무제표에 반영한다.

2. 리스회계

(1) 리스계약

리스란 대가와 교환하여 자산(기초자산)의 사용권을 일정기간 이전하는 계약이나 계약의 일부이다.

① 기간 및 계약의 성격에 따른 구분

ⓐ 단기리스 : 리스개시일에 리스기간*이 12개월 이하인 리스로 매수선택권이 있는 리스는 단기리스에 해당하지 않는다.

ⓛ 금융리스 : 기초자산의 소유에 따른 위험과 보상의 대부분을 리스이용자에게 이전하는 리스를 말한다.
ⓒ 운용리스 : 기초자산의 소유에 따른 위험과 보상의 대부분을 이전하지 않는 리스를 말한다.
   *리스기간 : 리스의 해지불능기간 ± 리스 연장/종료선택권에 따른 변동기간(행사할 것이 상당히 확실한 경우)

② **계약 구성요소의 구분**
리스계약에서 계약의 각 리스요소를 직접적인 자산관련 리스요소와 리스가 아닌 요소(비리스요소, 例 용역)와 분리하여 리스로 회계처리한다.
ⓐ 리스이용자 : 리스이용자는 리스요소의 상대적 개별가격과 비리스요소의 총 개별가격에 기초하여 계약대가를 각 리스요소에 배분한다. 실무적 간편법으로, 리스이용자는 비리스요소를 리스요소와 분리하지 않고, 각 리스요소와 이에 관련되는 비리스요소를 하나의 리스요소로 회계처리하는 방법을 기초자산의 유형별로 선택할 수 있다.
ⓑ 리스제공자 : 리스요소와 비리스요소를 구분하여 수익기준서에 따라 거래가격(계약대가)을 수행의무에 배분한다.

③ **리스료**
리스료는 기초자산사용권과 관련하여 리스기간에 리스이용자가 리스제공자에게 지급하는 금액이다.

> 리스료(구성항목)＝고정리스료(리스인센티브 차감) + 변동리스료 + 매수선택권의 행사가격(행사할 것이 상당히 확실한 경우) + 리스종료 부담금(리스기간이 종료선택권 행사를 반영하는 경우) ± 잔존가치보증에 따른 금액

ⓐ 고정리스료 : 리스기간의 기초자산사용권에 대하여 리스이용자가 리스제공자에게 지급하는 금액에서 변동리스료를 뺀 금액
ⓑ 리스인센티브 : 리스와 관련하여 리스제공자가 리스이용자에게 지급하는 금액이나 리스의 원가를 리스제공자가 보상하거나 부담하는 금액
ⓒ 변동리스료 : 시간의 경과가 아닌 리스개시일 후 사실이나 상황의 변화 때문에 달라지는 리스료
ⓓ 잔존가치보증 : 리스제공자가 받는 리스종료일의 기초자산가치가 일정금액 이상이 될 것이라는 보증(리스제공자의 특수관계자에게 받는 경우 제외)

(2) 리스의 식별
리스의 식별시점은 계약의 약정시점 또는 계약조건이 변경된 시점이다. 계약에서 대가와 교환하여, ① 식별되는 자산의 ② 사용통제권을 일정기간 이전하게 한다면 그 계약은 리스이거나 리스를 포함한다.
① **식별되는 자산의 사용** : 공급자가 자산을 교체할 실질적인 능력이 없거나 자산교체의 경제적 효익이 없는 경우
② **자산의 사용통제권** : 사용기간 내내 다음의 권리를 모두 가지는 경우
ⓐ 식별되는 자산의 사용에서 생기는 경제적 효익의 대부분을 얻을 권리(例 사용기간 내내 그 자산을 배타적으로 사용함)
ⓑ 식별되는 자산의 사용을 지시할 권리

(3) 리스이용자의 회계처리

① 최초측정

모든 리스에 대하여 사용권자산과 리스부채를 인식한다.

- ㉠ 리스부채 : 리스개시일 현재 지급되지 않은 리스료의 현재가치
- ㉡ 사용권자산 : 리스부채+선급리스료-받은 리스인센티브+리스개설직접원가+해제/제거/복구원가 추정치

② 후속측정

- ㉠ 리스부채
    - ⓐ 원칙 : 상각후원가로 측정
    - ⓑ 재측정 : 리스개시일 후 리스료나 할인율이 변동되면 리스부채를 재측정하고 재측정금액은 사용권자산의 조정으로 인식한다. 리스료나 할인율은 다음의 항목이 하나라도 변동하는 경우 재평가해야한다.

재평가	리스료	할인율
변동 내용	• 리스기간 • 기초자산 매수선택권 평가(매수선택권에 따라 지급할 금액) • 잔존가치보증에 따라 지급할 것으로 예상되는 금액 • 리스료를 산정할 때 사용한 지수나 요율(이율)의 변동	• 리스기간 • 기초자산 매수선택권 평가(매수선택권에 따라 지급할 금액) • 리스료 산정에 사용되는 변동 이자율

- ㉡ 사용권자산 : 사용권자산은 이하의 세 가지 모형 중 하나로 후속측정한다.
    - ⓐ 원가모형 : 공정가치모형 및 재평가모형을 적용하지 않는 경우 원가모형으로 분류하며, 유형자산과 동일하게 감가상각누계액, 손상차손누계액을 차감하여 표시한다. 리스부채 재측정조정을 반영한다.
    - ⓑ 공정가치모형 : 투자부동산에 공정가치모형을 적용하는 경우에 투자부동산의 정의를 충족하는 사용권자산의 경우 적용한다.
    - ⓒ 재평가모형 : 유형자산기준서의 재평가모형을 적용하는 유형자산분류와 관련되는 경우의 사용권자산에 적용한다.

③ 리스변경

리스변경은 다음과 같이 별도 리스로 회계처리하거나 기존 리스부채를 재측정해야 한다.

- ㉠ 별도 리스로 회계처리 : 기초자산사용권이 추가(리스범위 확장)되고, 넓어진 리스범위의 개별가격에 상응하는 금액(계약상황을 반영한 조정금액 반영)만큼 리스대가가 증액되는 경우에 그 추가된 리스는 별도의 리스로 회계처리한다.
- ㉡ 리스부채 재측정 : 리스범위 축소의 경우 줄어든 부분의 사용권자산을 줄이고, 줄어든 리스부채와 사용권자산 차이를 당기손익 인식한다. 그 밖의 모든 변경은 리스부채 재측정 부분을 사용권자산 조정으로 반영한다.

④ 면제규정 : 단기리스 및 소액기초자산

리스이용자는 리스기간이 12개월 이하인 단기리스와 소액기초자산(태블릿·개인 컴퓨터, 소형 사무용 가구, 전화기 등) 리스에는 사용권자산과 리스부채를 인식하는 회계처리를 적용하지 않기로 선택할 수 있다. 이 경우, 리스이용자는 해당 리스에 관련되는 리스료를 리스기간에 걸쳐 정액기준이나 다른 체계적

인 기준에 따라 비용으로 인식한다. 단기리스를 회계처리하는 경우에 리스변경이나 리스기간의 변경이 있는 경우 그 리스는 새로운 리스로 본다. 단기리스에 대한 선택은 사용권이 관련되어 있는 기초자산의 특성과 용도가 비슷한 유형별로 한다. 소액 기초자산리스에 대한 선택은 리스별로 할 수 있다.

⑤ 현금흐름의 분류

리스부채의 원금상환액은 재무활동으로, 할인액 상각액은 K-IFRS 제1007호 '현금흐름표'에 따라(영업활동 또는 재무활동) 분류한다. 리스부채에 포함되지 않은 변동리스료, 단기리스료, 소액자산 리스료는 영업활동으로 분류한다.

더 알아보기 사용권자산의 상각기간

리스기간 종료시점까지 리스이용자에게 기초자산의 소유권을 이전하는 경우 또는 사용권자산의 원가에 리스이용자가 매수선택권을 행사할 것임이 반영되는 경우에는 리스개시일부터 기초자산의 내용연수 종료시점까지 상각한다.

(4) 리스제공자의 회계처리

소유에 따른 위험과 보상의 대부분 이전 여부에 따라 금융리스와 운용리스로 분류하여 회계처리한다. 전대의 경우, 사용권자산을 기준으로 금융리스인지 운용리스인지를 판단한다.

① 금융리스

　㉠ 인식 및 최초 측정

　　ⓐ 리스채권(lease receivable)을 인식(리스순투자로 측정)한다.

　　ⓑ 리스순투자 : 리스총투자를 리스의 내재이자율로 할인한 금액을 말한다.

　　ⓒ 리스총투자 : 금융리스에서 리스제공자가 받게 될 리스료와 무보증잔존가치의 합계액을 말한다.

　㉡ 후속측정 : 리스채권은 현재가치 할인액상각을 반영하여 장부금액 증대, 리스료 수령을 반영하여 장부금액을 감액(금융상품기준서에 따른 인식·손상 요구사항 적용)한다.

　㉢ 당기손익반영 : 리스채권의 현재가치 할인차금상각액을 금융수익으로 인식(일정한 기간수익률)한다.

　㉣ 리스변경

　　ⓐ 기초자산사용권이 추가(리스범위 확장)되고, 넓어진 리스범위의 개별가격에 상응하는 금액(계약상황에 따른 금액조정 반영)만큼 리스대가가 증액되는 경우 추가된 리스를 별도 리스로 보아 회계처리한다.

　　ⓑ 변경이 리스약정일에 유효하였다면 그 리스를 운용리스로 분류하였을 경우, 기초자산의 장부금액을 리스변경 유효일 직전의 리스순투자로 측정하여 변경 유효일부터 새로운 리스로 회계처리한다.

② 운용리스

　㉠ 측정 : 기초자산을 관련 기준에 따라 측정·표시(감가상각비, 손상차손 등 반영)

　㉡ 당기손익반영

　　ⓐ 리스기간에 걸쳐 정액기준이나 기초자산에서 생기는 효익이 감소되는 형태를 더 잘 반영하는 다른 체계적 기준에 따라 리스료수익(lease income)을 인식한다.

　　ⓑ 리스료수익 획득과정에서 생기는 원가(감가상각비 포함)를 비용으로 인식한다.

　　ⓒ 리스개설직접원가를 기초자산의 장부금액에 더하고 리스료수익과 같은 기준으로 리스기간에 걸쳐 비용 인식한다.

　㉢ 리스변경 : 변경 유효일부터 새로운 리스로 회계처리한다.

(5) 판매 후 리스

① 정의

ㄱ 기업(판매자-리스이용자)이 다른 기업(구매자-리스제공자)에게 자산을 이전하고 그 구매자-리스제공자에게서 해당 자산을 다시 리스하여 사용하는 경우 판매 후 리스에 해당한다.

ㄴ 자산이 리스제공자에게 이전되기 전에 리스이용자가 그 기초자산을 통제하게 되지 못한다면 그 거래는 판매 후 리스에 해당하지 않는다.

② 판매에 해당하는 경우

ㄱ 판매자-리스이용자의 회계처리

사용권자산은 판매자-리스이용자가 보유한 사용권에 관련된 자산의 종전장부금액에 비례하여 측정한다. 판매로 이전한 권리에 관련된 차손익금액만 판매손익으로 인식한다.

ㄴ 구매자-리스제공자의 회계처리

자산매입으로 처리하고 일반적인 리스제공자의 회계처리에 따라서 처리한다.

ㄷ 공통

ⓐ 이전자산 공정가치>판매대가 공정가치 → 리스료선급으로 처리한다.

ⓑ 이전자산 공정가치<판매대가 공정가치 → 추가금융으로 처리한다.

③ 판매가 아닌 경우

ㄱ 판매자-리스이용자의 회계처리 : 이전된 자산을 계속 인식하며 이전대가와 같은 금액을 금융부채로 인식한다.

ㄴ 구매자-리스제공자의 회계처리 : 이전대가와 같은 금액을 금융자산으로 인식한다.

제4절   현금흐름표

---

1. 현금흐름표 개념 및 표시

(1) 현금흐름표의 개념

① 현금흐름표의 의의

일정기간 영업활동, 투자활동, 재무활동으로 인한 현금의 유입과 유출의 내역을 현금주의에 따라 작성한 보고서이다.

② 현금흐름표(현금흐름정보)의 유용성

ㄱ 현금흐름표는 다른 재무제표와 같이 사용하는 경우 순자산의 변화, 재무구조(유동성과 지급능력 포함), 그리고 변화하는 상황과 기회에 적응하기 위하여 현금흐름의 금액과 시기를 조절하는 능력을 평가하는 데 유용한 정보를 제공한다.

ㄴ 현금흐름정보는 현금 및 현금성자산의 창출능력을 평가하는 데 유용할 뿐만 아니라, 서로 다른 기업의 미래현금흐름의 현재가치를 비교·평가하는 모형을 개발할 수 있도록 한다.

© 현금흐름정보는 동일한 거래와 사건에 대하여 서로 다른 회계처리를 적용함에 따라 발생하는 영향을 제거하기 때문에 영업성과에 대한 기업 간의 비교가능성을 제고한다.

② 과거의 현금흐름정보는 미래현금흐름의 금액, 시기 및 확실성에 대한 지표로 자주 사용된다. 또한 과거에 추정한 미래현금흐름의 정확성을 검증하고, 수익성과 순현금흐름 간의 관계 및 물가 변동의 영향을 분석하는 데 유용하다.

(2) 활동별 현금흐름

현금흐름표는 회계기간 동안 발생한 현금흐름을 영업활동, 투자활동 및 재무활동으로 분류하여 보고한다. 활동에 따른 분류는 이러한 활동이 기업의 재무상태와 현금및현금성자산의 금액에 미치는 영향을 재무제표 이용자가 평가할 수 있도록 정보를 제공한다. 또한 이 정보는 각 활동 간의 관계를 평가하는 데 사용될 수 있다.

① 영업활동 현금흐름

영업활동이란 기업의 주요 수익창출활동과 투자활동 및 재무활동에 해당되지 않는 기타의 활동으로 기업이 외부의 재무자원에 의존하지 않고 영업을 통하여 차입금의 상환, 영업능력의 유지, 배당금지급 및 신규투자 등에 필요한 현금흐름을 창출하는 정도에 대한 중요한 지표가 된다. 영업활동 현금흐름은 일반적으로 당기순손익의 결정에 영향을 미치는 거래나 그 밖의 사건의 결과로 발생한다.

㉠ 일반적인 영업활동 현금흐름의 예

> ⓐ 재화의 판매와 용역제공에 따른 현금유입
> ⓑ 로열티, 수수료, 중개료 및 기타수익에 따른 현금유입
> ⓒ 재화와 용역의 구입에 따른 현금유출
> ⓓ 종업원과 관련하여 직·간접적으로 발생하는 현금유출
> ⓔ 보험회사의 경우에는 수입보험료, 보험금, 연금 및 기타 급부금과 관련된 현금유입과 현금유출
> ⓕ 법인세의 납부 또는 환급(다만, 재무활동과 투자활동에 명백히 관련되는 것은 제외)
> ▷ 법인세로 인한 현금흐름은 별도로 공시하며, 재무활동과 투자활동에 명백히 관련되지 않는 한 영업활동 현금흐름으로 분류한다.
> ⓖ 단기매매목적으로 보유하는 계약에서 발생하는 현금유입과 현금유출

㉡ 기타 영업활동 현금흐름

ⓐ 타인에게 임대할 목적으로 보유하다가 후속적으로 판매목적으로 보유하는 자산을 제조하거나 취득하기 위한 현금지급액은 영업활동 현금흐름이다. 이러한 자산의 임대 및 후속적인 판매로 수취하는 현금도 영업활동 현금흐름이다.

ⓑ 단기매매목적으로 보유하는 유가증권의 취득과 판매에 따른 현금흐름은 영업활동으로 분류한다. 마찬가지로 금융회사의 현금 선지급이나 대출채권은 주요 수익창출활동과 관련되어 있으므로 일반적으로 영업활동으로 분류한다.

② 투자활동 현금흐름

투자활동이란 장기성 자산 및 현금성 자산에 속하지 않는 기타 투자자산의 취득과 처분활동이다. 투자활동 현금흐름은 미래수익 및 현금흐름을 창출할 자원의 확보를 위하여 지출된 정도를 나타내며, 재무상태표에 자산으로 인식되는 지출만이 투자활동으로 분류하기에 적합하다.

○ 일반적인 투자활동 현금흐름의 예

> ⓐ 유형자산, 무형자산 및 기타 장기성 자산의 취득에 따른 현금유출(자본화된 개발원가와 자가건설 유형자산에 관련된 지출이 포함)
> ⓑ 유형자산, 무형자산 및 기타 장기성 자산의 처분에 따른 현금유입
> ⓒ 다른 기업의 지분상품이나 채무상품 및 공동기업 투자지분의 취득에 따른 현금유출과 유입(현금성자산으로 간주되는 상품이나 단기매매목적으로 보유하는 상품의 취득에 따른 유출 및 유입은 제외)
> ⓓ 제3자에 대한 선급금 및 대여금 발생 및 회수에 따른 현금유출입(금융회사의 현금 선지급과 대출채권은 제외)
> ⓔ 선물계약, 선도계약, 옵션계약 및 스왑계약에 따른 현금유출입(단기매매목적으로 계약을 보유하거나 현금유출 및 현금유입이 재무활동으로 분류되는 경우는 제외)

○ 기타 투자활동 현금흐름

> ⓐ 설비 매각과 같은 일부 거래에서도 인식된 당기순손익의 결정에 포함되는 처분손익이 발생할 수 있다. 그러나 그러한 거래와 관련된 현금흐름은 투자활동 현금흐름이다.
> ⓑ 파생상품계약에서 식별가능한 거래에 대하여 위험회피회계를 적용하는 경우, 그 계약과 관련된 현금흐름은 위험회피대상 거래의 현금흐름과 동일하게 분류한다.

③ 재무활동

재무활동이란 기업의 납입자본과 차입금의 크기 및 구성내용에 변동을 가져오는 활동으로, 미래현금흐름에 대한 자본제공자의 청구권을 예측하는 데 유용하기 때문에 현금흐름을 별도로 구분 공시하는 것이 중요하다. 재무활동 현금흐름의 예는 다음과 같다.

> ○ 주식이나 기타 지분상품의 발행에 따른 현금유입
> ○ 주식의 취득이나 상환에 따른 소유주에 대한 현금유출
> ○ 담보·무담보부사채 및 어음의 발행과 기타 장·단기차입에 따른 현금유입
> ○ 차입금의 상환에 따른 현금유출
> ○ 리스이용자의 금융리스부채 상환에 따른 현금유출

(3) 현금유입과 유출

① 영업활동 현금흐름

현금유입(+)	현금유출(−)
• 매출채권의 감소	• 매출채권의 증가
• 매입채무의 증가	• 매입채무의 감소
• 선급비용의 감소	• 선급비용의 증가
• 미지급비용의 증가	• 미지급비용의 감소
• 선급금의 감소	• 선급금의 증가
• 선수금의 증가	• 선수금의 감소
• 미수수익의 감소	• 미수수익의 증가
• 선수수익의 증가	• 선수수익의 감소
• 재고자산의 감소	• 재고자산의 증가
• 미지급법인세의 증가	• 미지급법인세의 감소
• 퇴직급여충당부채의 증가	• 퇴직급여충당부채의 감소

② 투자활동 현금흐름

현금유입(+)	현금유출(−)
• 투자자산의 감소 : 장기성예금·장기대여금의 회수, 투자목적 금융자산의 처분 • 유형자산·무형자산의 감소 : 토지·건물의 처분, 무형자산의 처분	• 투자자산의 증가 : 장기성예금·장기대여금 증가, 투자목적 금융자산의 취득 • 유형자산·무형자산의 증가 : 토지·건물의 취득, 무형자산의 취득

③ 재무활동 현금흐름

현금유입(+)	현금유출(−)
• 단기부채(일부)의 증가 : 단기차입금의 차입 • 장기부채의 증가 : 사채발행, 장기차입금의 차입 • 자본의 증가 : 주식발행, 자기주식처분	• 단기부채(일부)의 감소 : 단기차입금의 상환 • 장기부채의 감소 : 사채상환, 장기차입금상환 • 자본의 감소 : 유상감자, 자기주식 취득, 배당금의 지급

2. 현금흐름의 보고

(1) 영업활동 현금흐름의 보고

영업활동 현금흐름은 직접법 및 간접법으로 보고한다.

① 직접법

총현금유입과 총현금유출을 주요 항목별로 구분하여 표시하는 방법으로, 영업활동 현금흐름을 보고하는 경우에는 직접법을 사용할 것을 권장한다. 직접법을 적용하여 표시한 현금흐름은 간접법에 의한 현금흐름에서는 파악할 수 없는 정보를 제공하며, 미래현금흐름을 추정하는 데 보다 유용한 정보를 제공한다.

직접법에 의한 영업활동 현금흐름(예시)

(주)관세	(단위 : 원)
	20x2
영업활동 현금흐름	
고객으로부터 유입된 현금	×××
공급자와 종업원에 대한 현금유출	(×××)
영업으로부터 창출된 현금	×××
이자지급	(××)
법인세의 납부	(××)
영업활동순현금흐름	×××

② 간접법

당기순손익에 현금을 수반하지 않는 거래, 과거 또는 미래의 영업활동 현금유입이나 현금유출의 이연 또는 발생, 투자활동 현금흐름이나 재무활동 현금흐름과 관련된 손익항목의 영향을 조정하여 표시하는 방법이다. 간접법을 적용하는 경우, 영업활동 순현금흐름은 당기순손익에 회계기간 동안 발생한 재고자산과 영업활동에 관련된 채권·채무 변동 등의 영향을 조정하여 결정한다.

간접법에 의한 영업활동 현금흐름(예시)

(주)관세	(단위 : 원)
	20x2
영업활동 현금흐름	
법인세비용차감전순이익	×,×××
가감 :	(×××)
영업으로부터 창출된 현금	×××
외화환산손실	××
투자수익	(××)
이자비용	××
	×××
매출채권 및 기타채권의 증가	(××)
재고자산의 감소	×,×××
매입채무의 감소	(×××)
영업에서 창출된 현금	×,×××
이자지급	(××)
법인세의 납부	(××)
영업활동순현금흐름	×××

(2) 투자활동 현금흐름과 재무활동 현금흐름의 보고

① 투자활동과 재무활동에서 발생하는 총현금유입과 총현금유출은 주요 항목별로 구분하여 총액으로 표시한다.

② 순증감액으로 보고하는 경우

다음의 투자활동 또는 재무활동에서 발생하는 현금흐름은 순증감액으로 보고할 수 있다.

> ㉠ 현금흐름이 기업의 활동이 아닌 고객의 활동을 반영하는 경우로서 고객을 대리함에 따라 발생하는 현금유입과 현금유출
> ㉡ 회전율이 높고 금액이 크며 만기가 짧은 항목과 관련된 현금유입과 현금유출

3. 현금흐름의 공시

(1) 외화현금흐름

① 외화거래에서 발생하는 현금흐름은 현금흐름 발생일의 기능통화와 외화 사이의 환율을 외화 금액에 적용하여 환산한 기능통화 금액으로 기록한다.

② 해외 종속기업의 현금흐름은 현금흐름 발생일의 기능통화와 외화 사이의 환율로 환산한다.

③ 외화로 표시된 현금 및 현금성자산의 환율변동효과는 기초와 기말의 현금 및 현금성자산을 조정하기 위해 현금흐름표에 보고한다. 이 금액은 영업활동, 투자활동 및 재무활동 현금흐름과 구분하여 별도로 표시하며, 그러한 현금흐름을 기말 환율로 보고하였다면 발생하게 될 차이를 포함한다.

(2) 이자와 배당금

이자와 배당금의 수취 및 지급에 따른 현금흐름은 각각 별도로 공시하며, 각 현금흐름은 매 기간 일관성 있게 영업활동, 투자활동 또는 재무활동으로 분류한다.

(3) 법인세

법인세로 인한 현금흐름은 별도로 공시하며, 재무활동과 투자활동에 명백히 관련되지 않는 한 영업활동 현금흐름으로 분류한다.

(4) 종속기업 등에 대한 투자와 지분변동

① 관계기업, 공동기업 또는 종속기업에 대한 투자를 지분법 또는 원가법을 적용하여 회계처리하는 경우, 투자자는 배당금이나 선급금과 같이 투자자와 피투자자 사이에 발생한 현금흐름만을 현금흐름표에 보고한다.

② 지분법을 사용하여 관계기업 또는 공동기업 투자지분을 보고하는 기업은 관계기업 또는 공동기업에 대한 투자, 분배, 그리고 그 밖의 당해 기업과 관계기업 또는 공동기업 사이의 지급액이나 수취액과 관련된 현금흐름을 현금흐름표에 포함한다.

③ 종속기업과 기타 사업에 대한 지배력의 획득 또는 상실에 따른 총 현금흐름은 별도로 표시하고 투자활동으로 분류한다.

(5) 비현금거래

현금 및 현금성자산의 사용을 수반하지 않는 투자활동과 재무활동 거래는 현금흐름표에서 제외한다. 그러한 거래는 투자활동과 재무활동에 대하여 모든 목적적합한 정보를 제공할 수 있도록 재무제표의 다른 부분에 공시한다. 비현금거래의 예시는 다음과 같다.

> ① 자산 취득 시 직접 관련된 부채를 인수하거나 금융리스를 통하여 자산을 취득하는 경우
> ② 주식 발행을 통한 기업의 인수
> ③ 채무의 지분전환

(6) 현금 및 현금성자산의 구성요소

현금 및 현금성자산의 구성요소를 공시하고, 현금흐름표와 재무상태표에 보고된 해당 항목의 조정내용을 공시한다.

(7) 기타 공시

기업이 보유한 현금 및 현금성자산 중 유의적인 금액을 연결실체가 사용할 수 없는 경우, 경영진의 설명과 함께 그 금액을 공시한다.

제5절 보고기간 후 사건

1. 보고기간 후 사건의 의의

(1) 보고기간 후 사건은 보고기간 말과 재무제표 발행승인일 사이에 발생한 유리하거나 불리한 사건을 말한다.

(2) 재무제표를 발행한 이후에 주주에게 승인을 받기 위하여 제출하는 경우가 있다. 이 경우 재무제표 발행승인일은 주주가 재무제표를 승인한 날이 아니라 재무제표를 발행한 날이다.

(3) 경영진은 별도의 감독이사회(비집행이사로만 구성)의 승인을 얻기 위하여 재무제표를 발행하는 경우가 있다. 그러한 경우, 경영진이 감독이사회에 재무제표를 제출하기 위하여 승인한 날이 재무제표 발행승인일이다.

(4) 보고기간 후 사건은 이익이나 선별된 재무정보를 공표한 후에 발생하였더라도, 재무제표 발행승인일까지 발생한 모든 사건을 포함한다.

2. 보고기간 후 사건의 유형

(1) **수정을 요하는 보고기간 후 사건**

보고기간 말 존재하였던 상황에 대해 증거를 제공하는 사건으로, 재무제표에 인식된 금액을 수정한다.

(2) **수정을 요하지 않는 보고기간 후 사건**

보고기간 후에 발생한 상황을 나타내는 사건에 해당하며 재무제표에 인식된 금액을 수정하지 아니한다.

3. 기타 보고기간 후 사건 관련사항

(1) 보고기간 후에 지분상품 보유자에 대해 배당을 선언한 경우, 그 배당금을 보고기간 말의 부채로 인식하지 아니한다.

(2) 경영진이 보고기간 후에, 기업을 청산하거나 경영활동을 중단할 의도를 가지고 있거나, 청산 또는 경영활동의 중단 외에 다른 현실적 대안이 없다고 판단하는 경우에는 계속기업의 기준하에 재무제표를 작성해서는 아니 된다.

(3) 재무제표 발행승인일과 승인자를 주석으로 공시한다. 재무제표 발행 후에 기업의 소유주 등이 재무제표를 수정할 권한이 있다면 그 사실을 주석으로 공시한다.

(4) 보고기간 말에 존재하였던 상황에 대한 정보를 보고기간 후에 추가로 입수한 경우에는 그 정보를 반영하여 공시 내용을 수정한다.

(5) 수정을 요하지 않는 보고기간 후 사건이 중요한 경우에 이를 공시하지 않는다면 재무제표에 기초하여 이루어지는 이용자의 경제적 의사결정에 영향을 미칠 수 있다. 따라서 기업은 수정을 요하지 않는 보고기간 후 사건으로서 중요한 것은 그 범주별로 다음 사항을 공시한다.

① 사건의 성격
② 사건의 재무적 영향에 대한 추정치 또는 그러한 추정을 할 수 없는 경우 이에 대한 설명

04 | 실전대비문제

01 (주)한국은 20x1년 3월 1일에 액면금액 ₩10,000인 상품권 100매를 3% 할인한 금액으로 최초 발행하였다. 고객은 상품권 액면금액의 60% 이상을 사용하면 잔액을 현금으로 돌려받을 수 있으며, 상품권의 만기는 발행일로부터 3년이다. 20x1년 9월 1일에 판매가 ₩560,000의 상품이 판매되면서 상품권 60매가 회수되었으며, 이에 따라 (주)한국은 잔액 ₩40,000을 현금으로 지급하였다. (주)한국이 상품권 발행에 의한 판매와 관련하여 20x1년도 포괄손익계산서에 인식하게 될 수익은 얼마인가? (2017년)

① ₩542,000　　　　　　　　　　　② ₩560,000
③ ₩582,000　　　　　　　　　　　④ ₩600,000

[해설] 상품권 관련 매출 : 60매×(₩10,000 − ₩10,000×3%) − ₩40,000 = ₩542,000

답 ①

02 (주)한국은 20x1년 초에 고객과의 계약을 체결하였다. 계약에 따르면 (주)한국은 20x1년 초에 고객으로부터 ₩200,000을 수령하고 20x2년 말에 재고자산을 인도한다. 재고자산의 인도와 동시에 통제권이 이전되며 수행의무도 이행된다. 20x2년 말에 인도한 재고자산의 원가가 ₩150,000인 경우, 20x2년 (주)한국이 인식할 매출총이익은 얼마인가?(단, 해당 거래에 적용되는 할인율(이자율)은 연 5%이다)

(2019년)

① ₩50,000　　　　　　　　　　　② ₩55,125
③ ₩60,000　　　　　　　　　　　④ ₩70,500

[해설] • 상품판매수익 = ₩200,000 − ₩150,000 = ₩50,000
　　　• 20x1년 말 이자수익 = ₩200,000×0.05 = ₩10,000
　　　• 20x2년 말 이자수익 = ₩210,000×0.05 = ₩10,500
　　　∴ 매출총이익 = ₩50,000 + ₩10,000 + ₩10,500 = ₩70,500

답 ④

03 (주)한국의 영업주기는 상품의 매입시점부터 판매 후 대금의 회수시점까지의 기간으로 정의된다. 다음은 (주)한국의 20x1년 재무자료의 일부이다. 주어진 자료를 이용하여 (주)한국의 평균영업주기를 계산하면 얼마인가?(단, 매출은 전액 신용매출이며, 1년은 360일로 간주한다)

(2019년)

- 매출액 : ₩180,000
- 매출원가 : ₩105,000
- 연평균 매출채권 : ₩30,000
- 연평균 재고자산 : ₩35,000

---

① 120일   ② 150일
③ 180일   ④ 210일

[해설]
- 매출채권 회전율 $= \dfrac{\text{매출액}}{\text{평균매출채권}} = \dfrac{₩180,000}{₩30,000} = 6$

- 매출채권 평균회수기간 $= \dfrac{360일}{\text{매출채권 회전율}} = 60일$

- 재고자산 회전율 $= \dfrac{\text{매출원가}}{\text{평균 재고자산}} = \dfrac{₩105,000}{₩35,000} = 3$

- 재고자산 평균회수기간 $= \dfrac{360일}{\text{재고자산 회전율}} = \dfrac{360일}{3} = 120일$

∴ 평균영업주기 = 매출채권 평균회수기간 + 재고자산 평균회수기간 = 60일 + 120일 = 180일

답 ③

---

04 (주)한국은 20x1년 초 기계장치를 ₩200,000에 취득하였으며, 감가상각방법은 정액법(내용연수 4년, 잔존가치 ₩0)을 사용하고 있다. (주)한국은 20x3년 초 상기 기계장치에 대하여 재평가모형을 적용하도록 회계정책을 변경하였고, 20x3년 초 공정가치를 ₩140,000으로 재평가하였다. 재평가자산의 사용에 따라 재평가잉여금의 일부를 이익잉여금으로 대체하는 경우 20x4년 말 이익잉여금으로 대체되는 재평가잉여금은 얼마인가?

(2016년)

① ₩20,000   ② ₩40,000
③ ₩50,000   ④ ₩70,000

[해설] 정액법에 의해 매년 ₩50,000씩 감가상각한다.
2년 후 장부가액 ₩100,000, 공정가치 ₩140,000, 재평가모형을 적용한다.
재평가잉여금 ₩40,000이고 남은 상각기간은 2년이므로, 정액법에 의한 감가상각 금액은 ₩70,000이다.
20x4년 말 이익잉여금으로 대체되는 재평가잉여금은 ₩70,000 − ₩50,000 = ₩20,000

답 ①

05 다음은 (주)한국의 20x1년도 재무 관련 자료이다.

• 매출채권회전율	5회	• 재고자산회전율	3회
• 기초매출채권	₩200	• 기초재고자산	₩650
• 기말매출채권	₩800	• 기말재고자산	₩550

(주)한국의 20x1년 매출총이익은 얼마인가? (2017년)

① ₩700
② ₩1,800
③ ₩2,350
④ ₩2,500

[해설] 매출채권회전율 = 매출액/평균매출채권 = 매출액/₩500 = 5회 ∴ 매출액 = ₩2,500
재고자산회전율 = 매출원가/평균재고자산 = 매출원가/₩600 = 3회 ∴ 매출원가 = ₩1,800
∴ 매출총이익 = 매출액 - 매출원가 = ₩2,500 - ₩1,800 = ₩700

답 ①

06 (주)한국은 20x1년 1월 1일에 기계장치를 ₩1,600,000에 구입하여 정액법으로 감가상각하였다. 구입 당시 기계장치의 내용연수는 5년, 잔존가치는 ₩100,000이었다. (주)한국은 20x3년 초에 기계장치의 감가상각방법을 연수합계법으로 바꾸면서 잔존가치를 ₩50,000으로 변경하였다. 이와 같은 잔존가치의 변경과 감가상각방법의 변경이 없었다면 20x3년도의 당기순이익은 ₩600,000이다. 한국채택국제회계 기준에 따라 적절한 회계처리가 이루어진 경우 20x3년도의 당기순이익은 얼마인가? (2017년)

① ₩425,000
② ₩475,000
③ ₩600,000
④ ₩775,000

[해설] 정액법으로 인한 감가상각 시 매년 감가상각금액 = (₩1,600,000 - ₩100,000)/5 = ₩300,000
정액법 감가상각 시 20x3년 초 장부가액 = ₩1,600,000 - (₩300,000 × 2) = ₩1,000,000
20x3년 연수합계법으로 인한 감가상각금액 = (₩1,000,000 - ₩50,000) × 3/6 = ₩475,000
감가상각방법 변경으로 인한 감가상각금액 증가분 = ₩475,000 - ₩300,000 = ₩175,000
∴ 20x3년 당기순이익 = ₩600,000 - ₩175,000 = ₩425,000

답 ①

07 (주)한국은 20x2년도에 재고자산평가방법을 가중평균법에서 선입선출법으로 변경하였다. 그 결과 20x2년도의 기초재고자산과 기말재고자산이 각각 ₩35,000과 ₩42,000만큼 증가하였다. 이는 한국채택국제회계기준의 회계정책 변경의 요건을 충족한다. 만일 회계정책변경을 하지 않았다면 (주)한국의 20x2년 당기순이익은 ₩200,000이다. 회계정책 변경 후 (주)한국의 20x2년 당기순이익을 계산하면 얼마인가?

(2017년)

① ₩193,000　　　　　　　　　② ₩207,000
③ ₩235,000　　　　　　　　　④ ₩242,000

[해설] 재고자산평가방법이 가중평균법에서 선입선출법으로 변경하게 되며 기초재고자산은 ₩35,000 증가하고 기말재고자산은 ₩42,000 증가한다. 기말재고자산이 기초재고자산보다 ₩7,000 더 많이 증가하므로 매출원가는 ₩7,000 감소한다. 매출원가가 ₩7,000 감소하면 당기순이익은 매출원가의 감소분인 ₩7,000만큼 증가한다.
따라서 20x2년 당기순이익은 변경 전 당기순이익 ₩200,000에 재고자산평가방법으로 인하여 증가하게 된 ₩7,000을 더한 ₩207,000이 된다.

[답] ②

08 (주)한국의 20x1년의 재무자료가 다음과 같을 때, (주)한국의 20x1년 말 자기자본 대비 부채비율은?

(2020년)

· 자산 ₩1,000	· 자산회전율 2회
· 매출액순이익률 5%	· 자기자본이익률(ROE) 25%
· 자산과 자본의 각각 기초와 기말금액은 동일	

① 100%　　　　　　　　　　② 150%
③ 200%　　　　　　　　　　④ 300%

[해설] · 자산회전율 2회 → $\dfrac{매출액}{자산}=2$, 즉 매출액은 자산의 2배

· 매출액순이익률 5% → $\dfrac{순이익}{매출액}\times100=5$, 즉 매출액은 순이익의 20배

· 매출액이 순이익의 20배이므로 자산은 순이익의 10배

· 자기자본이익률(ROE) 25% → $\dfrac{당기순이익}{자본}\times100=25$, 즉 자본은 순이익의 4배

· 자본이 순이익의 4배이므로 부채는 순이익의 6배(∵ 부채 = 자산 − 자본)

· 자기자본 대비 부채비율 = $\dfrac{부채}{자기자본}\times100=\dfrac{6\times순이익}{4\times순이익}\times100=150\%$

[답] ②

09 (주)한국의 아래 20x1년 자료를 이용할 때, 20x1년도 자기자본순이익률(ROE)은?(단, 배당으로 인해 자산과 자본 각각의 기초와 기말금액은 동일하다) (2018년)

자산	₩3,000	자산회전율	1.5회
매출액순이익률	2%	부채비율(자기자본대비)	200%

① 5%　　　　　　　　　　　　　　　　② 7%

③ 8%　　　　　　　　　　　　　　　　④ 9%

[해설] 자산회전율 = 매출액/평균총자산 = ₩4,500/₩3,000 = 1.5회
매출액순이익률 = 당기순이익/매출액 = 당기순이익/₩4,500 = 2%
∴ 당기순이익 = ₩90
부채비율(자기자본대비)이 200%이므로 자산 ₩3,000의 부채와 자본의 비율은 2 : 1
∴ 부채 ₩2,000, 자본 ₩1,000
∴ ROE(자기자본순이익률) = 당기순이익/평균자기자본 = ₩90/₩1,000 = 9%

답 ④

10 재무비율에 대한 설명으로 옳지 않은 것은? (2018년)

① 유동비율이 높다는 것은 기업의 안전성 측면에서는 유리하지만 과도하게 높을 경우 수익성 측면에서는 불리할 수도 있다.

② 이자보상비율이 낮은 기업일수록 자금조달과 자금운용이 원활하고, 추가적인 부채조달이 용이하며, 차입이자율이 낮다.

③ 자산회전율이 높다는 것은 기업이 보유하고 있는 자원인 자산을 효율적으로 활용하고 있다는 것을 의미한다.

④ 자기자본순이익률(ROE)과 부채비율(자기자본대비)이 고정되어 있다면, 매출액순이익률과 총자산회전율은 반비례관계이다.

[해설] 이자보상비율은 영업이익으로 이자비용을 몇 번 지불가능한지 나타내는 것으로 높을수록 안정적이다. 이자보상비율이 높은 기업일수록 자금조달과 자금운용이 원활하고, 추가적인 부채조달이 용이하며, 차입이자율이 낮다.

답 ②

11 다음 자료를 이용하여 (주)한국의 매출채권 평균회수기간을 구하면 얼마인가?(단, 1년은 365일로 계산하며, 모두 신용매출이다) *(2016년)*

• 기초매출채권	₩5,000,000
• 기말매출채권	₩8,000,000
• 당기 매출액	₩94,900,000

① 25일　　　　　　　　　　　　　　② 50일
③ 75일　　　　　　　　　　　　　　④ 125일

해설 매출채권 회전율 = 매출액/평균매출채권 = ₩94,900,000/₩6,500,000 = 14.6회
매출채권 회수율 = 365일/매출채권 회전율 = 365일/14.6회 = 25일

답 ①

12 (주)한국은 현재 당좌비율 100%, 부채비율(총부채/총자본) 200%이다. 이러한 상태에서 (주)한국은 재고자산을 ₩100,000 구입하면서 ₩50,000은 현금으로 결제하고 나머지 ₩50,000은 외상으로 하였다. 이러한 거래가 당좌비율과 부채비율에 미치는 영향은? *(2020년)*

	당좌비율	부채비율
①	증가	증가
②	감소	증가
③	증가	감소
④	감소	감소

해설 • 당좌비율 = $\dfrac{\text{유동자산} - \text{재고자산}}{\text{유동부채}}$

재고자산을 ₩100,000에 구입 후 현금 ₩50,000을 지급했으므로 유동자산 ₩50,000 증가, 재고자산 ₩50,000 증가하여 분자의 수치는 변함이 없다. 하지만 재고자산 구입 시 ₩50,000을 외상으로 했으므로 유동부채는 ₩50,000 증가하였다. 따라서 분자의 수치는 변함이 없으나 분모의 수치가 증가했으므로 당좌비율은 감소한다.

• 부채비율 = $\dfrac{\text{부채}}{\text{자본}}$

재고자산의 구입으로 자본은 변함 없지만 외상으로 인한 부채의 증가로 부채비율은 증가한다.

답 ②

13 회계기준에 제시된 수익 인식 단계에 대한 설명으로 옳지 않은 것은? (2018년)

① 핵심 원칙에 따라 수익을 인식하기 위해서는 1단계 '고객과의 계약을 식별'부터 5단계 '수행의무를 이행할 때 수익을 인식'까지의 단계를 적용해야 한다.

② 고객이 재화나 용역 그 자체에서나 쉽게 구할 수 있는 다른 자원과 함께하여 효익을 얻을 수 있고, 그 약속을 계약 내의 다른 약속과 별도로 식별해 낼 수 있다면 재화나 용역은 구별된다.

③ 거래가격은 고객에게 약속한 재화나 용역을 이전하고 그 대가로 기업이 받을 권리를 갖게 될 고정금액이다.

④ 거래가격은 일반적으로 계약에서 약속한 각 구별되는 재화나 용역의 상대적 개별 판매가격을 기준으로 배분한다.

[해설] 일반적으로 거래가격은 계약에 표시된 고정금액이지만, 어떤 경우에는 변동 대가를 포함하거나 현금 외의 형태로 지급될 수 있다.

답 ③

14 다음 중 고객과의 계약으로 회계처리하기 위한 충족 기준에 해당되지 않는 것은? (2019년)

① 계약 당사자들이 계약을 서면으로, 구두로, 그 밖의 사업 관행에 따라 승인하고 각자의 의무를 수행하기로 확약한다.

② 이전할 재화나 용역의 지급조건을 식별할 수 있다.

③ 고객에게 이전할 재화나 용역에 대하여 받을 권리를 갖게 될 대가의 회수가능성이 높다.

④ 계약 당사자들이 그 활동이나 과정에서 생기는 위험과 효익을 공유한다.

[해설] 계약 당사들이 그 활동이나 과정에서 생기는 위험과 효익을 공유하는 것은 고객과의 계약으로 회계처리하기 위한 충족 기준이 되지 않는다.

답 ④

15 회계기준에 제시된 거래가격 산정에 대한 설명으로 옳지 않은 것은? (2018년)

① 거래가격은 제3자를 대신해서 회수한 금액을 포함한다.

② 대가(금액)는 할인(discount), 리베이트, 환불, 공제(credits), 가격할인(price concessions), 장려금(incentives), 성과보너스, 위약금이나 그 밖의 비슷한 항목 때문에 변동될 수 있다.

③ 고객에게서 받은 대가의 일부나 전부를 고객에게 환불할 것으로 예상하는 경우에는 환불부채를 인식한다.

④ 고객이 현금 외의 형태로 대가를 약속한 계약의 경우에 거래가격을 산정하기 위하여 비현금 대가(또는 비현금 대가의 약속)를 공정가치로 측정한다.

[해설] 판매세, 특정 재화나 용역과 관련된 세금, 부가가치세와 같이 제3자를 대신하여 받는 금액은 부채에 해당하므로, 거래가격에 포함하지 아니한다.

답 ①

16 다음 중 법인세회계에 대한 설명으로 옳은 것은? (2016년)

① 가산할 일시적차이와 차감할 일시적차이는 미래에 이 차이가 사용될 수 있는 과세소득의 발생가능성이 높은 경우에만 이연법인세를 인식한다.

② 영구적차이와 일시적차이가 발생하더라도 회계이익과 과세소득이 같기 때문에 영구적차이 및 일시적차이에 대하여 회계이익을 조정할 필요가 없다.

③ 영업권의 최초인식으로 인하여 가산할 일시적 차이가 발생하는 경우 이연법인세 부채를 인식하지 않는다.

④ 이연법인세자산과 이연법인세부채는 항상 상계가 가능하다.

해설 ① 차감할 일시적 차이인 이연법인세자산의 경우에만 과세소득의 발생가능성이 높을 경우에 인식한다.
② 차이가 발생하면 과세소득에 영향을 미치므로 회계이익과 과세소득에 차이가 난다.
④ 이연법인세자산과 이연법인세부채는 요건을 충족할 경우에만 상계가 가능하다.

┤ 심화 Tip ├

이연법인세자산과 이연법인세부채 상계 요건
• 기업이 인식된 금액에 대한 법적으로 집행 가능한 상계 권리를 가지고 있다.
• 기업이 순액으로 결제하거나, 자산을 실현하는 동시에 부채를 결제할 의도가 있다.

답 ③

17 리스회계와 관련한 다음 설명 중 옳지 않은 것은? (2017년)

① 내용연수는 리스기간에 한정되지 않고 리스기간개시일부터 자산이 갖는 경제적 효익을 기업이 소비할 것으로 예상되는 잔여기간을 말한다.

② 리스자산의 소유에 따른 위험과 보상의 대부분을 이전하는 리스는 금융리스로 분류한다.

③ 금융리스에서 리스이용자는 리스약정일에 측정된 최소리스료의 현재가치와 리스자산의 공정가치 중 큰 금액을 리스기간개시일에 금융리스자산과 금융리스부채로 각각 인식한다.

④ 금융리스자산의 감가상각은 리스이용자가 소유한 다른 감가상각대상자산의 감가상각정책과 일관되게 회계처리한다.

해설 최소리스료의 현재가치와 리스자산의 공정가치 중 작은 금액을 금융리스자산과 부채로 인식한다.

답 ③

18 다음 중 리스에 대한 설명으로 옳지 않은 것은? (2019년)

① 리스이용자는 기초자산의 소유에 따른 위험과 보상의 대부분이 이전되는지 여부와 관계없이 운용리스로 분류한다.

② 리스기간 종료시점 이전에 기초자산의 소유권이 리스이용자에게 이전되는 경우 리스제공자는 금융리스로 분류한다.

③ 리스이용자가 인식하는 사용권자산에는 리스이용자가 부담하는 리스개설직접원가가 포함된다.

④ 금융리스의 경우 리스제공자는 자신의 리스순투자 금액에 일정한 기간수익률을 반영하는 방식으로 리스기간에 걸쳐 금융수익을 인식한다.

[해설] 리스이용자는 기초자산의 소유에 따른 위험과 보상의 대부분이 이전될 경우 금융리스로 분류한다.

② 금융리스는 리스자산 소유에 따른 위험과 보상이 리스이용자에게 이전되는 리스계약으로 기초자산의 소유권이 임차인에게 이전된다. 금융리스이용자는 금융리스제공자에게 리스료를 지급할 의무가 있다.

③ 리스이용자의 사용권자산은 리스개시일에 취득원가를 측정하여 인식한다. 사용권자산은 리스부채＋선지급 리스료－인센티브 수령액＋리스개설직접원가＋복구충당부채로 구성된다.

④ 리스제공자는 리스순투자 금액에 대하여 일정한 기간이자율이 산출되는 방식을 적용하여 이자수익으로 인식한다.

답 ①

19 회계기준에 제시된 현금흐름표에 대한 설명으로 옳지 않은 것은? (2018년)

① 하나의 거래에는 서로 다른 활동으로 분류되는 현금흐름이 포함될 수 있다.

② 재무상태표에 자산으로 인식되는 지출만이 투자활동으로 분류하기에 적합하다.

③ 역사적 영업현금흐름의 특정 구성요소에 대한 정보를 다른 정보와 함께 사용하면, 미래 영업현금흐름을 예측하는 데 유용하다.

④ 현금 및 현금성자산을 구성하는 항목 간 이동은 영업활동, 투자활동 및 재무활동의 일부일 수 있으므로 이러한 항목 간의 변동은 현금흐름에 포함한다.

[해설] 항목 간 이동은 현금관리의 일부이므로 이러한 항목 간의 변동은 현금흐름에서 제외한다.

답 ④

20 다음 중 현금흐름표상 투자활동 현금흐름으로만 구성된 것은 무엇인가?

(2016년)

> ㉠ 종업원과 관련하여 직·간접적으로 발생하는 현금유출
> ㉡ 단기매매목적의 계약에서 발생하는 현금의 유·출입
> ㉢ 제3자에 대한 선급금 및 대여금의 회수 또는 지급에 따른 현금의 유·출입(금융회사의 현금 선지급과 대출채권 제외)
> ㉣ 주식 등의 지분상품 발행에 따른 현금의 유입
> ㉤ 어음의 발행 및 장·단기차입에 따른 현금의 유입
> ㉥ 유형자산의 취득 및 처분에 따른 현금의 유·출입
> ㉦ 타기업 지분상품의 취득·처분에 따른 현금의 유·출입(현금성자산, 단기매매금융자산 제외)
> ㉧ 재무·투자활동과 관련 없는 법인세 납부 및 환급에 따른 현금의 유·출입
> ㉨ 리스이용자의 금융리스부채 상환에 따른 현금의 유출
> ㉩ 차입금의 상환에 따른 현금의 유출

① ㉠, ㉢, ㉧
② ㉢, ㉥, ㉦
③ ㉢, ㉦, ㉨
④ ㉦, ㉧, ㉩

해설 ㉠ 종업원과 관련하여 직·간접적으로 발생하는 현금유출 : 영업활동
㉡ 단기매매목적의 계약에서 발생하는 현금의 유·출입 : 영업활동
㉣ 주식 등의 지분상품 발행에 따른 현금의 유입 : 재무활동
㉤ 어음의 발행 및 장·단기차입에 따른 현금의 유입 : 재무활동
㉧ 재무·투자활동과 관련 없는 법인세 납부 및 환급에 따른 현금의 유·출입 : 영업활동
㉨ 리스이용자의 금융리스부채 상환에 따른 현금의 유출 : 재무활동
㉩ 차입금의 상환에 따른 현금의 유출 : 재무활동

답 ②

21 다음은 (주)한국의 20x1년 현금흐름표를 작성하기 위한 자료의 일부이다.

계정과목	기 초	기 말
기계장치	₩200	₩250
감가상각누계액	₩(50)	₩(80)

당기 중 취득원가가 ₩50, 감가상각누계액이 ₩20인 기계장치를 처분하면서 유형자산처분손실 ₩5이 발생하였다. 기계장치와 관련하여 (주)한국의 당기 현금흐름표에 표시될 투자활동 현금흐름(순액)은 얼마인가?

(2017년)

① 순유입 ₩70 ② 순유입 ₩75
③ 순유출 ₩70 ④ 순유출 ₩75

[해설] 투자활동 현금흐름 = (₩100) + ₩25 = (75)

기계장치

기초	₩200	처분	₩50
취득(현금유출)	₩100	기말	₩250
감가상각누계액	₩20	기계장치	₩50
처분손실	₩5		
현금유입	₩25		

답 ④

22 현금흐름표상 재무활동 현금흐름에 해당하는 것은?

(2019년)

① 판매목적으로 보유하는 재고자산을 제조하거나 취득하기 위한 현금의 유출
② 보험회사의 경우 보험금과 관련된 현금의 유출
③ 유형자산의 취득 및 처분에 따른 현금의 유·출입
④ 주식 등의 지분상품 발행에 따른 현금의 유입

[해설] 주식이나 기타 지분상품의 발행에 따른 현금유입은 재무활동 현금흐름으로 분류된다.
　　① 재고자산과 영업활동에 관련되었으므로 영업활동 현금흐름이다.
　　② 보험회사의 경우 수입보험료, 보험금, 연금 및 기타 급부금과 관련된 활동은 영업활동 현금흐름이다.
　　③ 유형자산, 무형자산 및 기타 장기성 자산의 취득과 처분에 따른 현금유출입은 투자활동 현금흐름으로 분류된다.

답 ④

23 (주)한국이 보고한 20x1년의 당기순이익은 ₩1,000,000이다. 다음과 같은 사항이 20x1년에 발생하였을 때, (주)한국의 20x1년 간접법에 의한 영업활동 현금흐름을 계산하면 얼마인가?(단, 법인세는 무시한다)

(2019년)

- 매출채권(순액) 증가액 : ₩300,000
- 재고자산(순액) 감소액 : ₩200,000
- 매입채무 증가액 : ₩100,000
- 감가상각비 : ₩120,000
- 유형자산처분이익 : ₩150,000

① ₩960,000   ② ₩970,000
③ ₩980,000   ④ ₩990,000

[해설]

당기순이익	₩1,000,000
감가상각비	+₩120,000
매출채권(순액) 증가액	−₩300,000
재고자산(순액) 감소액	+₩200,000
매입채무 증가액	+₩100,000
유형자산처분이익	−₩150,000
영업에서 창출된 현금	₩970,000

답 ②

24 비현금거래의 경우 당기에 현금흐름을 수반하지 않으므로 그 항목을 현금흐름표에서 제외하는 것은 현금흐름표의 목적에 부합한다. 이와 같은 비현금거래로 옳지 않은 것은?

(2018년)

① 채무의 지분전환
② 금융회사 간 예금이체
③ 주식 발행을 통한 기업의 인수
④ 자산 취득 시 직접 관련된 부채를 인수하거나 금융리스를 통하여 자산을 취득하는 경우

[해설] 금융회사 간의 예금이체는 영업활동으로 분류한다.

답 ②

25 (주)한국은 20x1년 1월 1일에 댐건설을 위하여 정부와 건설계약(공사기간 3년, 총도급계약금액 ₩6,000,000)을 체결하였다. (주)한국은 동 건설계약의 수익을 진행 기준으로 인식하며, 발생한 누적계약원가를 기준으로 진행률을 계산한다. 동 건설공사계약과 관련된 연도별 자료는 다음과 같다.

	20x1년	20x2년	20x3년
실제발생 계약원가	₩2,000,000	₩1,300,000	₩2,200,000
연도 말 예상추가계약원가	₩3,000,000	₩2,200,000	–
공사대금 청구액	₩1,400,000	₩1,600,000	₩3,000,000
공사대금 회수액	₩1,000,000	₩1,800,000	₩3,200,000

이 건설공사계약과 관련하여 (주)한국이 20x1년 말과 20x2년 말 재무상태표상 인식할 미청구공사(초과청구공사) 금액은 얼마인가?

(2017년)

	20x1년 말		20x2년 말	
①	초과청구공사	₩400,000	미청구공사	₩200,000
②	초과청구공사	₩400,000	초과청구공사	₩200,000
③	미청구공사	₩1,000,000	초과청구공사	₩200,000
④	미청구공사	₩1,000,000	미청구공사	₩600,000

해설

	20x1년	20x2년
진행률	40%	60%
정상 청구액	₩2,400,000	₩3,600,000
청구액	₩1,400,000	₩3,000,000
미청구공사	₩1,000,000	₩600,000

답 ④

26 (주)한국은 20x1년 9월 1일에 서울시로부터 총계약금액 ₩1,500,000인 야구경기장 공사를 수주하고 공사진행기준을 적용하여 회계처리를 하고 있다. 계약의 진행률은 발생누적 계약원가를 추정총계약원가로 나눈 비율을 사용한다. 20x1년도 계약원가 발생액은 ₩200,000이었으며 이후 완성 시까지 추가로 발생할 것으로 예상되는 원가는 ₩800,000이다. 20x1년도에 공사 관련 대금 청구액은 ₩250,000이며 이 중에서 회수한 금액은 ₩150,000이었다. 이 계약과 관련하여 (주)한국이 20x1년도에 인식할 계약손익은 얼마인가?

(2016년)

① ₩50,000 손실
② ₩0
③ ₩50,000 이익
④ ₩100,000 이익

해설

구분	20x1년
ㄱ. 누적 발생계약원가	₩200,000
ㄴ. 추정총계약원가	₩1,000,000
ㄷ. 진행률(ㄱ ÷ ㄴ)	20%
ㄹ. 계약수익	₩300,000
ㅁ. 계약원가	₩200,000
ㅂ. 계약이익(ㄹ − ㅁ)	₩100,000

답 ④

27 (주)한국의 20x1년 말과 20x2년 말 이연법인세자산·부채 내역은 다음과 같다. (주)한국이 20x2년 과세소득에 대하여 납부할 법인세가 ₩320,000이라면, 20x2년 포괄손익계산서에 계상될 법인세비용은 얼마인가?

(2019년)

구분	20x1년 말	20x2년 말
이연법인세자산	₩100,000	₩0
이연법인세부채	₩0	₩80,000

① ₩300,000
② ₩320,000
③ ₩340,000
④ ₩500,000

해설
- 법인세비용 = 당기 법인세부담액 + 이연법인세자산 감소 + 이연법인세부채 증가
- 법인세비용 = 당기 법인세부담액 − 이연법인세자산 증가 − 이연법인세부채 감소

당기 법인세부담액	₩320,000
＋이연법인세부채 증가	＋₩80,000
＋이연법인세자산 감소	＋₩100,000
법인세비용	₩500,000

답 ④

28 (주)한국의 20x1년과 20x2년의 법인세비용차감전순이익은 각각 ₩10,000,000이다. 법인세 적용세율은 20%이며 미래에도 동일한 세율이 유지된다. 법인세 관련 자료는 다음과 같다.

- 20x1년에 퇴직급여한도초과액 ₩1,000,000이 발생하였으며, 당해 한도초과액은 20x2년과 20x3년에 ₩500,000씩 손금으로 추인되었다.
- 20x1년과 20x2년의 접대비한도초과액은 각각 ₩300,000과 ₩500,000이다.
- 다른 일시적 차이는 없으며, 미래에 충분한 과세소득이 발생할 것으로 예상된다.

(주)한국의 20x2년 법인세비용은 얼마인가? (2017년)

① ₩2,000,000 ② ₩2,060,000

③ ₩2,100,000 ④ ₩2,260,000

[해설] 20x1년 일시적 차이 이연법인세자산 = ₩200,000
20x2년 일시적 차이 이연법인세자산 = ₩100,000
20x2년 법인세 = (₩10,000,000 − ₩500,000 + ₩500,000) × 20% = ₩2,000,000
∴ 20x2년 법인세비용 : ₩2,000,000 + ₩100,000 = ₩2,100,000

답 ③

29 (주)한국은 20x1년 고객과 수행의무 A, B, C를 이행하고 거래가격 ₩1,000의 대가를 받는 계약을 체결하였다. 고객과의 계약에서 생기는 수익을 인식하기 위한 조건은 모두 충족하였고, 수익인식을 위한 자료가 아래와 같을 때, (주)한국이 20x1년도에 인식할 수익은?(단, 수행의무 C는 당기에 신규 개발된 용역으로 개별 판매가격이 정해지지 않았다) (2018년)

수행의무	A	B	C
(주)한국 개별판매가격	₩150	₩300	?
(주)한국 발생원가	?	₩200	₩100
경쟁사 판매가격	₩200	₩300	?
20x1년 중 수행의무 이행 여부	미이행	수행의무 이행	수행의무 이행

① ₩550 ② ₩750

③ ₩800 ④ ₩850

[해설] A와 B의 거래가격과 ₩1,000을 이용하여 C의 판매가격을 구할 수 있다.
수익 인식 수행의무가 이행된 B, C만 고려하여 ₩500 + ₩350 = ₩850

답 ④

30 다음은 문구 제조업체인 (주)한국의 20x1년 거래 자료이다. (주)한국이 20x1년에 인식할 수익은?

(2019년)

> • (주)한국은 소매체인점인 A고객에게 ₩100,000의 제품을 판매하였고, 계약 개시시점에 ₩5,000(환불 불가)을 지급하였다. 동 지급액은 A고객이 (주)한국의 제품을 선반에 올리는 데 필요한 변경에 대해 A고객에게 보상하는 것이다.
> • (주)한국은 제품을 판매하면서 B고객으로부터 공정가치 ₩100,000의 차량운반구와 현금 ₩20,000을 수령하였다.

① ₩195,000   ② ₩200,000
③ ₩215,000   ④ ₩220,000

해설 • A고객에 대한 수익=₩100,000 − ₩5,000(환불불가)=₩95,000
    • B고객에 대한 수익=₩100,000 + ₩20,000=₩120,000
    ∴ (주)한국의 총수익=₩95,000 + ₩120,000=₩215,000

답 ③

31 (주)한국은 20x1년 6월 1일 액면금액 ₩100,000인 상품권 10매를 10% 할인한 금액으로 발행하였다. 상품권의 만기는 발행일로부터 3년이며, 고객은 상품권 액면금액의 80% 이상 사용하면 잔액을 현금으로 돌려받을 수 있다. 20x1년 12월 말까지 회수된 상품권은 7매이며, 판매한 상품의 가격에 맞추기 위해 잔액 ₩20,000을 고객에게 현금으로 지급하였다. (주)한국이 상품권과 관련하여 20x1년에 인식할 수익은 얼마인가?

(2019년)

① ₩610,000   ② ₩630,000
③ ₩680,000   ④ ₩700,000

해설

〈상품권 매출 시〉

현금	₩900,000	선수금	₩1,000,000
상품권 할인액	₩100,000		

〈상품권 회수 시〉

선수금	₩700,000	매출액	₩680,000
		현금	₩20,000
매출에누리	₩70,000	상품권 할인액	₩70,000

∴ (주)한국 20x1년에 인식할 상품권 수익=매출액−매출에누리
                                =₩680,000−₩70,000=₩610,000

답 ①

우리 인생의 가장 큰 영광은

결코 넘어지지 않는 데 있는 것이 아니라

넘어질 때마다 일어서는 데 있다

– 넬슨 만델라 –

제2편

원가관리회계

CHAPTER 01 원가회계의 기본이해
CHAPTER 02 관리회계

보험계리사 1차

www.sdedu.co.kr

01 | 원가회계의 기본이해

제1절 원가관리회계의 기초이론

1. 원가회계의 개요

(1) 제조기업과 원가계산

① 제조기업

제품생산에 필요한 원재료와 노동력, 기계 등의 생산설비와 전기, 가스 등의 제 용역을 외부로부터 구입하여 내부에서 기타생산설비를 이용해서 제품을 생산한 후 생산된 제품을 외부에 판매하는 영리조직을 말한다. 따라서 제조활동을 통해 소비된 원가요소(재료원가, 노무원가, 경비원가)를 집계하여 계산하는 원가계산이 필수적이다.

② 제조기업의 경영활동

㉠ 구매과정(외부거래) : 제품생산을 위한 원재료를 구입하고 이것을 가공하는 데 필요한 노동력과 생산설비 및 제 용역을 외부로부터 구입하여 생산활동을 준비하는 과정을 말한다.

㉡ 제조과정(내부거래) : 구매과정에서 구입한 노동력과 생산설비 및 제 용역을 이용하여 원재료를 가공함으로써 제품을 생산하는 과정이다.

㉢ 판매과정(외부활동) : 제조과정에서 생산된 제품을 외부에 판매하는 과정이다.

(2) 원가회계

① 원가회계의 의의

원가회계란 제품의 정확한 원가정보를 생성하는 과정이다. 외부정보이용자들에게 의사결정의 유용한 정보를 제공하는 재무회계와 완성된 제품의 원가를 통해 장래의 원가를 통제하고, 예산편성, 특수원가결정 등 내부정보이용자인 경영자에게 기업의 관리적 의사결정에 유용한 정보를 제공하기 위한 관리회계로 분류할 수 있다.

구분	재무회계	관리회계
목적	외부보고, 법률적 요구	내부보고, 필요적 요구
정보이용자	주주, 채권자(외부이용자)	경영자(내부이용자)
보고수단	재무제표	특수목적보고서
정보의 질적 속성	객관적, 검증가능성	주관적, 목적적합성
관점	과거지향적	미래지향적
범위	넓고 전체적임	좁고 특수함

② 원가회계의 목적

    ㉠ 재무제표의 작성 : 재무제표의 작성에 필요한 원가자료를 제공한다.

    ㉡ 가격산정 : 가격계산에 필요한 원가자료를 제공한다.

    ㉢ 원가관리 : 원가관리에 필요한 원가자료를 제공한다.

    ㉣ 예산관리 : 예산편성 및 통제에 필요한 원가자료를 제공한다.

    ㉤ 기본계획 설정 : 경영의 기본계획 설정에 필요한 원가정보를 제공한다.

③ 원가회계의 특징

    ㉠ 원가계산의 기간은 일반적으로 1개월로 실시한다.

    ㉡ 원가의 흐름이 중요하므로 내부거래 중심으로 회계처리를 하고 이로 인해 추가적인 계정과목수가 많다.

    ㉢ 내부거래를 통하여 원가를 집계하는 집합계정의 수가 많고 계정 간의 대체 분개와 기입이 많다.

    ㉣ 제품의 생산과정에서 발생한 가치의 소비액은 제조원가에 산입한다.

2. 원가

(1) 원가의 분류

① 제조활동에 따른 분류

    ㉠ 제조원가(제품원가) : 제조활동과 관련하여 발생하는 원가

    ㉡ 비제조원가(기간비용) : 제조활동과 관련 없이 발생하는 판매비와 관리비 등

② 발생형태에 따른 분류

    ㉠ 재료비(재료원가) : 물품을 사용함으로써 발생하는 원가(재료의 가치)이다. 재료를 구입한다 해도 모두가 제품을 생산하기 위해 쓰이는 것은 아니다. 일부는 재고로 남을지도 모르고 제품을 생산하는 이외의 용도로 사용될지도 모른다. 재료비란 제품을 만들기 위해 사용된 재료만이 원가에 해당한다.

    ㉡ 노무비(노무원가) : 서비스를 제공함으로써 발생하는 원가(노동력의 가치)이다.

    ㉢ 제조경비(기타제조원가) : 재료비, 노무비 이외의 원가로 기계나 공장건물의 감가상각비, 보험료, 제품 제조과정에서 발생한 전력비·수도료 등을 말한다.

③ 추적 가능성(집계방법)에 따른 분류

    ㉠ 직접비(직접원가)

        ⓐ 개개의 제품에 사용된 것이 분명한 원가 등으로 원재료비가 대표적이다.

        ⓑ 특정의 원가대상과 원가의 발생에 대한 인과관계가 명확한 원가로서 특정의 원가대상에 직접 부과한다. 예 직접재료비, 직접노무비, 직접제조경비, 부문직접비

    ㉡ 간접비(간접원가)

        ⓐ 어느 제품을 만들기 위해 사용되었는지가 불명확한 원가로서 사무원의 급여 등이다.

        ⓑ 물량추적이 어렵고 개별적이며 구체적인 인과관계의 식별이 곤란하다. 예 간접재료비, 간접노무비, 간접제조경비, 부문간접비

④ 원가행태에 따른 분류

원가행태란 조업도나 활동수준이 변화함에 따라 총원가 발생액이 일정한 양상으로 변화된 정도를 말한다.

㉠ 변동비(변동원가)

ⓐ 생산량이 늘어나거나 줄어들면 그에 비례하여 증감하는 원가인 재료비(직접재료원가)나 외주비 등이다.

ⓑ 단위당 변동원가는 조업도에 관계없이 일정하다.

ⓒ 업무활동의 양에 따라 변동하는 업무활동원가이다.

ⓓ CVP 분석, 이익관리, 원가관리에 유용하다.

ⓔ 비례비, 체감비, 체증비를 포함한다.

비례비	생산수량의 증감에 비례하여 증감하는 것으로 주요재료비, 직접임금 등이다.
체감비	생산수량의 증감에 따라 증감하거나 체감하는 비용으로 동력비, 연료비 등이다.
체증비	생산수량의 증감에 따라 증감하거나 체증하는 비용으로 특별감가상각비, 잔업수당 등이다.

㉡ 고정비(고정원가)

ⓐ 생산량의 증감에 관계없이 변화하지 않는 원가로, 설비의 감가상각비나 임차료 등이 그 예이다.

ⓑ 단기적인 업무활동과는 관계없이 주어진 생산 및 판매상의 능력과 관련하여 시간의 경과에 따라 발생하는 원가이다.

ⓒ 원가-조업도-이익(CVP) 분석에서 고정판매관리비도 고정원가에 포함된다.

⑤ 측정시점에 따른 분류

㉠ 실제원가(사후원가)

ⓐ 특정사건이 발생한 시점에 이미 결정된 원가를 말한다.

ⓑ 제조 후에 실제로 발생한 원가(실제소비량×실제원가)이다.

㉡ 예정원가(사전원가) : 특정사건이 발생한 시점 이전에 예측하여 결정된 원가를 말한다.

㉢ 표준원가 : 제품이 이상적 조건하에서 생산될 때에 필요한 원가를 말한다.

⑥ 기초원가(기본원가)와 전환원가(가공원가)

기초원가	• 기초원가란 직접재료비와 직접노무비를 합한 금액을 말하며, 기본원가라고도 한다. • 기초원가라는 용어를 사용하는 이유는 직접재료비 및 직접노무비와 제품 사이에는 직접적인 관련성이 존재하여 특정제품의 단위당 발생액의 추적이 용이할 뿐만 아니라 특정제품을 제조하는 데 기본적으로 발생되는 원가이기 때문이다. • 기초원가＝직접재료비+직접노무비
전환원가	• 전환원가란 제품을 제조하는 과정에서 발생하는 직접노무비와 제조간접비를 합한 금액을 말한다. • 직접재료를 가공하여 완제품을 생산하는 과정 중 가공에서 소요되는 원가라는 의미에서 가공원가라고도 하며, 직접재료를 완제품으로 전환시키는 데 소비된 원가라는 의미에서 전환원가라 한다. • 전환원가＝직접노무비＋제조간접비

⑦ 의사결정과의 관련성에 따른 분류

㉠ 관련원가 : 의사결정 대안 간에 차이가 나는 차액원가로서 의사결정의 주요분석 대상이며, 대표적인 관련원가는 회피가능원가와 기회비용(기회원가)이 있다.

㉡ 비관련원가 : 의사결정에 영향을 미치지 못하는 원가로서 기발생원가(매몰원가)와 의사결정 대안 간에 차이가 없는 미래원가가 있다. 역사적인 매몰원가는 비관련원가이다.

⑧ 통제가능성에 따른 분류
　　㉠ 통제가능원가
　　　　ⓐ 단기간에 있어서 특정의 경영자가 원가발생의 크기에 관해 주된 영향을 미칠 수 있는 원가이다.
　　　　ⓑ 재료비, 인건비, 소모품비, 수도광열비 등이 있다.
　　㉡ 통제불능원가
　　　　ⓐ 단기간에 있어서 특정 경영자의 수준에서는 그 발생을 통제할 수 없는 원가이다.
　　　　ⓑ 감가상각비, 제세공과금, 보험료, 임차료, 시험비 등이 있다.

더 알아보기 의사결정과 관련된 특수원가 개념에 따른 원가의 분류

미래원가	후일에 발생되리라 기대되는 원가로 역사적 원가에 대립되는 개념이다.
기회원가	선택가능한 대체안 중에서 한 대체안을 택하고 다른 대체안을 단념할 경우 그 단념된 대체안에서 상실하게 될 순현금유입액을 기회원가라고 하는데, 이는 대체안을 비교할 때 암묵적으로 고려되므로 대체원가라고 부르기도 한다. 이러한 기회원가는 지출원가와 대립되는 개념으로 보통 재무제표상에 나타나지 않는다.
매몰원가	특정 의사결정으로 말미암아 과거에 투하된 투자액의 전부 내지 일부를 회수할 수 없게 된 원가를 말한다. 주어진 상황에서 회수할 수 없는 역사적 원가인 매몰원가는 차액원가와 대립되는 개념으로서 어느 대체안을 택하더라도 변화하지 않는 과거원가이므로 의사결정에 있어서 비관련원가이다.
회피가능원가	경영목적의 수행에 절대로 필요한 것이 아닌 원가로서 경영관리자의 의사결정에 따라 피할 수도 있는 원가를 말한다.

(2) 원가의 구성

				판매이익	
			판매비와 관리비		
		제조간접비			판매가격
직접재료비			제조원가 (공장원가)	판매원가 (총원가)	
직접노무비	직접원가 (기초원가)				
직접제조경비					

① 직접원가(기초원가)

특정 제품의 제조를 위해서만 소비되어 특정 원가대상에 추적가능한 직접원가만으로 구성된 것이다.

> 직접원가 = 직접재료비 + 직접노무비 + 직접제조경비

② 제조원가

> 제조원가 = 직접원가 + 제조간접비(간접재료비 + 간접노무비 + 간접제조경비)

③ 판매원가(총원가)

> 판매원가 = 직접원가 + 판매비와 관리비

④ 판매가격

> 판매가격 = 판매원가 + 판매이익

(3) 원가계산방법

① 원가의 집계방법(제조형태)에 따른 분류

 ㉠ 개별원가계산 : 다품종 소량생산이나 주문생산과 같이 제품 종류나 주문·작업별로 원가를 계산할 필요가 있는 경우에 적용되며, 개별 작업별로 작성되는 작업지시서 또는 제조지시서(jb-order or production order)를 단위로 원가계산이 이루어진다. 이처럼 개별원가계산은 각 작업을 수행함에 있어서 투입되는 노력을 서로 구분하여 인식하는 것이 바람직한 경우에 이용하는 원가계산방법이다.

 ㉡ 종합원가계산 : 종합원가계산은 동일한 종류의 제품을 연속공정을 통하여 대량생산(소품종 대량생산) 하는 기업에 적용되는 원가계산방식으로서, 표준화된 제품을 계속 제조지시서에 의하여 대량으로 생산하기 때문에 지시서별(개별제품별)로 제조원가를 집계하지 않고 일정기간 동안 소비된 원가 총액을 그 기간 동안 생산된 제품의 수량으로 나누어 개별제품의 단위당 제조원가를 계산한다.

> ⓐ 당기제품제조원가 = 기초재공품원가 + 당기총제조비용 − 기말재공품원가
> ⓑ 제품단위당원가 = 당기제품제조원가 / 당기제품생산량

더 알아보기 개별원가계산과 종합원가계산의 비교

개별원가계산	• 다품종, 소량주문생산 • 항공기, 건설업, 회계법인 등의 업종에 적합 • 각 개별 작업별로 원가를 집계함 • 원가계산이 상대적으로 정확한 개별제품별로 원가집계를 하므로 많은 비용과 노력이 요구됨
종합원가계산	• 동종제품 대량연속생산 • 정유업, 시멘트, 방직업 등의 업종에 적합 • 각 공정별로 원가집계 • 가계산 시 공정별로 집계방식을 사용하므로 간편하고 경제적이나, 제품원가의 계산이 상대적으로 부정확함

② 제품원가의 범위에 따른 분류

 ㉠ 전부원가계산

  ⓐ 전부원가계산이란 제조현장에서 발생한 모든 원가를 제품원가에 포함시킨 후 판매량에 대해서 매출원가로 비용처리되는 원가계산제도이다.

  ⓑ 일정조업도를 유지하기 위해서 이미 지출된 고정제조원가를 제품원가에 자산화하여 조업도가 상대적으로 큰 기간의 제품의 단위당 단가가 적어질 수도 있다.

  ⓒ 생산량이 커질수록 제품단가는 작아지기 때문에 동일한 판매수량이라고 하더라도 생산량에 따라 이익이 달라지는 문제점이 있다.

  ⓓ 외부보고를 위한 재무제표 작성을 위해 사용되는 계산방법이다.

> • 제품원가 = 직접재료비 + 직접노무비 + 변동제조간접비 + 고정제조간접비
> • 기간비용 = 판매비와 관리

 ㉡ 변동원가계산

  ⓐ 변동원가계산이란 제품을 생산하지 않는 경우 회피할 수 있는 원가인 변동제조원가만을 제품원가에 포함시키고 고정제조원가는 기간비용으로 처리하는 원가계산제도를 말한다.

ⓑ 변동원가계산은 전부원가계산에 비하여 경영관리적 측면에서 볼 때 전부원가계산보다 유용한 정보를 제공하며 이익이 제품생산량에 영향을 받지 않으므로 제품생산량의 증가로 기업의 이익을 높이려는 유인이 제거되어 생산과잉으로 인한 바람직하지 못한 재고의 누적을 막을 수 있다.

ⓒ 기업내부 경영관리목적으로만 사용하는 방법이다.

> • 제품원가 = 직접재료비 + 직접노무비 + 변동제조간접비
> • 기간비용 = 고정제조간접비 + 판매비와 관리비

③ 원가의 측정시점에 따른 분류

  ㉠ 실제원가계산 : 모든 원가요소를 제품제조 후 실제로 발생된 제조원가요소를 집계하여 계산하는 방법으로, 기업회계기준에서는 외부의 회계정보이용자에게 재무정보 제공을 위한 외부 공시 목적으로 실제원가계산제도만을 인정하고 있다.

  ㉡ 예정원가계산(정상원가계산)

    ⓐ 직접재료비와 직접노무비는 실제 발생한 원가를 기준으로 계산하는 방법이다.

    ⓑ 제조간접비는 미리 정해 놓은 예정배부기준에 의해 구해진 예정배부율을 기준으로 제품원가를 측정하는 방법이다.

  ㉢ 표준원가계산 : 원가절감을 목적으로 미리 실시되는 원가계산이다. 기업의 생산활동이 가장 효율적인 조건에서 이루어질 경우, 그때의 원가요소를 과학적으로 분석하여 얻은 이상적 원가를 표준원가라 한다. 이를 바탕으로 실제 제조활동에서 소요된 실제원가와의 차이를 비교·분석함으로써 생산능률을 측정하고 비능률적 요소들을 제거하게 되는데, 여기에 표준원가계산의 목적이 있다. 또한 최적조업도에서 산정된 원가이므로 최저원가이며, 이것을 가격정책에 이용하므로 원가관리의 유력한 수단이 된다. 표준원가는 이상적이긴 하나 공상적이 아닌 과학적 견적이 되어야 하므로, 이를 설정하기 위해서는 과거의 실제원가 기록에 대한 철저한 분석과 노동량·시간·조업도에 대한 면밀한 연구가 따라야 한다.

제2절   원가의 흐름 및 원가배분

1. 원가의 흐름

(1) 제조원가의 분류 및 회계처리

  ① 재료비

  재료는 제품제조에 소비할 목적으로 구입한 재고자산으로서 제조활동에 사용할 재료는 원재료, 부품, 보조재료, 소모성 공기구 등이 있다.

> 재료비 = 재료의 소비량 × 재료의 소비단가

  ㉠ 재료소비액 계산

    ⓐ 계속기록법 : 재료가 출고될 때마다 그 수량을 기록하여 당기소비량을 계산하는 방법이다.

ⓑ 실지재고조사법 : 재료의 입고량만 기입하였다가 원가계산 기말에 실지재고조사에 의하여 당기의 재료소비량을 구하는 방법이다.

> 당월재료소비액 = 월초재료재고액 + 당월재료매입액 − 월말재료재고액

ⓒ 역계산법 : 제품 1단위당 재료의 표준소비량을 정해놓고 이것을 당월의 제품생산량에 곱하여 당월 재료소비량을 구하는 방법이다.

ⓛ 재료소비액 계정대체 : 직접재료비의 경우 재공품으로, 간접재료비의 경우 제조간접비로 대체된다.

(차)	재공품	×××	(대)	재료	×××
	제조간접비	×××			

② 노무비

㉠ 노무비란 제품의 제조를 위하여 인간의 노동력을 소비함으로써 발생하는 원가요소로서 공장근로자의 급여 및 상여와 수당이다.

ⓛ 노무비의 계정대체 : 직접노무비의 경우 재공품으로, 간접노무비의 경우 제조간접비로 대체된다.

(차)	재공품	×××	(대)	노무비	×××
	제조간접비	×××			

③ 제조경비

재료비와 노무비를 제외한 기타의 모든 제조원가요소를 말한다(생산설비 감가상각비, 화재보험료, 임차료, 수선비, 전력비, 가스비, 수도비 등).

(2) 원가계산의 흐름

① 원가의 흐름

원가의 흐름은 제품의 원가를 산출하는 과정에서부터 완성품제조원가를 산출하고, 이를 판매하여 수익이 실현되는 과정까지를 계정으로 표시한 것을 말한다.

② 당기총제조비용(원가)

당기의 제조과정에 투입된 모든 제조원가를 말한다.

> 당기총제조비용 = 재료비 + 노무비 + 제조경비
> = 직접재료비 + 직접노무비 + 직접제조경비 + 제조간접비

③ 당기제품제조원가

당기에 완성한 제품의 제조원가를 의미한다.

> 당기제품제조원가 = 기초재공품재고액 + 당기총제조원가 − 기말재공품재고액

④ 매출원가

당기에 판매한 제품의 원가를 의미한다.

> 매출원가 = 기초제품재고액 + 당기제품제조원가 − 기말제품재고액

매출원가를 물량(수량)흐름으로 나타내면 아래와 같다.

> 당기판매수량 = 기초재고수량 + 당기생산수량 − 기말재고수량

⑤ 제조원가명세서

　㉠ 의의 : 제조원가명세서는 완성된 제품의 제조원가를 상세히 나타내기 위한 포괄손익계산서 부속명세
　　　표로서 제품의 원가요소가 투입되어 제조과정을 거쳐 제품제조원가가 집계되는 과정을 작성한 명세
　　　표를 말한다.

　㉡ 작성방법 : 원가 소비액을 직접비와 간접비로 구분하여 계산하지 않고 단순히 재료비, 노무비, 제조경
　　　비로 나누어 계산하고 그 합계액에서 기초재공품재고액을 가산한 후 기말재공품재고액을 차감하여
　　　당기제품제조원가를 표시한다.

2. 원가배분

(1) 원가배분의 의의 및 기준

① 원가배분의 의의

원가배분이란 제품제조과정에서 발생하는 원가를 제품 또는 부문 등의 원가대상에 합리적인 원가유발요
인을 추적하여 대응시키는 것을 말한다.

　㉠ 각종 경제적 의사결정을 합리적으로 수행하기 위한 정보를 제공한다.

　㉡ 종업원이나 경영자에 대한 동기를 부여하는 계기가 되고, 성과를 평가할 수 있다.

　㉢ 재고자산의 금액 및 이익측정을 위한 제품원가를 산출하여 외부에 공시되는 재무제표 작성의 자료를
　　　제공한다.

　㉣ 계약가격의 결정을 위하여 관련원가의 합리적 배분을 하여야 한다.

② 원가배분의 기준

　㉠ 인과관계기준 : 특정 활동의 수행으로 배분되어야 할 특정한 원가가 발생할 경우, 그 활동과 배분될
　　　원가 사이에 인과관계가 존재하도록 원가배분대상에 원가를 배분하는 방법이다. 이는 가장 이상적인
　　　원가배분기준으로서 인과관계를 이용한 원가배분이 경제적으로 실현 가능한 경우에는 인과관계기준
　　　에 의해 원가를 배분하여야 한다.

　㉡ 수혜기준 : 배분대상원가의 원가대상을 확인한 후 확인된 원가대상에 제공된 경제적 효익을 측정할
　　　수 있는 경우 이러한 경제적 효익의 크기에 비례하여 원가를 배분하는 기준이다.

　㉢ 부담능력기준 : 각 원가집적대상이 원가를 부담할 수 있는 능력에 비례하여 원가를 배분하는 방법이
　　　다. 일반적으로 부담능력을 평가하는 지표로서 매출액이 많이 사용되고 있다. 이 경우 부담능력의
　　　평가지표인 매출액이 매기 변하는 데 비하여 원가집적대상에 배분될 원가는 성질상 매기 일정하기
　　　때문에 매출액에 따라 원가를 배분하면 특정부문에 배분되는 원가가 다른 부문의 영업활동(매출액)에
　　　의하여 영향을 받게 되므로, 부문 간에 공평하지 못한 원가배분의 결과를 야기하게 된다는 것이

가장 큰 문제점이다. 따라서 매출액과 원가의 발생 사이에 밀접한 관계가 존재할 때에만 적용하여야
할 것이다.

ㄹ 증분기준 : 최초 사용자와 추가 사용자로 구분하여 전체 발생원가 중 추가사용으로 증가된 원가만을
추가 사용자에게 배분하고 나머지 원가는 최초 사용자에게 부담시키는 방법이다.

(2) 제조간접비의 배부(배분)

① 제조간접비의 배부 기준 및 방법

ㄱ 제조간접비의 배부 : 제조간접비란 여러 가지 제품을 제조하는 데 공통적으로 발생하여 특정제품에
직접 부과할 수 없는 원가를 말하며, 이러한 제조간접비를 일정기간 동안 발생한 것을 집계한 후
일정한 배부기준에 의하여 각종 제품에 배분해야 하는 것을 제조간접비의 배부라 한다.

ⓐ 제조간접비 배부율 $= \dfrac{\text{제조간접비(발생액)}}{\text{배부기준(조업도)}}$

ⓑ 개별작업에 배분되는 제조간접비 = 제조간접비 배부율 × 개별작업의 조업도

ㄴ 배부기준 : 특정제품과 인과관계를 추적하여 부과할 수 없으므로 적정한 배부기준을 설정하여 배분하
여야 한다.

ⓐ 가액법 : 직접재료비법, 직접노무비법, 직접원가법

ⓑ 시간법 : 직접노동시간법, 기계작업시간법

ㄷ 배부방법

ⓐ 측정시점에 따른 분류 : 실제배부법, 예정배부법

ⓑ 집계방법에 따른 분류 : 공장전체배분법, 부문별배분법, 활동별배분법

(3) 정상(예정)원가계산

① 정상원가계산의 의의 및 특징

ㄱ 각 제조지시서별 제조원가를 계산하는데, 직접비(직접재료비, 직접노무비)는 실제소비액을 이용하여
원가계산을 하고, 제조간접비는 예정배부액을 이용하여 원가계산을 한다.

ㄴ 제품제조원가계산이 신속하며, 실제원가계산에 비해 조업도 및 월별 또는 계절적 변동에 대하여
제조원가가 평균화된다.

ㄷ 예정배부액과 실제발생액을 비교하여 계산하므로 합리적인 원가관리 및 성과평가에 유용하다.

ⓐ 제조간접비예산 = 변동제조간접비예산 + 고정제조간접비예산

ⓑ 공장 전체 예정배분율 $= \dfrac{\text{공장 전체 제조간접비예산}}{\text{공장 전체 예정조업도}}$

ⓒ 개별작업에 배분되는 제조간접비 = 제조간접비 예정배분율 × 개별작업의 실제조업도

구분	실제원가계산	정상원가계산
직접재료원가	실제원가	실제원가
직접노무원가	실제원가	실제원가
제조간접원가	실제원가	예정원가

② 예정조업도(정상조업도, 기준조업도)

정상적인 유지 및 보수활동에 따른 조업중단을 감안한 상황하에서 평균적으로 달성할 수 있을 것으로 기대하는 생산수준을 말한다.

조업도	배부방법
실제조업도<정상조업도	정상조업도에 근거한 예정배부
실제조업도=정상조업도	정상조업도에 근거한 예정배부와 실제조업도에 근거한 실제배부 중 선택적용
실제조업도>정상조업도	실제조업도에 근거한 실제배부

③ 예정배부율과 예정배부액

> ㉠ 예정배부율 = $\dfrac{\text{예상 총제조간접원가}}{\text{예상 총배부기준량}}$
>
> ㉡ 제조간접비 예정배부율 = $\dfrac{\text{일정기간의 제조간접비 총액}}{\text{동기간의 예정배부기준 총액}}$
>
> ㉢ 제조간접비 예정배부액 = 제품별 실제배부기준량 × 제조간접비 예정배부율

④ 제조간접비 배부차이 조정

　㉠ 의의 : 제조간접비 배부차이는 제조간접비를 예정배부한 경우에 예정배부액과 실제발생액 사이에서 발생하는 차이를 말한다. 제조간접비는 직접비와는 달리 원가계산 기말이 아니면 행할 수 없기 때문에 원가계산이 지연되는 결점을 해소하기 위하여 제조간접비의 배부계산에 있어서도 예정배부율을 사용한다.

　　▷ 제조간접원가를 예정배부하는 경우 배부차액은 기말재공품, 기말제품, 매출원가 세 계정에서 조정하여 한다.

　㉡ 원가성이 인정되는 경우

　　ⓐ 총원가비례배분법 : 배부차이가 중요한 경우 제조간접비 배부차이를 계정별로 재공품과 제품, 매출원가에 비례하여 배부·조정하는 방법으로, 가장 일반적인 방법이다.

　　ⓑ 매출원가조정법 : 배부차이가 중요하지 않은 경우 전액 매출원가에 가감하는 방법으로, 제조간접비 배부차이를 전액 매출원가에 가감시킨다. 배부차액이 크지 않고 재고수준이 낮은 기업에서는 매출원가조정법을 적용할 수 있다.

　　ⓒ 원가요소별 비례배분법 : 기말에 재공품, 제품, 매출원가에 포함된 제조간접비의 비율에 따라 배부·조정하는 방법이다. 배부차이가 발생한 제조간접비 기준으로 배분하는 것이므로 가장 논리적이지만 시간과 비용이 많이 발생하는 단점이 있다.

ⓒ 원가성이 인정되지 않는 경우(영업외손익법) : 원가의 과소배부액은 영업외비용으로, 과대배부액은 영업외수익으로 처리한다. 과소배부는 실제제조간접원가가 예정배부액보다 클 때 발생하며, 과대배부는 그 반대의 경우이다.

(4) 공장전체배분법

제조과정에서 발생한 모든 제조간접비를 하나의 계정에 집계하여 하나의 배부기준으로 배분하는 방법으로 간편하다.

① 가액법

제조간접비를 직접재료비나 직접노무비 또는 직접원가 등의 금액으로 나눠서 배부율을 계산한 후 배부율을 각 제조지시서의 가액에 곱하여 직접비를 기준으로 각 제품에 제조간접비를 배부하는 방법이다.

㉠ 직접재료비법 : 일정기간 동안 발생된 실제 제조간접비 총액을 각 제품의 실제 발생한 직접재료비 비율에 따라 각 제품에 배분하는 방법이다.

> ⓐ 제조간접비 배부율 = $\dfrac{\text{제조간접비 총액}}{\text{동기간의 직접재료비 총액}}$
> ⓑ 제조간접비 배부액 = 특정제품 직접재료비 × 제조간접비 배부율

㉡ 직접노무비법 : 각 제품의 제조에 소비된 직접노무비의 비율을 기준으로 각 제품에 제조간접비를 배부하는 방법이다.

> ⓐ 제조간접비 배부율 = $\dfrac{\text{제조간접비 총액}}{\text{동기간의 직접노무비 총액}}$
> ⓑ 제조간접비 배부액 = 특정제품 직접노무비 × 제조간접비 배부율

㉢ 직접원가법 : 각 제품의 제조에 소비된 직접원가를 기준으로 하여 각 제품에 제조간접비를 배부하는 방법이다.

> ⓐ 제조간접비 배부율 = $\dfrac{\text{제조간접비 총액}}{\text{동기간의 직접원가 총액}}$
> ⓑ 제조간접비 배부액 = 특정제품 직접원가 × 제조간접비 배부율

② 시간법 : 각 제품제조에 소비된 시간을 기준으로 각 제품에 제조간접비를 배부하는 방법이다.

㉠ 직접노동시간법 : 각 제품의 제조에 소비된 직접노동시간을 기준으로 각 제품에 제조간접비를 배부하는 방법이다.

> ⓐ 제조간접비 배부율 = $\dfrac{\text{제조간접비 총액}}{\text{동기간의 직접노동 총시간수}}$
> ⓑ 제조간접비 배부액 = 특정제품 직접노동시간 × 제조간접비 배부율

㉡ 기계작업시간법 : 각 제품의 제조에 소비된 기계작업시간을 기준으로 각 제품에 제조간접비를 배부하는 방법이다.

> ⓐ 제조간접비 배부율 = $\dfrac{\text{제조간접비 총액}}{\text{동기간의 기계작업 총시간수}}$
> ⓑ 제조간접비 배부액 = 특정제품 기계작업시간 × 제조간접비 배부율

(5) 부문별 원가계산

① 원가부문

원가부문이란 원가를 별도로 인식하는 조직 내의 구성부분 또는 활동을 말한다. 즉, 원가계산상의 구분으로 원가 집계의 중심점이 된다.

  ㉠ 제조부문 : 제품을 직접 제조하는 활동이 행하여지는 부문으로 주조부, 단조부, 선박부, 절단부, 조립부 등이 있다.

  ㉡ 보조부문 : 제조활동에 직접 관여하지 아니하고 제조부문에 자기가 생산한 제품 또는 용역을 제공하는 부문(동력부, 용수부, 수선부 등) 및 공장의 관리사무부문을 말한다. 보조부문비 배부방법에서 복수기준 배부법이 단일기준 배부법보다 각 원가의 인과관계를 더 명확히 하는 방법이다.

② 부문별 원가계산의 방법

제조간접비를 각 제품에 정확하게 배부하기 위해 그 발생장소인 부문별로 원가를 분류·집계하는 절차이다.

  ㉠ 부문개별비(부문직접비)의 부과

  ⓐ 특정부문에 추적이 가능하여 개별적으로 집계가 가능한 제조간접비를 그 발생 부문에 직접 부과하는 과정을 말한다.

  ⓑ 특정부문 책임자의 급료, 특정부문에서만 사용하는 기계의 감가상각비 등이 해당된다.

  ㉡ 부문공통비(부문간접비)의 배부

  ⓐ 각 부문에 직접 추적할 수 없는 제조간접비를 인위적인 배부기준에 의하여 각 부문에 배부하는 것을 말한다.

  ⓑ 공장 건물에 하나의 계량기만 설치되어 있으면, 공장 건물 내 각 원가부문의 입장에서 전력비는 부문공통비가 된다.

  ⓒ 공장장의 급료, 여러 부문이 공동으로 사용하는 기계의 감가상각비 등이 해당된다.

  ㉢ 보조부문비를 제조부문으로 배부

  ⓐ 직접배부법 : 보조부문 상호간의 용역제공관계를 무시하고 보조부문원가를 제조부문에 배분하는 방법이다.

  • 배부절차는 간단하지만 보조부문 상호 간의 용역수수가 많은 경우에는 정확한 원가가 배부되지 않는다.

  • 계산이 간편하다는 장점 때문에 실무에서 환영받고 있으나 정확성이 떨어진다.

  ⓑ 단계배부법 : 절충적인 방법으로 보조부문 중 다른 보조부문에 대한 용역제공비율이 중요하여 직접배부법을 사용하기가 부적절한 경우 사용할 수 있다.

  • 다른 보조부문에 대한 용역제공비율이 큰 보조부문부터 우선배분하는 방법이다.

  • 용역을 제공하는 부문 수가 많은 보조부문부터 우선배분하는 방법이다.

  • 원가가 큰 보조부문을 우선배분하는 방법이다.

  ⓒ 상호배부법 : 보조부문 간의 용역제공을 완벽히 고려하여 배분하는 방법으로, 다른 배부방법에 비하여 복잡하지만 정확한 원가계산을 할 수 있다. 배분될 총 원가는 '자기부문의 발생원가+배분받은 원가'로 구성된다.

  ㉣ 제조부문비를 각 제품에 배부 : 각 제조부문에 집계된 제조간접비를 각 제품별로 배부하는 마지막 절차이다.

건물감가상각비	각 부문의 점유면적 또는 건물가액
기계장치감가상각비, 기계장치보험료	각 부문의 기계장치가액
부동산임차료, 건물보험료, 건물재산세, 건물수선비	각 부문의 점유면적
동력비	각 부분의 기계마력 수×운전시간
전기·가스·수도료 등	측정한 각 부문의 소비량 또는 추정량
전화료	각 부문의 전화대수×통화수
기계보험료	각 부문의 기계장부가액
재료보관비	각 부문에의 출고액
시험연구비	각 부문의 직접작업시간
종업원모집비	각 부문의 종업원수 또는 직접작업시간
복리비	각 부문의 종업원수

(6) 활동기준원가계산

① 의의

ⓐ 제조간접비를 정확히 배부하기 위해 제조간접비를 직접원가나 기계시간 등 단순한 요인에 의해서 배부하지 않고 제조간접비의 발생원인인 활동을 기준으로 배부하여 원가를 계산하는 시스템을 말한다.

ⓑ 활동이란 제품의 제조과정에서 제조간접비를 발생시키는 원인을 말하며, 원가동인이란 작업준비, 직접노동지원, 자재관리 등의 다양한 활동을 말하고 단위수준활동 원가는 조업도기준 원가동인에 의해 배분된다.

ⓒ 제조간접비를 활동별로 집계하고 각 활동별로 원가유발요인인 원가동인에 의하여 제조간접원가를 제품에 배분한다.

② 활동의 4가지 유형

ⓐ 단위수준활동 : 제품 한 단위가 생산될 때마다 수행되는 생산량에 비례하는 활동으로 제품조립활동, 절삭활동, 품질검사활동, 기계작업활동, 전수검사 등이 있다.

ⓑ 배치수준활동(묶음수준활동) : 생산량과 관계없이, 한 묶음에 포함되는 단위 수에 상관없이 묶음 단위로 처리 또는 가공하는 활동으로서 구매주문활동, 재료처리활동, 작업준비활동, 첫 제품 품질검 사활동, 선적활동 등이 있다.

ⓒ 제품유지활동 : 특정제품을 회사의 제품라인에 추가하거나 생산품목으로 유지하기 위한 활동으로서 제품설계, 제품테스트, 제품설계변경 등이 있다.

ⓓ 설비수준활동 : 여러 가지 제품생산을 위하여 설비 전체를 유지, 관리하는 활동으로서 공장관리활동, 건물관리활동, 조명, 냉난방활동, 조경활동 등이 있다.

③ 특징

ⓐ 제조간접비의 정확한 배부를 통해 가격결정에 유용한 정보 제공

ⓑ 정확한 제품원가, 성과평가

ⓒ 원가낭비의 지속적 제거

④ 기타

　㉠ 활동기준원가계산의 도입을 통해 비부가가치 활동을 제거하여 효율적인 원가통제가 가능하다.

　㉡ 제품의 다양성이 증가되면서 다품종소량생산이 증가하고, 이에 따라 개별제품이나 작업에 직접 추적이 어려운 원가의 비중이 증가되었다.

　㉢ 경쟁이 치열해지고, 제조간접원가의 비중이 증가함에 따라 도입되었다.

　㉣ 직접노무시간이나 직접노무원가가 원가동인으로 사용될 수 있으며, 제조원가뿐만 아니라 비제조원가도 원가동인에 의해 배부할 수 있다.

　㉤ 비단위수준 활동이 원가에 미치는 영향을 고려한다는 측면에서 개별원가계산보다 더 정확한 계산이 가능하다.

제3절　개별원가계산, 종합원가계산 및 결합원가계산

1. 개별원가계산

개별원가계산이란 건설업, 조선업, 가구제조업 등과 같은 개별생산형태의 기업에서 종류, 규격, 형태가 서로 다른 특정의 제품을 생산하는 경우에 채택하는 원가계산방법이다. 즉, 각 제품의 제조원가를 개별 작업별로 분류하여 제품별 원가를 집계하는 것이다.

2. 종합원가계산(공정별 원가계산)

(1) 종합원가계산의 의의

　① 동일공정에서 동일한 기간에 생산된 동종제품의 단위당 원가는 동일하다는 기본가정하에 원가요소의 구분을 재료비와 가공비로 단순화하여 공정별로 집계된 원가를 완성품환산량을 기준으로 완성품과 기말재공품으로 배분함으로써 원가계산을 단순화한 것이다.

　② 적용기업으로는 주로 정유업, 제분업, 제지업, 제염업, 제당업, 화학공업, 시멘트제조업, 양조업 등이 있다.

(2) 종합원가계산의 절차

　① 물량흐름의 파악

　　물량흐름의 파악이란 기초재공품수량에 당기의 제조과정에 투입된 수량을 가산한 당기 총투입량으로부터 단기완성품의 수량과 기말재공품의 수량을 파악하는 것을 말한다.

　② 완성품환산량의 계산

　　완성품환산량이란 당기간에 투입된 모든 재료와 비용이 기말재공품 없이 모두 생산되었을 경우의 완성품의 수량을 말한다.

③ 원가배분 대상액의 집계

제조공정별로 당기의 완성품과 기말재공품에 배분될 원가를 계산한다. 이 경우 원가흐름의 가정(선입선출법과 평균법 등)에 따라 그 집계액이 다르다.

④ 단위당 원가의 산출

당월제품제조원가를 당일완성품수량으로 나누어 제품의 단위당 원가를 계산한다.

$$제품의\ 단위당원가 = \frac{당월제품제조원가}{당월완성품수량}$$

⑤ 완성품원가와 기말재공품원가의 계산

㉠ 완성품원가＝완성품수량 × 완성품환산량 단위당원가
㉡ 기말재공품원가＝기말재공품 완성품환산량 × 완성품환산량 단위당원가

(3) 기말재공품 평가

① 의의

기말재공품의 평가란 원가계산의 기말시점 현재 미완성품인 기말재공품의 완성도를 추정하고, 완성도에 의하여 원가계산기간의 총원가를 완성품과 기말재공품에 배분하는 것을 말한다.

② 개념의 내용

㉠ 완성도 : 제조공정에 투입되어 현재 생산과정에 있는 제품이 어느 정도 완성되었는가를 나타내는 수치로서, 30% 또는 70%와 같은 형태로 표시된다.

㉡ 기말재공품환산량 : 기말의 미완성수량, 즉 월말재공품수량에 완성도를 곱한 수량을 말한다.

㉢ 완성품환산량 : 생산활동에 투입된 모든 노력이 완성품으로 나타날 경우에 완성품으로 나타나게 될 수량을 말한다.

③ 평가방법

㉠ 선입선출법 : 제조를 위하여 먼저 투입된 물량이 항상 먼저 완성되는 부품조립공정 등에 적합한 방법으로 기초재공품은 항상 먼저 완성된다고 가정하여 기초재공품원가는 배분과정을 거치지 않고 완성품에 대체된다.

- 재료비＝$\dfrac{당기재료비}{완성품수량 + 기말재공품환산량 - 기초재공품환산량} × 기말재공품환산량$

- 가공비＝$\dfrac{당기가공비}{완성품수량 + 기말재공품환산량 - 기초재공품환산량} × 기말재공품환산량$

- 완성품환산량＝완성품수량 - (기초재공품수량 × 기초재공품완성도)
- 기말재공품환산량＝기말재공품수량 × 기말재공품완성도

ⓐ 배분대상원가는 당기투입원가이며 이를 원가요소별로 파악한다.

ⓑ 원가요소별로 당기투입원가를 완성품환산량으로 나누어 계산한다.

ⓒ 기초재공품원가는 당기완성품으로 대체하고, 당기투입원가는 원가요소별로 완성품과 기말재공품으로 배분된다.

ⓛ 평균법 : 기초재공품원가와 당기총제조원가의 합계액을 완성품원가와 기말재공품원가로 배분하는
방법으로, 평균단가 중 일부는 당월제품제조원가로 배분되고 일부는 기말재공품재고액으로 배분되는
것으로 가정한다.

> - 기말재공품원가＝기말재공품재료비 + 기말재공품가공비
> - 기말재공품재료비＝$\dfrac{\text{기초재공품재료비 + 당기재료비}}{\text{완성품수량 + 기말재공품환산량}}$ × 기말재공품환산량
> - 기말재공품가공비＝$\dfrac{\text{기초재공품가공비 + 당기가공비}}{\text{완성품수량 + 기말재공품환산량}}$ × 기말재공품환산량

ⓐ 기초재공품과 당기투입물량의 구분이 중요하지 않은 경우 선입선출법에 비하여 쉽게 원가계산을
할 수 있다.
ⓑ 기초재공품원가와 당기투입원가를 구분하지 않으며, 기초재공품원가와 당기투입원가를 합산한
후 완성품환산량을 기준으로 완성품과 기말재공품을 배분한다.

(4) 공손품

제품의 제조과정에서 발생하는 불합격품으로서 제조기업이 사전에 설정해 놓은 표준규격이나 표준품질에
미달하는 재공품 또는 제품을 말한다.

> 공손비＝공손품의 보수에 소요되는 원가＝대체품의 제조에 소요되는 원가 - 공손품의 매각가치

① 보수가능한 경우
새로이 보수를 행하고, 그 보수에 든 비용을 그 제품의 제조원가에 가산한다.

② 보수불가능한 경우
대체품을 제조하여야 할 경우에는 새로이 제조지시서를 발행하여 제조하되 공손품의 집계원가는 대체품
의 제조원가에 가산한다. 또한 공손품의 매각가치 또는 용도에의 이용가치가 있는 경우에는 그 가액에서
차감한다.

3. 결합원가

(1) 의의

동일한 공정에서 동일한 종류의 원재료를 투입하여 서로 다른 2종 이상의 제품이 생산되는 경우에 발생하는
원가이다.

(2) 주산품과 부산품

주산품(연산품)이란 상대적 판매가치가 중요한 품목을 말하며, 부산품이란 판매가치가 미미한 품목을 말하
고, 작업폐물은 생산과정에서 발생되는 원재료의 찌꺼기 등을 말한다.

(3) 분리점과 결합원가

결합제품의 제조과정에서 각 제품의 물리적 식별이 가능한 시점을 분리점이라고 하며, 결합원가는 분리점 이전까지 투입된 원가를 말하고, 분리원가(추가가공비)는 분리점 이후 추가가공공정에서 발생한 원가를 말한다.

(4) 결합원가의 배분

① 상대적 판매가치법

결합원가를 결합제품의 분리점에서의 상대적 판매가치를 기준으로 하여 배분하는 것으로 이 방법은 특별한 인과관계를 추적할 수 없는 결합원가의 배분방법 중 연산품의 부담능력을 고려한 방법이다.

> 결합원가 배분액 = 분리점에서의 생산량 × 단위당 판매가격

② 순실현가치법

각 결합제품의 최종판매가치에서 추가가공원가와 판매비용을 차감한 순실현가치를 기준으로 결합원가를 배분하는 방법이다.

> 순실현가치 = 총판매가치 - 추가가공원가 - 판매비용

③ 물량기준법

결합제품의 중량, 부피 등을 기준으로 결합원가를 배분하는 방법이다.

> 결합원가 배분액 = 생산량 × 단위당 무게

ⓐ 생산량 등에 의한 수혜기준에 의하여 결합원가를 배분한다.

ⓑ 결합제품의 물량과 판매가격이 상관관계를 갖는 경우에 적합하고, 공통의 물리적 기준이 없는 경우에는 부적합하다.

④ 균등이익률법

분리점에서 시장가치를 모르는 경우 각 결합제품별 매출총이익률이 똑같게 산출되게 결합원가를 결합제품에 배부시키는 방법이다.

> 결합원가배분액=제조원가* - 추가가공원가
> *기업 전체의 매출총이익률을 반영한 개별제품의 제조원가

(5) 부산물과 작업폐물

① 부산물, 작업폐물의 구분

부산물과 작업폐물이란 제품의 제조과정에서 발생하는 원재료의 부스러기를 말한다. 결합공정에서 여러 제품이 생산될 때 다른 제품보다 현저하게 가치가 낮은 제품으로서, 순실현가능가치가 양(+)이면 부산물로 처리하고, 음(-)인 경우 작업폐물로 처리한다.

② 부산물의 회계처리

부산물의 가치에 따라 부산물을 자산으로 인정하거나, 비용으로 처리한다.

㉠ 생산기준법 : 부산물의 가치가 중요하여, 생산시점에 부산물의 순실현가능가치만큼 결합원가가 배분된다. 따라서 부산물의 처분이익은 '0'이 된다.

㉡ 판매기준법 : 부산물의 가치가 상대적으로 중요하지 않아, 결합원가가 배분되지 않으며, 판매 시 판매이익을 잡수익 처리하거나 매출원가에서 차감한다.

01 | 실전대비문제

01 (주)한국의 20x1년도 생산 및 판매 관련 자료는 다음과 같다.

• 기초재공품재고액	₩50,000	• 기초제품재고액	₩80,000
• 당기총제조원가	₩60,000	• 판매관리비	₩10,000
• 기말재공품재고액	₩70,000	• 기말제품재고액	₩90,000
• 매출액	₩45,000		

(주)한국의 20x1년 영업이익은 얼마인가? (2017년)

① ₩5,000

② ₩10,000

③ ₩15,000

④ ₩20,000

[해설] 매출원가 = 당기총제조원가 + 기초재공품재고액 − 기말재공품재고액 + 기초제품재고액 − 기말제품재고액
= ₩30,000
매출총이익 = ₩45,000 − ₩30,000 = ₩15,000
영업이익 = 매출총이익 − 판매관리비 = ₩15,000 − ₩10,000 = ₩5,000

답 ①

02 다음 중 결합원가계산에 대한 설명으로 옳지 않은 것은? (2020년)

① 물량기준법은 제품의 판매가격을 알 수 없을 때 유용하게 사용될 수 있다.

② 부산물의 회계처리방법에 따라 연산품에 배분될 결합원가의 금액은 달라진다.

③ 분리점판매가치법은 분리점에서 연산품의 매출총이익률을 같게 만든다.

④ 균등이익률법에서는 조건이 같다면 추가가공원가가 높은 제품에 더 많은 결합원가가 배분된다.

[해설] 균등이익률법은 모든 개별제품의 매출총이익률이 같도록 결합원가를 배부하는 방법으로 조건이 같다면 추가가공원가가 높은 제품에 결합원가가 작게 배부된다.

답 ④

03 다음 자료를 이용하여 당기총제조원가 중 기초(기본)원가를 계산하면 얼마인가? (2020년)

> • 기초재공품은 기말재공품의 200%
> • 매출원가 ₩20,000, 기초제품 ₩5,000, 기말제품 ₩3,000
> • 직접재료원가 발생액은 ₩6,000
> • 제조간접원가는 직접노무원가 발생액의 1/2만큼 발생
> • 기말재공품은 ₩3,000

① ₩8,000   ② ₩9,000

③ ₩12,000   ④ ₩15,000

[해설] • 당기제품제조원가 = 매출원가 ₩20,000 + 기말제품 ₩3,000 − 기초제품 ₩5,000 = ₩18,000
       • 기초재공품 = 기말재공품 ₩3,000 × 2 = ₩6,000

재공품

기초재공품	₩6,000	당기 제품제조원가	₩18,000
직접재료원가	₩6,000	기말재공품	₩3,000
직접노무원가	x		
제조간접원가	$0.5x$		
	₩21,000		₩21,000

∴ $1.5x$ = ₩9,000 따라서 x = ₩6,000
∴ 기초(기본)원가 = 직접재료원가 ₩6,000 + 직접노무원가 ₩6,000 = ₩12,000

답 ③

04 (주)한국은 조립부문과 도장부문을 통해 제품을 생산하고 있으며, 조립부문은 노동시간, 도장부문은 기계시간을 기준으로 제조간접원가를 배부하고 있다.

	조립부문	도장부문	합계
• 제조간접원가	₩800,000	₩700,000	₩1,500,000
• 노동시간	400시간	600시간	1,000시간
• 기계시간	200시간	500시간	700시간

(주)한국이 생산한 A, B제품에 대한 원가정보는 아래와 같다.

		A제품	B제품
• 직접재료원가		₩50,000	₩30,000
• 직접노무원가		₩100,000	₩80,000
• 조립부문	노동시간	30시간	10시간
	기계시간	20시간	20시간
• 도장부문	노동시간	20시간	20시간
	기계시간	30시간	20시간

(주)한국의 A제품과 B제품에 대한 제품별 제조원가는 각각 얼마인가?   (2016년)

	A제품	B제품
①	₩232,000	₩178,000
②	₩252,000	₩158,000
③	₩232,000	₩158,000
④	₩252,000	₩178,000

해설 조립부문 단위당 원가 = ₩800,000/400 = ₩2,000
도장부문 단위당 원가 = ₩700,000/500 = ₩1,400
A제품 제조원가 = ₩50,000 + ₩100,000 + ₩2,000 × 30 + ₩1,400 × 30 = ₩252,000
B제품 제조원가 = ₩30,000 + ₩80,000 + ₩2,000 × 10 + ₩1,400 × 20 = ₩158,000

답 ②

05 변동원가계산과 전부원가계산에 대한 다음 설명 중 옳은 것은? (2017년)

① 변동원가계산은 전부원가계산의 경우보다 이익조작 가능성이 높다.

② 변동원가계산은 전부원가계산의 경우보다 항상 과세대상 이익을 높게 산정한다.

③ 변동원가계산은 산출물이 동질적인 경우에만 사용될 수 있지만, 전부원가계산은 어떠한 경우에도 사용될 수 있다.

④ 변동원가계산에서는 고정제조간접원가를 기간비용으로 인식하지만, 전부원가계산에서는 고정제조간접원가를 제품원가로 인식한다.

[해설] ① 전부원가계산에서는 판매량과 생산량에 따라 이익이 결정되므로 생산량을 통한 이익조작의 가능성이 존재한다.
② 전부원가계산은 고정제조간접비는 제조원가로 처리하고 판매한 제품에 포함된 고정제조간접비만 비용으로 처리하기 때문에 판매되지 않은 제품에 포함된 고정제조간접비는 재고자산으로 처리한다. 반면에 변동원가계산은 고정제조간접비를 모두 당기비용으로 처리하므로, 전부원가계산과 변동원가계산에 의한 영업이익에 차이가 발생한다. 생산량이 판매량과 같다면 전부원가계산 시의 영업이익이 변동원가계산 시 영업이익과 같기 때문에 항상 변동원가계산 시의 이익이 항상 더 크다는 말은 옳지 않다.
③ 동질적인 산출물을 계산할 때는 전부원가계산이 더 적합하다.

답 ④

06 다음은 (주)한국의 20x1년 당기제조원가에 관한 자료이다.

	기초	기말
• 원재료	₩35,000	₩20,000
• 재공품	₩30,000	₩15,000
• 제품	₩25,000	₩20,000

원재료의 당기매입액은 ₩27,000이고 직접노무원가 발생액이 실제가공원가의 80%이며, 제조간접원가는 ₩60,000이다. (주)한국의 20x1년 당기제품제조원가는 얼마인가? (2016년)

① ₩342,000　　　　　　　　　　② ₩357,000

③ ₩402,000　　　　　　　　　　④ ₩417,000

[해설] 가공원가＝80%×가공원가＋₩60,000, 가공원가＝₩300,000
당기제품제조원가＝기초원재료＋당기매입액－기말원재료＋가공원가＋기초재공품－기말재공품
　　　　　　　＝₩35,000＋₩27,000－₩20,000＋₩300,000＋₩30,000－₩15,000
　　　　　　　＝₩357,000

답 ②

07 (주)한국의 20x1년 재고자산의 기초 및 기말 잔액은 다음과 같다.

구분	20x1년 1월 1일	20x1년 12월 31일
직접재료	₩2,000	₩4,000
재공품	₩8,000	₩10,000
제품	₩12,000	₩15,000

(주)한국의 20x1년 제조 관련 추가 자료는 다음과 같다.

- 20x1년 중 직접재료매입액은 ₩22,000이다.
- 20x1년에 발생한 직접노무원가는 기본원가(prime cost)의 50%이다.
- 20x1년에 발생한 제조간접원가는 전환원가(conversion cost)의 80%이다.

(주)한국의 20x1년 당기제품제조원가는? (2018년)

① ₩70,000
② ₩74,000
③ ₩118,000
④ ₩122,000

[해설] 직접재료비 = 기초 + 매입액 - 기말 = ₩2,000 + ₩22,000 - ₩4,000 = ₩20,000
기본원가 = 직접재료비 + 직접노무비 = ₩20,000 + 기본원가 × 0.5
∴ 기본원가 = ₩40,000, 직접노무비 = ₩20,000
전환원가 = 직접노무비 + 제조간접원가 = ₩20,000 + 전환원가 × 0.8
∴ 전환원가 ₩100,000, 제조간접원가 = ₩80,000
제조원가 = 직접재료비 + 직접노무비 + 제조간접원가 = ₩120,000
당기제품제조원가 = 기초재공품 + 제조원가 - 기말재공품 = ₩8,000 + ₩120,000 - ₩10,000 = ₩118,000

답 ③

08 다음 자료에 의하여 (주)한국의 매출액을 계산하면 얼마인가? (2019년)

- 기초재공품 : ₩100,000
- 기말재공품 : ₩500,000
- 기초제품 : ₩300,000
- 기말제품 : ₩200,000
- 당기총제조원가 : ₩2,400,000
- 매출총이익 : ₩800,000

① ₩2,900,000
② ₩3,000,000
③ ₩3,200,000
④ ₩3,400,000

[해설] • 매출원가 = 당기총제조원가 + 기초재공품 - 기말재공품 + 기초제품 - 기말제품
• 매출원가 = ₩2,400,000 + ₩100,000 - ₩500,000 + ₩300,000 - ₩200,000 = ₩2,100,000
• 매출액 = 매출총이익 + 매출원가
• 매출액 = ₩800,000 + ₩2,100,000 = ₩2,900,000

답 ①

09 다음 중 보조부문원가의 배부에 대한 설명으로 옳은 것은? (2019년)

① 보조부문원가는 제조부문에 배부하지 않고 기간비용으로 처리해야 한다.

② 단계배부법은 보조부문의 배부순서가 달라져도 배부 금액에 차이가 나지 않는다.

③ 상호배부법은 보조부문 상호간의 용역수수관계가 중요하지 않을 때 적용하는 것이 타당하다.

④ 직접배부법은 보조부문 상호간의 용역수수관계를 고려하지 않는 방법이다.

> **해설** 직접배분법은 보조부문 상호간의 용역수수관계를 완전히 무시하고, 제조부분의 상대적 비율에 따라 직접 배분을 하는 방법이다. 따라서 보조부문원가를 다른 보조부문에는 전혀 배분하지 않고, 제조부문에만 배분하기 때문에 직접배분법은 간단하다는 장점은 있으나, 보조부문 상호간의 용역수수관계를 전혀 고려하지 않기 때문에 정확성이 떨어진다는 단점이 있다.
>
> ① 보조부문의 활동은 제조부문의 제품 생산활동을 보조하기 위한 것이기 때문에, 보조부문에서 발생하는 비용도 제조간접원가를 구성하는 것이다. 그러나 보조부문의 제조간접원가는 제품과 직접적으로 추적할 수 없기 때문에 제품원가를 집계할 때 제조부문으로 배분하여야 한다.
>
> ② 단계배분법은 보조부문 상호간의 용역수수관계를 일부만 고려하는 방법이다. 보조부문 중 다른 부문에 용역을 가장 많이 제공한 부문부터 다른 보조부문에 배분하고, 일단 배분한 부문은 다른 보조부문으로부터 제공받은 용역을 무시하는 방법이다. 단계배분법에 있어서 배분순서 결정이 중요한데, 그 이유는 배분순서에 따라 배부 금액이 달라지기 때문이다.
>
> ③ 상호배분법은 보조부문 상호간의 용역수수관계를 완전히 고려하여 보조부문원가를 제조부문과 보조부문 상호간에 배분하는 방법이다. 따라서 상호배분법은 보조부문 상호간의 용역수수관계가 중요할 때 적용하는 것이 타당하다.
>
> **답** ④

10 활동기준원가계산(ABC ; activity-based costing) 및 활동기준경영(ABM ; activity-based management)에 대한 다음 설명 중 옳지 않은 것은? (2017년)

① 총원가 중 간접원가가 차지하는 비율이 높고 다품종 소량생산체제를 유지하고 있는 기업의 경우 활동기준원가계산을 도입함으로써 보다 큰 효과를 볼 수 있을 것이다.

② 활동기준원가계산을 사용할 때 대량으로 생산·판매되는 제품의 단위당 원가가 전통적인 원가계산방법에 의해 계산된 것보다 더 커지는 경향이 있다.

③ 활동기준경영에 의해 파악된 비부가가치활동에는 검사, 이동, 대기, 저장 등의 활동이 있다.

④ 활동기준경영은 제품설계에서부터 판매 후 고객서비스까지 모든 과정에서의 개선을 목표로 한다.

> **해설** 활동기준원가계산은 정확한 원가계산을 위한 것으로 원가절감과 경영의 효율성을 달성할 수 있기 때문에 전통적인 원가계산보다 단위당 원가가 더 커진다는 설명은 옳지 않다.
>
> **답** ②

11 (주)한국은 단일의 원재료를 결합공정에 투입하여 두 가지 결합제품 A와 B를 생산하고 있다. 결합제품 A는 분리점에서 즉시 판매되나, 결합제품 B는 분리점에서 시장이 존재하지 않아 추가가공을 거친 후 판매된다. (주)한국의 20x1년도 제품별 생산 및 판매관련 자료는 다음과 같다(단, 각 제품의 기초재고와 기말재공품은 없었다).

제품	생산량	추가가공원가	판매량	단위당 최종판매가격
A	800단위	–	600단위	₩10
B	500단위	₩3,500	400단위	₩15

20x1년 중 실제 발생한 결합원가는 ₩6,000이었으며, (주)한국은 순실현가능가치를 기준으로 결합원가를 배부하고 있다. 20x1년 중 결합제품 A와 B에 배부되는 결합원가는 각각 얼마인가? (2017년)

	결합제품 A	결합제품 B
①	₩2,000	₩4,000
②	₩3,000	₩3,000
③	₩4,000	₩2,000
④	₩5,000	₩1,000

해설

분류	순실현가능가치	결합원가
제품A	800단위 × ₩10 = ₩8,000	$₩6,000 × \dfrac{₩8,000}{₩12,000} = ₩4,000$
제품B	500단위 × ₩15 − ₩3,500 = ₩4,000	$₩6,000 × \dfrac{₩4,000}{₩12,000} = ₩2,000$
	₩12,000	₩6,000

답 ③

12 (주)한국은 20x1년 동일한 원재료 R 100kg을 결합생산공정에 투입하여 분리점에서 즉시 판매가능한 제품 A 40kg과 제품 B 60kg을 생산하였다. (주)한국은 생산한 제품 A 40kg을 분리점에서 즉시 외부에 판매하였지만, 제품 B 60kg은 추가가공을 거쳐 제품 BB 80kg을 생산하여 판매하였다. 각 제품별 kg당 판매가격은 다음과 같다.

구분	제품 A	제품 B	제품 BB
판매가격	₩90	₩40	₩75

(주)한국이 20x1년 중 분리점까지 발생한 결합원가는 ₩5,000이었고, 제품 B를 제품 BB로 가공하는 데 추가로 발생한 원가는 ₩4,000이었다. (주)한국은 상대적 판매가치법에 따라 결합원가를 배부하고 있으며, 각 제품에 대한 20x1년 기초재고와 기말재고는 없다. 제품 A와 제품 B 각각에 배부되는 결합원가는?

(2018년)

	제품 A	제품 B
①	₩3,125	₩1,875
②	₩3,000	₩2,000
③	₩1,875	₩3,125
④	₩1,500	₩3,500

해설 분리점에서 제품 A 판매 시 이익 : ₩3,600
분리점에서 제품 B 판매 시 이익 : ₩2,400
추가가공 후 제품 B 판매 시 이익 : ₩6,000 − ₩4,000 = ₩2,000
판매가치법에 따라 추가가공하지 않는다.
결합원가 배부 제품 A : ₩5,000 × ₩3,600 / ₩6,000 = ₩3,000
제품 B : ₩5,000 × ₩2,400 / ₩6,000 = ₩2,000

답 ②

13 (주)한국은 단일 제품을 생산하고 있으며, 가중평균법에 의한 종합원가계산을 적용하여 제품원가를 계산하고 있다. 직접재료는 공정초에 전량 투입되며, 전환원가는 공정 전반에 걸쳐 균등하게 발생한다. (주)한국의 20x1년 4월 생산 및 원가자료는 다음과 같다.

구분	물량단위	전환원가 완성도	직접재료원가	전환원가
기초재공품	200단위	60%	₩120,000	₩40,000
당기착수	1,000단위	?	₩360,000	₩132,800
당기완성품	?	?		
기말재공품	400단위	40%		

(주)한국의 20x1년 4월의 원가요소별 완성품환산량 단위당 원가는?(단, 공손 및 감손은 없다) (2018년)

	직접재료원가	전환원가
①	₩300	₩128
②	₩400	₩128
③	₩400	₩180
④	₩300	₩180

[해설]

기초	200	당기완성품	800
당기착수	1,000	기말재공품	400

	재료비	가공비
당기완성	800	800
기말재공품(40%)	400	160
합계	1,200	960

단위당 직접재료원가 = ₩480,000/1,200 = ₩400
단위당 전환원가 = ₩172,800/₩960 = ₩180

답 ③

14 (주)한국은 종합원가계산제도를 채택하고 있다. 원재료는 공정의 초기에 전량 투입되며, 가공원가는 공정 전반에 걸쳐서 완성도에 따라 균등하게 발생한다. 재료원가의 경우 평균법에 의한 완성품환산량은 85,000단위이고, 선입선출법에 의한 완성품환산량은 70,000단위이다. 또한 가공원가의 경우 평균법에 의한 완성품환산량은 65,500단위이고, 선입선출법에 의한 완성품환산량은 61,000단위이다. 이 경우 기초재공품의 완성도는?(단, 공손 및 감손은 없다)

(2020년)

① 20% ② 25%
③ 30% ④ 35%

[해설] • 기초재공품 = 재료원가 평균법 − 재료원가 선입선출법
= 85,000단위 − 70,000단위 = 15,000단위
• 기초재공품 × 완성도 = 평균법 − 가공원가 선입선출법
= 65,500단위 − 61,000단위 = 4,500단위
∴ 완성도 = 30%

답 ③

15 (주)한국의 20x1년 기초원재료는 ₩50,000이며, 기말원재료는 ₩70,000이다. 아래의 원재료 매입과 관련한 자료를 이용하여 (주)한국의 20x1년 직접재료원가를 구하면 얼마인가? (2016년)

• 당기원재료매입액	₩250,000	• 운송료((주)한국 부담)	₩100,000
• 보험료	₩20,000	• 수입관세	₩15,000
• 부가가치세	₩25,000		

① ₩230,000
③ ₩365,000

② ₩350,000
④ ₩390,000

[해설] 기초원재료 + 당기원재료매입액 + 운송료((주)한국 부담) + 보험료 + 수입관세 − 기말원재료
  = ₩50,000 + ₩250,000 + ₩100,000 + ₩20,000 + ₩15,000 − ₩70,000
  = ₩365,000

답 ③

16 제조기업인 (주)한국의 20x1년 원가자료는 다음과 같다.

• 직접재료원가	₩500	• 본사관리부직원 급여	₩400
• 본사건물 감가상각비	₩150	• 공장건물 화재보험료	₩150
• 영업부직원 판매수수료	₩200	• 본사건물 재산세	₩50
• 직접노무원가	₩300	• 본사건물 화재보험료	₩100
• 공장건물 감가상각비	₩250	• 공장기계 리스료	₩50
• 공장장 급여	₩200	• 공장토지 재산세	₩100

(주)한국의 20x1년 제조간접원가 총액은 얼마인가? (2017년)

① ₩750
③ ₩850

② ₩800
④ ₩900

[해설] 20x1년 제조간접원가 총액
  = 공장건물 화재보험료 ₩150 + 공장건물 감가상각비 ₩250 + 공장기계 리스료 ₩50 + 공장장 급여 ₩200 + 공장토지 재산세 ₩100
  = ₩750

답 ①

17 (주)한국은 두 개의 보조부문(S1, S2)과 두 개의 제조부문(P1, P2)을 통해 제품을 생산하고 있으며, 직접배부법을 이용하여 보조부문원가를 제조부문에 배부한다. 20x1년 4월 중 용역제공부문이 용역사용부문에 제공한 용역의 비율과 각 부문별 제조간접원가 실제발생액은 다음과 같다.

용역제공 부문	용역사용부문			
	보조부문 S1	보조부문 S2	제조부문 P1	제조부문 P2
보조부문 S1	–	50%	20%	30%
보조부문 S2	20%	–	40%	40%
원가발생액	₩50,000	₩60,000	₩200,000	₩250,000

직접배부법에 의하여 20x1년 4월 중 실제로 발생한 보조부문의 원가를 제조부문에 배부한 후, 제조부문 P1과 제조부문 P2에 집계될 제조간접원가 금액은 각각 얼마인가?   (2017년)

  제조부문 P1   제조부문 P2
① ₩200,000   ₩230,000
② ₩220,000   ₩250,000
③ ₩230,000   ₩280,000
④ ₩250,000   ₩310,000

[해설]

용역제공부문	용역사용부문			
	보조부문 S1	보조부문 S2	제조부문 P1	제조부문 P2
보조부문 S1	–	50%	20%	30%
보조부문 S2	20%	–	40%	40%
원가발생액	₩50,000	₩60,000	₩200,000	₩250,000

보조부문 S1은 제조부문 P1과 제조부문 P2에 각각 2 : 3 비율로 분배하므로 S1, S2에 ₩20,000, ₩30,000씩 배분한다.
보조부문 S2는 제조부문 P1과 제조부문 P2에 각각 동일한 비율로 배분하므로 S1, S2에 ₩30,000씩 분배한다.
∴ 제조부문 P1 제조간접원가 금액 = ₩200,000 + ₩20,000 + ₩30,000 = ₩250,000
  제조부문 P2 제조간접원가 금액 = ₩250,000 + ₩30,000 + ₩30,000 = ₩310,000

답 ④

18 (주)한국은 선입선출법에 의한 종합원가계산을 채택하고 있다. 직접재료는 공정초에 전량 투입되며, 전환원가(가공원가 : conversion costs)는 전체 공정에 걸쳐 균등하게 발생한다. 20x1년 4월 월초재공품은 3,000단위(전환원가 완성도 : 20%), 당월완성품은 18,000단위, 월말재공품은 2,000단위(전환원가 완성도 : 40%)이다. 20x1년 4월 직접재료원가와 전환원가의 완성품환산량은 각각 얼마인가?(단, 공손 및 감손은 없다고 가정한다)

(2017년)

	직접재료원가	전환원가
①	17,000단위	16,400단위
②	17,000단위	18,200단위
③	20,000단위	16,400단위
④	20,000단위	18,200단위

해설

	물량의 흐름	완성품환산량 재료비	완성품환산량 가공비
기초재공품(20%)	3,000		
당기착수	17,000		
	20,000		
완성품			
기초재공품 완성	3,000	0	2,400
당기착수 완성	15,000	15,000	15,000
기말재공품(40%)	2,000	2,000	800
	20,000	17,000	18,200

답 ②

19 다음 중 원가계산시스템에 대한 설명으로 옳지 않은 것은?

(2018년)

① 정상개별원가계산에서는 실제 발생한 직접재료원가를 작업별로 추적하여 집계한다.

② 개별원가계산은 제품이나 부문별로 원가를 집계하는 반면, 활동기준원가계산은 활동별로 원가를 집계한다.

③ 종합원가계산은 동일제품을 대량생산하는 업종에 적용되는 반면, 개별원가계산은 여러 종류의 제품을 소량으로 생산하는 업종에 적용된다.

④ 실제개별원가계산에서는 실제 발생한 제조간접원가를 제조간접원가 예정배부율을 이용하여 작업별로 배부한다.

해설 실제 발생한 제조간접원가를 제조간접원가 실제배부율을 이용하여 작업별로 배부한다.

답 ④

20 (주)한국은 정상개별원가계산을 사용하며 기계작업시간을 기준으로 제조간접원가를 배부하고 있다. 20x1년 연간 제조간접원가 예산은 ₩3,960,000이다. 20x1년 실제 발생한 제조간접원가는 ₩3,800,000이고 실제 기계작업시간은 20,000시간이다. 20x1년 제조간접원가 과소배부액이 ₩200,000이라고 할 때, 20x1년 제조간접원가 예정배부액은 얼마인가? (2019년)

① ₩3,400,000   ② ₩3,600,000

③ ₩3,760,000   ④ ₩4,160,000

[해설] • 실제 발생한 제조간접원가 = ₩3,800,000
 • 제조간접원가 과소배부액 = ₩200,000
 ∴ 제조간접원가 예정배부액 = ₩3,800,000 − ₩200,000 = ₩3,600,000

┤ 심화 Tip ├

제조간접원가 배부차이의 조정
 • 제조간접원가 배부차이 = 실제제조간접원가 − 제조간접원가배부액
 • 과대배부 : 실제발생액 < 예정배부액
 • 과소배부 : 실제발생액 > 예정배부액

답 ②

21 (주)한국은 종합원가계산을 사용하고 있으며, 가중평균법을 적용하여 완성품환산량을 계산하고 있다. 다음 자료에 의하여 기말재공품의 완성도를 계산하면 몇 %인가? (2019년)

• 기초재공품가공원가 : ₩150,000	• 당기투입가공원가 : ₩350,000
• 기말재공품가공원가 : ₩100,000	• 당기완성품수량 : 800개
• 기말재공품수량 : 400개	

① 35%   ② 40%

③ 45%   ④ 50%

[해설] • 총투입원가(기초재공품가공원가 + 당기투입가공원가) = 완성품원가 + 기말재공품원가
 • ₩150,000 + ₩350,000 = 완성품원가 + ₩100,000
 ∴ 완성품원가 = ₩400,000
 • 단위당원가 = $\dfrac{완성품원가}{당기완성품수량}$ = $\dfrac{₩400,000}{800}$ = ₩500
 • 기말재공품가공원가 = 기말재공품수량 × 단위당원가 × 기말재공품의 완성도
 • ₩100,000 = 400 × ₩500 × 기말재공품의 완성도
 ∴ 기말재공품의 완성도 = 50%

답 ④

22 (주)한국은 정상개별원가계산을 사용하며 직접노무시간을 기준으로 제조간접원가를 배부하고 있다. 20x1년 연간 제조간접원가 예산은 ₩5,000,000이다. 20x1년 실제 발생한 제조간접원가는 ₩3,800,000이고 실제 직접노무시간은 20,000시간이다. 20x1년 중 제조간접원가 과대배부액이 ₩200,000이라고 할 때 연간 예산(예상)직접노무시간은? (2020년)

① 20,000시간   ② 22,000시간

③ 24,000시간   ④ 25,000시간

[해설] • 배부액 = 제조간접원가 ₩3,800,000 + 제조간접원가 과대배부액 ₩200,000 = ₩4,000,000

• 예정배부율 = $\dfrac{배부액}{실제직접노무시간}$ = $\dfrac{₩4,000,000}{20,000시간}$ = ₩200/시간

• 예산(예상)직접노무시간 = $\dfrac{예산}{예정배부액}$ = $\dfrac{₩5,000,000}{₩200/시간}$ = 25,000시간

답 ④

23 (주)한국은 제조부문 A, B와 보조부문 X, Y를 보유하고 있다. 각 보조부문의 서비스용역수수관계는 다음과 같다.

용역제공부문	용역사용부문				
	X	Y	A	B	합계
X	–	150시간	150시간	200시간	500시간
Y	80kW	100kW	120kW	200kW	500kW

(주)한국은 보조부문 Y를 폐쇄하고 외부에서 전력을 공급받으려 할 경우, 외부에서 공급받을 전력량은? (2020년)

① 320kW   ② 376kW

③ 400kW   ④ 500kW

[해설]

	X	Y	A	B	외부 공급 전력량
전력량	80kW × $\left(1 - \dfrac{150시간}{500시간}\right)$ = 56kW	0	120kW	200kW	376kW

답 ②

02 | 관리회계

제1절 표준원가계산과 변동원가계산

---

1. 표준원가계산

(1) 표준원가계산의 개념

① 의의

표준원가계산은 기업이 과거의 경험 및 미래의 생산환경 변화를 반영하여 미리 표준으로 설정하여 둔 직접재료비, 직접노무비, 제조간접비의 표준원가를 이용하여 제품원가계산을 수행하는 방법으로, 원가관리에 유용하다.

② 특징

㉠ 목적 : 표준원가의 설정에 따른 원가절감에 대한 동기부여로 원가를 절감시킬 수 있고, 각각의 부문별 예산편성에 따른 실적의 측정 및 예산차이의 분석을 통하여 예산관리를 하고자 하는 데 목적이 있다.

㉡ 장점

ⓐ 표준원가계산은 제품을 생산하기 이전에 표준원가를 산출하고 이를 제품의 생산 후에 실제로 발생한 원가와 비교함으로써 효율적인 원가통제를 할 수 있다.

ⓑ 표준원가계산은 제품원가계산의 회계처리를 신속하고 간단히 수행할 수 있다.

ⓒ 표준원가계산은 표준원가를 이용하여 예산을 설정할 수 있으므로, 계획 및 성과평가와 관련된 유용한 정보를 제공한다.

③ 표준원가의 설정

제품단위당 표준원가는 표준직접재료비와 표준직접노무비, 표준제조간접비를 합하여 산출한 것이다.

㉠ 표준직접재료비

> 표준직접재료비＝제품단위당 표준투입량×원재료단위당 표준구입가격

㉡ 표준직접노무비

> 표준직접노무비＝제품단위당 표준직접노동시간×직접노동시간 표준임률

㉢ 표준제조간접비

> 표준변동제조간접비＝제품단위당 표준조업도×조업도단위당 표준배분율

구분	실제원가계산	정상원가계산	표준원가계산
직접재료원가	실제원가	실제원가	표준원가
직접노무원가	실제원가	실제원가	표준원가
제조간접원가	실제원가	예정원가 (예정배부율×실제조업도)	표준원가 (표준배부율×표준조업도)

(2) 원가차이분석

① 차이분석의 의의

표준원가를 사용하여 제품원가계산을 수행하면 실제원가와 차이가 발생하는데(가격차이와 수량차이), 이러한 차이금액과 차이원인을 분석하는 것을 원가차이분석이라고 한다.

㉠ 유리한차이 : 예상보다 이익을 높게 만드는 차이이며, 원가가 예상보다 낮은 경우의 차이를 말한다.

㉡ 불리한차이 : 이익을 예상보다 낮게 만드는 차이이며, 원가가 예상보다 높은 경우의 차이를 말한다.

② 원가요소별 원가차이분석

㉠ 직접재료비 차이＝표준원가(원재료 표준구입단가 × 실제생산량에 허용된 원재료 표준투입량) − 실제원가(원재료 실제구입단가 × 원재료 실제투입량)

> ⓐ 직접재료비 가격차이＝원재료 실제투입량×(원재료 표준구입단가 − 원재료 실제구입단가)
> ⓑ 직접재료비 수량차이＝원재료 표준구입단가×(실제생산량에 허용된 원재료 표준투입량 − 원재료 실제투입량)
>
> 실제수량×실제가격　　실제수량×표준가격　　표준수량×표준가격
> └─────┬─────┘　└─────┬─────┘
> 　　　 가격차이　　　　　　　수량차이

㉡ 직접노무비 차이＝표준원가(직접노동시간당 표준임률×실제생산량에 허용된 표준노동시간)−실제원가(직접노동시간당 실제임률×실제직접노동시간)

> ⓐ 직접노무비 임률차이＝실제직접노동시간×(직접노동시간당 표준임률 − 직접노동시간당 실제임률)
> ⓑ 직접노무비 능률차이＝직접노동시간당 표준임률×(표준노동시간 − 실제노동시간)
>
> 실제임률×실제노동시간　　표준임률×실제노동시간　　표준임률×표준노동시간
> └─────┬─────┘　└─────┬─────┘
> 　　　 임률차이　　　　　　　능률차이

㉢ 제조간접비 차이

　ⓐ 변동제조간접비 차이

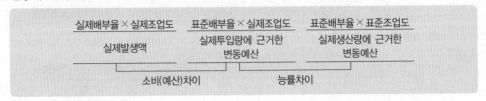

ⓑ 고정제조간접비 차이

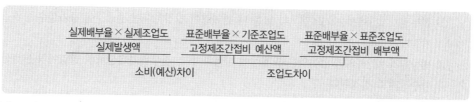

③ 배부차이 조정

총원가비례배분법, 매출원가조정법, 영업외손익법을 사용하여 배부차이를 조정한다.

2. 변동원가계산

(1) 변동원가계산과 전부원가계산

① 변동원가계산(직접원가계산)

　㉠ 의의

　　ⓐ 제품원가를 구성하는 원가요소를 원가의 양상에 따라 변동비와 고정비로 구분하고 변동비는 직접
재료비, 직접노무비, 변동제조간접비만을 제품원가로 하며 고정비는 그것이 발생한 기간의 기간
비용으로 하는 원가계산방법이다.

　　ⓑ 제조원가요소 중에서 고정원가를 제외한 변동원가만 집계하여 제품원가를 계산하는 방법이다.

　㉡ 특징

　　ⓐ 내부적인 경영의사결정에 필요한 한계원가 및 공헌이익과 같은 정보를 파악하기 위해서는 변동원
가계산이 유용하다.

　　ⓑ 고정제조간접비를 제품원가에 포함하지 않고 기간비용으로 회계처리한다. 변동원가계산은 제품
이 생산되어야 발생하는 변동제조원가만을 제품원가로 처리하고 제품생산과 무관하게 발생하는
고정제조간접비를 기간비용으로 처리한다.

② 전부원가계산

　㉠ 모든 제조원가를 변동비는 물론이고 고정비까지도 제품원가로 하고, 제조원가가 아닌 것은 기간비용
으로 하는 원가계산이다. 즉, 재료비, 노무비, 고정제조간접비, 변동제조간접비 등을 모두 제품원가
로 하는 것으로 특히 고정제조간접비도 제품원가에 포함하고 있는 것이다.

　㉡ 외부재무보고 목적으로 재무제표를 작성할 때 전부원가계산을 사용한다.

더 알아보기 변동원가계산과 전부원가계산의 비교

구분	변동원가계산	전부원가계산
목적	계획 및 통제의 내부관리 목적	재무제표 작성, 외부보고 목적
제품원가	직접재료비, 직접노무비, 변동제조간접비	직접재료비, 직접노무비, 변동제조간접비, 고정제조간접비
기간비용	고정제조간접비, 판매비와 관리비	판매비와 관리비

(2) 전부원가계산과 변동원가계산의 비교 설명

① 전부원가계산에서는 기초재고가 없을 때 판매량이 일정하다면 생산량이 증가할수록 매출총이익이 항상 커진다.

② 변동원가계산하의 영업이익은 판매량에 비례하지만, 전부원가계산하의 영업이익은 생산량과 판매량의 함수관계로 결정된다.

③ 전부원가계산에서는 원가를 제조원가와 판매관리비로 분류하므로 판매량 변화에 따른 원가와 이익의 변화를 파악하기가 어려운 반면에, 변동원가계산에서는 원가를 변동원가와 고정원가로 분류하여 공헌이익을 계산하므로 판매량의 변화에 의한 이익의 변화를 알 수가 있다.

(3) 이익의 차이

① 이익의 비교

생산량과 판매량이 동일할 경우에는 변동원가계산과 전부원가계산 간에 이익의 차이가 발생하지 않지만, 생산량과 판매량에 차이가 발생하는 경우에는 고정제조간접비로 인하여 변동원가계산과 전부원가계산 간에 이익의 차이가 발생한다.

⊙ 생산량과 판매량이 동일(기초재고＝기말재고) : 생산량과 판매량이 동일한 경우는 기말재고수량의 변화가 없으므로 변동원가계산제도에 의한 이익과 전부원가계산제도에서 계산된 이익은 동일하다.

ⓛ 생산량이 판매량 초과(기초재고＜기말재고) : 전부원가계산은 고정제조간접비를 제조원가에 포함시키므로 변동원가계산보다 제조원가가 크다. 따라서 이익이 그만큼 크다고 볼 수 있다.

ⓒ 판매량이 생산량 초과(기초재고＞기말재고) : 변동원가계산은 고정제조간접비가 제조원가에 포함되어 있지 않으므로 변동원가계산과 전부원가계산의 이익의 차이는 기초재고자산에 포함된 고정제조간접비의 차이다. 즉, 변동원가계산 이익이 전부원가계산 이익보다 크다.

② 이익 차이의 계산

> 이익 차이＝(생산량 − 판매량)×단위당 고정제조간접비
> 전부원가계산 → 변동원가계산 조정
>
> 　　전부원가계산의 이익
> 　＋ 기초재고자산의 고정제조간접비
> 　− 기말재고자산의 고정제조간접비
> 　─────────────────
> 　　변동원가계산의 이익

⊙ 변동원가계산

> ⓐ 영업이익＝매출액 − 변동비 − 고정비
> ⓑ 영업이익＝공헌이익(매출액 − 변동비) − 고정비
> *변동비＝변동매출원가 + 변동판매관리비, 고정비＝고정제조간접비 + 고정판매관리비

ⓛ 전부원가계산

> 영업이익＝매출총이익(매출액 − 매출원가) − 판매관리비
> *매출원가＝기초제품재고액 + 당기제품제조원가 − 기말제품재고액

3. 초변동원가계산

(1) 의의

최근에는 직접노무원가나 제조간접원가가 고정원가적인 성격을 지니고 이에 따라 변동원가계산에서도 재고누적을 초래할 가능성이 여전히 존재한다. 초변동원가계산(throughput costing)은 이러한 부분을 반영하여 유일한 변동비인 직접재료비만을 제품원가로 간주한다. 이에 따라 고정운영비인 직접노무비와 제조간접비는 모두 기간비용으로 간주된다.

원가분류의 측면에서 전부원가계산, 변동원가계산, 초변동원가계산(스루풋원가계산)을 비교하면 다음과 같다.

자산화 여부	전부원가계산	변동원가계산	스루풋원가계산
제품원가	직접재료비 직접노무비 변동제조간접비 고정제조간접비	직접재료비 직접노무비 변동제조간접비	직접재료비
			직접노무비 변동제조간접비 고정제조간접비 변동판매관리비 고정판매관리비
		고정제조간접비 변동판매관리비 고정판매관리비	
기간비용	변동판매관리비 고정판매관리비		

(2) 이익차이조정

초변동원가계산의 이익은 판매량이 비례하여 증가하지만 생산량이 증가함에 따라 감소한다. 생산량이 증가함에 따라 발생하여 비용처리되는 직접노무원가와 변동제조간접원가가 크기 때문이다.

전부원가계산의 이익
+ 기초재고자산의 고정제조간접비
− 기말재고자산의 고정제조간접비

변동원가계산의 이익
+ 기초재고자산의 직접노무원가 및 변동제조간접원가
− 기말재고자산의 직접노무원가 및 변동제조간접원가

초변동원가계산의 이익

1. 원가추정

(1) 원가추정의 의의

① 미래의 원가를 파악하여 의사결정을 더욱 현명하게 할 수 있도록 미래의 원가변동요인을 파악하여 원가발생액을 추정하고자 한다.

② 원가함수는 원가발생요인과 원가 사이의 일정한 함수관계를 추정한 것이다. 총원가의 변동에 영향을 미치는 원가동인이 하나라 가정하며, 원가행태가 관련범위 내에서는 선형이라 가정한다.

> 원가함수$(Y)=a+bX$
>
> • Y＝총원가(종속변수)　　　　　　　　 • a＝총고정비
> • b＝단위당 변동비　　　　　　　　　　 • X＝조업도(독립변수)

③ 원가추정방법에는 산업공학법, 계정분석법, 고저점법, 회귀분석 등이 있다.

(2) 고저점법에 의한 원가추정

고저점법은 원가자료 중 가장 높은 조업도원가(최고조업도원가)와 가장 낮은 조업도원가(최저조업도원가)의 두 개의 점을 직선으로 연결하여 원가방정식을 추정하는 방법이다.

① 조업도단위당 변동비 추정(b)

> 조업도 단위당 변동비$=\dfrac{\text{최고조업도원가}-\text{최저조업도원가}}{\text{최고조업도}-\text{최저조업도}}$

② 총고정비의 추정(a)

> 총고정비＝최고조업도원가 － (조업도단위당 변동비 × 최고조업도)
> 　　　　＝최저조업도원가 － (조업도단위당 변동비 × 최저조업도)

2. 원가 · 조업도 · 이익(CVP) 분석

(1) CVP 분석의 기본사항

① CVP의 의의

CVP, 즉 원가(cost), 조업도(volume), 이익(profit)의 분석은 매출액과 비용이 조업도의 변화에 따라 증감한다는 점을 이용하여 조업도 변화에 따른 수익과 비용의 변화를 추정하여 이익을 분석하는 기법이다. 즉, 조업도의 변화에 따른 이익의 변화를 추정함으로써 단기의사결정 및 단기경영계획에 유용한 경영분석기법이다.

② CVP 분석의 가정

㉠ 비용과 수익의 형태는 이미 결정되어 있고, 조업도의 관련범위 내에서는 모두 직선으로 표시한다.

㉡ 모든 원가는 변동비와 고정비로 분리가 가능하다.

ⓒ 고정비는 일정하고 관련 범위 내에서 변동하지 않으며, 변동비는 조업도에 따라서 비례적으로 변동한다.

ⓔ 공장설비의 능률과 생산성은 일정하다.

ⓜ 제품의 판매가격과 원가요소의 가격은 일정하다.

ⓗ 두 가지 이상의 제품을 판매하는 경우에는 조업도의 변동에 따라 매출 배합은 일정하게 유지된다.

ⓢ 조업도만이 수익과 원가에 영향을 미치는 유일한 요인이다.

ⓞ 기초재고액과 기말재고액은 일정하다. 즉, 생산량과 매출량은 같다.

③ CVP 분석의 기본개념

　ⓞ 공헌이익 : 공헌이익은 매출액(수익)에서 변동비(변동원가)를 차감한 금액을 말한다.

> ⓐ 공헌이익＝매출액 - 변동비＝고정비 + 이익
> 　*매출액＝변동비 + 고정비 + 이익
> ⓑ 제품당 공헌이익＝제품단위당 판매가격 - 제품단위당 변동비

　ⓛ 공헌이익률 : 공헌이익의 개념을 비율개념으로 나타낸 것으로서 매출액에 대한 공헌이익의 비율을 의미한다.

$$공헌이익률 = \frac{공헌이익}{매출액} = \frac{제품단위당\ 공헌이익}{제품단위당\ 판매가격}$$

　ⓒ 변동비율 : 단위당 변동비를 단위당 판매가격으로 나누거나 총변동비를 매출액으로 나눈 것으로서 매출액에 대한 변동비의 비율을 의미한다.

$$변동비율 = \frac{변동비}{매출액} = \frac{제품단위당\ 변동비}{제품단위당\ 판매가격}$$

　ⓔ 공헌이익률과 변동비율의 관계

> 공헌이익률 + 변동비율＝1
> 공헌이익률＝1 - 변동비율

(2) 손익분기점(BEP) 분석

① 손익분기점의 의의

손익분기점이란 매출액과 총비용이 일치하여 이익이 "0"이 되는 판매량이나 매출액을 말한다. 즉, 손익분기점이란 총공헌이익이 총고정비와 같아지는 판매량이나 매출액이다. 이 경우에 총비용이란 변동 및 고정제조원가와 변동 및 고정판매비와 관리비를 합한 금액을 의미한다. 손익분기점에서의 특징은 다음과 같다.

> ⓞ 매출액＝변동비 + 고정비
> ⓛ 공헌이익＝고정비

② 손익분기점 매출수량과 매출액의 계산

  ㉠ 손익분기점 매출수량

손익분기점 매출수량(Q)=F / (P − V)

$$= \frac{고정비}{단위당\ 판매가격 − 단위당\ 변동비} = \frac{고정비}{단위당\ 공헌이익}$$

- Q = 매출수량
- P = 단위당 판매가격
- F = 고정비
- V = 단위당 변동비

  ㉡ 손익분기점 매출액

$$손익분기점\ 매출액(S) = \frac{고정비}{1 − 변동비율} = \frac{고정비}{공헌이익률}$$

③ 목표이익이 있는 경우의 판매량(Q) 및 매출액(S)

  ㉠ 법인세가 없는 경우

$$판매량(Q) = \frac{고정비 + 목표이익}{단위당\ 판매가격 − 단위량\ 변동비} = \frac{고정비 + 목표이익}{단위당\ 공헌이익}$$

$$매출액(S) = \frac{고정비 + 목표이익}{1 − 변동비율} = \frac{고정비 + 목표이익}{공헌이익률}$$

  ㉡ 법인세가 있는 경우

$$판매량(Q) = \frac{\dfrac{고정비 + 세후순이익}{1 − 법인세율}}{단위당\ 판매가격 − 단위량\ 변동비} = \frac{\dfrac{고정비 + 세후순이익}{1 − 법인세율}}{단위당\ 공헌이익}$$

$$매출액(S) = \frac{\dfrac{고정비 + 세후순이익}{1 − 법인세율}}{1 − 변동비율} = \frac{\dfrac{고정비 + 세후순이익}{1 − 법인세율}}{공헌이익률}$$

(3) 영업레버리지도

영업레버리지도는 매출액이 1% 변화할 때 영업이익이 몇 % 변화하는지를 보여주는 지표이다.

$$영업레버리지도 = \frac{영업이익의\ 변화율}{매출액의\ 변화율} = \frac{공헌이익}{영업이익} = \frac{1}{안전한계율}$$

(4) 안전한계(M/S)

① 의의

안전한계(M/S)는 실제 또는 예상매출액이 손익분기점의 매출액을 초과하는 금액을 말하며, 기업의 이익 구조 및 안전성을 분석하는 지표이다.

② 공식

$$안전한계 = 실제(예산)매출액 - 손익분기점 \ 매출액$$

$$안전한계율(M/S비율) = \frac{안전한계}{실제(예상)매출액} = \frac{실제매출액 - 손익분기점 \ 매출액}{실제(예상)매출액}$$

제3절 단기의사결정

1. 의의

의사결정이란 어떤 여러 가지 선택 가능한 의사결정 대안들 중에서 특정목적이나 목표를 달성하기 위하여 가장 효과적이고 효율적으로 최적의 행동 대안을 선택하는 과정을 말한다. 단기의사결정은 기간이 단기이므로 화폐의 시간적 가치는 무시하고 설비자산의 변동도 고려하지 않는 의사결정을 말한다.

2. 의사결정과 관련한 원가

(1) 관련원가(차액원가)

특정한 의사결정과 관련이 있는 원가로서 선택 가능한 여러 가지 대안들 간에 차이가 예상되는 미래원가로서, 의사결정에 직접적으로 영향을 미칠 수 있는 원가이다.

① 기회원가

선택 가능한 여러 가지 대안들 중 특정대안을 선택하고 다른 용도를 포기하는 경우 포기되는 다른 대안으로부터 발생되는 최대의 이익이나 효익의 희생을 화폐액으로 측정한 것을 말한다.

② 회피가능원가

경영목적을 달성하는 데 반드시 필요로 하지 않는 원가로서 의사결정 여부에 따라 회피할 수 있다. 즉, 특정대안을 포기(또는 선택)하면 더 이상 발생되지 않는 원가이다.

▷ 대부분 변동원가이며, 일부 공정원가도 회피가능원가이다.

③ 현금지출원가

특정대안을 선택함에 있어서 즉시 또는 가까운 장래에 현금을 지출하는 원가이다.

(2) 비관련원가

의사결정 시 고려하지 않아도 무방한 의사결정에 영향을 미치지 않는 원가이다. 여기에는 매몰원가와 의사결정 대안 간에 차이가 없는 미래원가 등이 있으며 대표적인 형태는 매몰원가이다.

① 매몰원가

경영자가 통제할 수 없는 과거의 의사결정에 의하여 이미 발생한 역사적 원가로서 회계장부에는 기록하지만 의사결정에 관계없이 변동될 수 없는 원가이다.

② 의사결정 대안 간에 차이가 없는 미래원가

어떠한 대안을 선택하든지 차이가 없이 발생하는 미래원가로서 의사결정 시에 고려할 필요가 없는 원가이다.

(3) 회피불가능원가

경영활동을 수행하는 데 불가피하게 발생되는 원가로서 경영자가 통제할 수도 없고 선택이나 의사결정을 할 때 발생을 피할 수 없는 원가를 말한다.

3. 의사결정의 접근방법

(1) 총액접근법

여러 가지 선택 가능한 대안들의 총수익과 총원가를 계산·비교하여 이익이 가장 큰 대안을 선택하는 방법으로, 관련원가뿐만 아니라 비관련원가도 모두 고려해야 한다.

(2) 증분접근법(차액접근법)

여러 가지 선택 가능한 대안들 사이에 차이가 나는 수익과 원가만을 분석하여 의사결정을 하는 방법으로, 비관련원가는 고려하지 않는다.

4. 유형별 의사결정

(1) 부품의 자가제조 또는 외부구입

기업은 제품생산에 필요한 부품을 자체적으로 생산하여 사용할 것인지 외부에서 구입할 것인지에 대한 의사결정을 해야 할 경우가 있다. 부품을 외부에서 구입하면 자가제조 시에 발생하는 변동원가를 절감할 수 있으며, 또한 외부구입에 따른 생산 감독자나 기계장치의 감가상각비 중 일부를 절감할 수 있을 것이다.

① 외부구입가격 > 회피가능원가 +기회비용 → 자가제조가 유리
② 외부구입가격 < 회피가능원가 +기회비용 → 외부구입이 유리

만약에 부품을 자가제조하지 않고 외부에서 구입한 결과 발생하는 유휴설비를 다른 용도에 활용한 결과 수익이 발생하면 이것도 함께 고려하여야 한다. 여기에서 회피가능원가란 주로 직접재료비, 직접노무비, 변동제조간접비 절감분과 같은 변동제조비를 말하며, 기회비용은 유휴설비를 이용하여 다른 제품의 생산에 사용할 수 있을 경우 다른 제품의 공헌이익이며, 유휴설비를 임대할 경우에는 임대료수익에 해당된다.

(2) 특별주문의 수락 또는 거절

특별주문이 발생하는 경우 기존 설비능력으로 생산 가능한 경우와 그렇지 않은 경우를 고려하여, 특별주문 수락했을 경우의 이익과 수락하지 않았을 경우의 이익을 비교하여 결정한다.

> ① 기존 설비능력으로 생산 가능 – 특별주문으로 인하여 증가되는 수익 및 변동비
> ② 기존 설비능력으로 생산 불가능 – 추가적인 설비원가와 기존의 정규판매량 감소로 인한 수익 및 변동비의 감소액을 모두 고려

(3) 부분의 유지 또는 폐쇄

기업의 부문 유지 또는 폐지에 관한 의사결정은 회사 전체의 이익에 얼마만큼의 영향을 미치는가를 기준으로 이루어진다. 부문의 폐지와 관련한 변동제조원가뿐만 아니라 폐지로 인하여 감소하는 고정비도 고려한다. 부문을 폐쇄한다고 해도 감소하지 않는 고정비(회피불가능원가)가 있음을 고려해야 한다.

(4) 한정된 자원의 활용

자원의 제약이 없는 경우에 기업의 이익극대화를 위해 단위당 공헌이익이 가장 큰 제품을 선택하여 생산·판매한다. 그러나 자원의 제약이 있는 경우에는 기업의 경영자는 이용가능한 생산요소를 가장 효율적으로 사용하는 방법을 찾아야 한다. 최적의사결정기준은 공헌이익을 최대화시키는 방향으로 제한된 자원을 활용하는 것이며, 제품단위당 공헌이익이 아닌 제한된 자원단위당 공헌이익이 큰 제품을 선택해서 생산한다.

① 자원의 제약이 한 가지인 경우

제품에 대한 수요가 충분한 경우 자원당 공헌이익이 가장 높은 제품에 특화함으로써 기업의 총공헌이익을 극대화할 수 있다.

② 자원의 제약이 두 가지 이상인 경우

선형계획법을 사용하여 최적의 자원활용이 가능한 해를 찾는다. 선형계획법이란 여러 가지 제약조건하에서 특정한 목적(이익극대화나 비용최소화)을 달성하기 위해 희소한 자원을 배분하는 수리적인 기법이다. 제약자원이 2개 이상인 경우에는 제한된 자원의 사용이나 투입배합의 결정이 복잡한 양상을 보이는 경우 사용하는 분석방법이다.

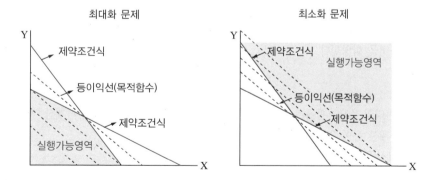

(5) 사내대체가격의 결정

사내대체가격이란 회사내부 시장에서의 거래로 취급될 때 이 사내거래를 위한 가격을 말한다. 각 관련부서의 이해관계를 고려한 사내대체자격을 정했을 때, 각 부서와 기업 전체의 목표(이익극대화)가 일치하게 되어, 기업 전체의 이익을 가장 높이는 사내대체물량이 유도된다.

① 사내대체가격의 이해관계

  ㉠ 공급(판매)부문 : 최소한 사내대체를 위한 관련원가를 보상받아야 만족

  ㉡ 수요(구매)부문 : 사내대체물의 가치보다는 싸게 구입하여야 만족

  ㉢ 기획부문 : 기업 전체의 이익을 최대화하는 적절한 가격 결정

② 사내대체가격의 범위

> 공급사업부의 변동원가 + 기회원가 ≤ 대체가격 ≤ 구매사업부의 기회원가(외부구입가격)

제4절   장기적 원가관리

1. 전략적 원가관리

(1) 의의

기업의 핵심성공요인(제품과 서비스의 가격, 품질, 고객만족, 연구개발 등)이나 경영혁신을 달성하기 위하여 여러 가지 기법을 활용하여 원가를 분석하고 활용하는 새로운 혁신적 관리 회계방법을 말한다.

(2) 특징

① 전략적 원가관리의 기본이 되는 체계적인 틀은 제품수명주기이다.

② 경영활동(경영의사결정, 구매, 생산, 판매, 결산 등)과 경영분석 및 전략수립을 통한 경쟁을 체험해 봄으로써 업무 및 회계 순환과정과 경영활동에서 발생하는 제반원가에 대한 이해 및 분석기법을 체득하고, 원가마인드 제고 및 전사적 공유, 확산의 필요성을 인식하고 원가정보를 활용한 경영의사 결정 및 원가절감 추진능력을 함양한다.

(3) 기법의 종류

전략적 원가관리의 주요기법에는 목표원가계산, 가치사슬원가계산, 카이젠원가계산, 제품수명주기원가계산, 품질원가계산 등이 있다.

① 목표원가계산(원가기획)

  ㉠ 의의

    ⓐ 목표원가계산은 제조 이전 단계인 제품개발 및 설계단계부터 원가절감을 위한 노력에 초점을 두어 목표원가를 달성하고자 하는 원가절감시스템을 말한다. 즉, 정밀장치, 전자, 기계산업 등 상대적으로 제품수명주기가 짧고 불연속적 제조공정을 갖고 있는 제품에서 널리 사용되고 있는 관리회계기법이다.

ⓑ 원가기획은 목표 판매가격을 설정한 뒤, 목표이익마진을 더하여 그것에 맞춰서 목표생산원가를 구해내는 방식이다.

ⓛ 전통적 원가계산과의 비교

　　ⓐ 전통적 원가계산에서는 예상되는 제품원가에 추정이익(마진)을 더해서 판매가격을 결정하지만 목표원가계산에서는 기업이 제조판매하는 제품에 대한 시장의 수요나 경쟁사 등(기업이 통제할 수 없는 외부시장상황)을 고려하여 제품단위당 요구되는 목표이익을 차감하여 전략적으로 판매가격을 결정한다.

　　ⓑ 전통적 원가계산은 수동적, 내부지향적, 회사지향적인 반면 목표원가계산은 능동적, 외부지향, 고객지향적이다.

　　ⓒ 전통적 원가계산은 원가와 이익을 합쳐서 가격을 설정(원가+이익=가격)하는 반면, 목표원가계산은 전략적 판매가격을 먼저 결정한 다음 여기에서 이익을 차감한 목표원가를 설정한다(가격 - 이익=원가).

ⓒ 활동기준원가계산의 적용 : 활동기준원가계산하에서는 기업이 수행하는 활동과 그에 관련된 원가정보가 제공되므로 경영자들은 활동기준을 분석하여 원가절감의 기회를 파악할 수 있게 되며 목표원가를 적용하여 합리적인 원가통제 및 관리를 할 수 있다.

ⓔ 목표원가계산의 문제점

　　ⓐ 목표원가의 달성을 지나치게 강조할 경우(개발시간의 소요로 신제품의 출시시기 놓침) 기업 전체의 목표를 달성하는 데 필요한 원가 이외의 다른 요소들을 무시할 가능성이 존재한다.

　　ⓑ 목표원가를 충족시켜야 한다는 심한 스트레스와 고통을 경험하게 된다.

　　ⓒ 목표원가를 절감하는 과정에서 관련 당사자들 간에 갈등이 발생하여 협력업체들에게 심한 압력을 주는 경우 협력업체들의 반발과 이탈을 야기할 수 있다.

② 가치사슬원가계산

ⓛ 의의 : 가치사슬원가계산은 특정제품이나 서비스와 관련하여 기업이 제공하는 제품이나 서비스에 대해 가치를 부여하는 모든 기능들은 상호 관련되어 사슬을 형성하는데 이러한 기능들의 사슬인 가치사슬상의 기능별 원가를 측정하는 것을 말한다.

ⓛ 특징

　　ⓐ 가치사슬원가계산에서는 제품생산 이전에 발생한 활동과 관련된 원가는 물론 제품생산 이후에 발생한 활동과 관련된 원가도 분석한다.

　　ⓑ 기업은 어떠한 제품이나 서비스가 고객에게 제공되기까지 가치사슬상의 활동을 순차적으로 하게 되는데, 제조 이전에 발생된 활동과 관련된 원가는 상류원가, 제조 이후에 발생된 활동과 관련된 원가를 하류원가라고 한다.

　　ⓒ 가치사슬원가계산은 전략적 원가관리에 중요한 정보를 제공해 준다.

③ 카이젠원가계산(개선원가계산)

ⓛ 의의 : 카이젠원가계산은 제품의 수명주기상의 제조단계에서 원가를 절감하는 데 초점을 맞추고 있는 것으로, 대규모의 혁신이 아니라 소규모의 지속적인 개선을 통하여 조금씩 원가를 절감하는 방안이다.

　　▷ 카이젠원가계산(원가개선)은 제조단계에서 지속적인 원가절감활동을 한다.

ⓛ 목표원가계산과의 비교 : 목표원가계산은 연구개발, 설계 등 제조 이전단계의 원가절감을 강조하여 대폭적이고 혁신적인 원가절감(제품설계의 변경 등)을 목표로 하지만, 카이젠원가계산은 제품수명주

기 중 제조단계의 원가절감을 강조하며 제조단계에서는 원가절감을 위해 변화를 주는 것은 어렵고 비용이 많이 들므로 혁신을 통해서가 아니라 공정을 조금씩 점차적으로 개선함을 목표로 한다.

ⓒ 전통적 원가계산과의 비교

    ⓐ 전통적 원가계산은 기존의 제조공정을 그대로 유지한 채 사전에 설정된 표준원가의 달성 여부, 표준원가와 실제원가의 차이분석에 초점을 맞추어 원가통제를 하지만, 카이젠원가계산은 지속적인 제조과정의 개선을 통하여 목표원가와 실제원가의 절감액을 비교하여 분석한다.

    ⓑ 전통적 원가계산은 엔지니어와 경영자가 기술적 전문성을 지니고 있다고 가정하여 작업자들은 그들이 미리 설정한 표준과 절차를 수동적으로 따르지만, 카이젠원가계산은 작업자들이 공정의 개선에 대한 가장 많은 지식을 지닌다고 가정하여 작업자들에게 공정을 개선하고 원가를 절감하도록 책임을 준다.

ⓔ 카이젠원가계산의 문제점 : 목표원가계산과 마찬가지로 조직구성원들은 모든 원가를 절감해야 한다는 가중한 압력을 받게 된다.

④ **제품수명주기원가계산**

ⓐ 의의 : 제품수명주기원가계산은 제품이 고안된 시점부터 폐기되는 시점까지를 포함하여 제품이 존속하는 기간인 각 제품의 수명주기 동안 실제로 그 제품과 관련하여 발생한 모든 원가를 집계하는 것을 말한다.

ⓒ 특징

    ⓐ 제품수명주기원가계산은 생산 이전단계와 생산 이후단계의 원가를 포함한다.

    ⓑ 제품수명주기원가계산에서는 특정 제품의 기획에서부터 폐기까지의 모든 비용을 식별·추적한다.

    ⓒ 제품수명주기원가계산은 각 제품의 제품수명주기 동안 발생한 수익과 비용을 추적하여 보고하므로 전략적 차원의 제품원가계산을 위해서는 제품의 수명주기에 걸쳐 발생하는 모든 원가를 종합적으로 고려하여야 한다.

ⓒ 제품수명주기원가계산의 유용성

    ⓐ 개별제품과 관련된 모든 수익과 원가가 명확하게 가식적으로 나타나므로 분석대상이 되는 제품의 수명주기 단계별로 수익과 비용의 발생정도를 측정하여 제품의 수익성에 대한 합리적인 예측을 가능하게 한다.

    ⓑ 총원가 중에서 수명주기의 초기단계에서 발생하는 원가가 차지하는 비율이 제품별로 다르다는 것을 잘 보여줘 경영자가 가능한 한 일찍 그 제품에 대한 수익을 정확하게 예측하게 한다.

    ⓒ 원가들 간의 상호관련성이 강조되어 원가상호 간의 인과관계에 기인한 변화들을 잘 나타내준다.

ⓔ 제품수명주기 예산 : 제품이 최초로 연구개발되는 시점부터 마지막으로 고객에게 서비스를 제공하고 수명을 다할 때까지 제품별로 수익과 원가들을 추정하는 것으로, 경영자들에게 제조과정에서 발생되는 원가뿐만 아니라 가치사슬상의 모든 기능의 원가를 충당할 수 있는 가격결정의 중요한 정보를 제공해 준다.

⑤ **품질원가계산**

품질원가는 불량품 예방을 위해서나 제품의 불량으로부터 초래되는 모든 원가로, 경영활동에서 발생하는 품질원가를 인식·측정·평가함으로써 품질원가의 절감을 꾀하고, 나아가 적극적으로 이익을 개선하는 데에 관련하여 발생하는 것을 말한다.

ㄱ 특징

ⓐ 품질원가는 제조활동뿐만 아니라, 초기 연구개발부터 고객 서비스까지의 모든 활동과 관련되어 있다.

ⓑ 일반적으로, 품질문제가 발생한 후에 이를 발견하고 해결하는 것보다 문제가 발생하기 전에 이를 예방하는 것이 총품질원가를 감소시킨다.

ㄴ 종류

ⓐ 예방원가 : 불량품의 예방조치를 위한 원가로, 원자재와 부품의 질을 향상시키고 제조과정의 실수를 줄이기 위하여 작업자를 훈련시키며, 생산설비를 점검하고 정비하여 설비불량에 의한 불량품을 감소시키는 것을 말한다. 이에는 설계엔지니어링, 품질교육훈련, 부품공급업체 평가 등이 있다.

ⓑ 평가원가(검사원가) : 제품을 검사하여 불량품을 찾아내는 등 품질상태평가를 위한 원가로, 평가원가는 대부분 제품이 내부고객과 외부고객의 요구사항을 충족하고 있는지 확실하게 하기 위해서 제품을 검사하는 것과 관련이 있다.

▷ 예방원가와 평가원가는 불량제품이 생산되어 고객에게 인도되는 것을 예방하는 활동에 의해 발생하는 것으로, 서로 보완적이다.

ⓒ 실패원가 : 불량품이 발생하는 등 제품이 적합하게 생산되지 못하여 기업이 부담해야 하는 원가를 말한다. 불량품이 생산됨으로써 발생하는 실패원가에는 내부실패원가와 외부실패원가가 있다.

• 내부실패원가(internal failure costs) : 실패원가 중에서 품질에 결함이 있는 제품이 고객에게 인도되기 전에 내부적으로 발견되어 그 제품을 수리하거나 폐기하는 원가를 말한다. 이에는 재작업, 작업폐물 등이 있다.

• 외부실패원가(external failure costs) : 품질에 결함이 있는 제품이 고객에게 인도된 후 기업 외부에서 발견되어 보증수리를 하는 원가로, 고객불만에 의한 미래 매출감소의 기회원가이다. 보증수리와 고객지원, 소비자 불만처리를 위한 고객서비스센터의 운영비 등이 있다.

▷ 예방 및 평가원가가 증가하면 내부실패원가가 증가하고 외부실패원가는 감소한다.

(4) 영업이익의 전략적 분석

영업이익의 변화는 전략 이외의 다른 요인에 의하여 변화할 수도 있으므로 영업이익의 증가로 전략의 성공여부를 판별하려면 시장규모의 성장과 제품차별화전략, 원가우위전략 등이 영업이익에 미친 영향을 구분하여 영업이익을 세부화할 필요가 있다.

① 제품차별화전략

제품차별화는 경쟁사의 제품보다 독특하고 차별화된 제품과 서비스를 제공하는 전략으로, 차별화를 통해 시장점유율과 제품의 가격을 높일 수 있지만 투입요소도 차별화됨으로써 제조원가가 증가하는 것이 일반적이다.

② 원가우위전략

원가우위는 생산성의 증대, 불량품과 작업폐기물의 감소 등 원가의 엄격한 통제를 통하여 제품과 서비스를 경쟁사보다 더 낮은 원가에 제공하는 전략으로, 경쟁사들과 차별화된 제품을 공급하는 것이 아니라 유사한 제품을 공급한다는 점에서 제품차별화전략과 구분된다.

(5) 활동기준경영

기업의 활동을 구분하여 파악한 후 부가가치활동과 부가가치활동으로 평가를 하는 과정인 활동분석을 통하여 불필요한 원가를 유발하거나 기업의 성과를 저해하는 활동을 집중적으로 통제하거나 관리함으로써 제품의 원가계산방법을 개선하고 효율적인 관리통제를 달성하기 위하여 요구되는 새로운 경영관리기법을 말한다.

부가가치활동	기업에 필요한 활동이면서 효율적으로 수행되는 활동으로, 설계활동·엔지니어활동·가공활동·배달활동 등이 있다.
부가가치원가	부가가치활동으로 인하여 발생하는 원가를 말한다.
비부가가치활동	기업이 불필요한 활동 또는 필요한 활동이지만 비효율적으로 수행되고 있는 활동을 말한다.
비부가가치원가	비부가가치활동으로 인하여 발생하는 원가를 말한다.

(6) 제약자원이론

① 의의

제약자원이론이란 생산활동의 장애요인이 되는 제약자원을 확인·파악한 후에 이를 관리하고 완화하여 순이익을 극대화하고자 하는 관리기법으로, 병목프로세스(제약요소)를 찾아 대책을 마련하여 수익성을 높이는 방법이다.

② 제약자원관리의 단계

ㄱ 순이익을 극대화시키는 데 장애요인이 되는 제약자원을 확인·파악한다.

ㄴ 제약자원을 관리하고 완화할 수 있는 단기적인 방안(공정의 유휴시간 제거, 병목공정의 부하량 감소 등)을 찾는다.

ㄷ 병목현상이 없는 공정의 모든 자원을 병목현상을 일으키는 공정에 투입시켜 제약자원단위당 공헌이익(처리량)을 극대화한다.

ㄹ 제약자원을 관리하고 완화할 수 있는 장기적인 방안을 모색하여 제약자원의 능력(생식시설의 증가나 새로운 종업원의 채용 등)을 적극적으로 향상시킨다.

ㅁ 문제가 되었던 제약자원이 더 이상 목표달성에 장애가 되지 않으면 다시 첫 번째 단계로 돌아가 새로운 제약자원을 찾도록 노력하는 등 상기과정을 반복한다.

③ 제약자원이론하의 원가분류(스루풋원가계산)

단기적으로 총비용 중 재료비만이 변동비의 성격을 갖고 있으며, 최대생산능력을 생산하지 못하고 있음에도 불구하고 노동자들의 정리해고가 실제로는 쉽지 않기 때문에 노무비를 포함한 재료비 이외의 모든 비용은 고정비가 된다.

> 총비용 – 재료비 – 운영비용 = 노무비 + 제조간접비 + 판매관리비

(7) 역류(역순)원가계산

① 의의

ㄱ 역류원가계산은 재공품 계정을 산출물에 초점을 맞추어 사용하지 않고 제품이 완성되거나 판매된 후에 역순으로 생산되거나 판매된 제품이나 기말재고자산의 원가를 직접 추적하는 표준원가계산제도이다.

ⓒ 적시생산시스템(JIT)하에서는 최소한의 재고를 보유하고 소규모별로 상이한 제품이 생산되며 생산 및 구매·판매활동이 연속적으로 빠르게 이루어지므로 기록을 단순화시키고 불필요한 계정과목을 제거하기 위해 역류(역순, 지연)원가계산을 사용한다.

② 회계처리

역류(역순)원가계산에서는 제품의 생산이나 판매가 회계기장을 하는 시점으로 제품이 이 시점에 도달해 야만 회계처리가 이루어진다.

ⓐ 원재료를 구입하자마자 즉시 제조공정에 투입하므로 투입에 대한 분개는 없으므로 원재료계정이나 재공품계정은 사용하지 않는다.

ⓑ 직접노무비의 비중이 적으므로 직접노무비와 제조간접비를 별도로 구분하지 않고 가공비 계정에 함께 집계한 다음 제조작업이 완료되는 시점에서 직접 제품계정으로 대체된다.

(8) 경제적부가가치(EVA ; economic value added)

기업이 영업활동을 통해 창출한 순부가가치의 증가분으로 영업이익에서 법인세와 자본비용(타인자본과 자기자본을 포괄)을 차감한 이익을 말한다. 자본조달방법에 따라 순이익에 차이가 발생함으로써 경영성과에 대한 평가가 왜곡되는 것을 방지하기 위한 지표이다.

EVA = 세후영업이익 − 영업활동 투하자본에 대한 자본비용

투하자본에 대한 자본비용 = 가중평균자본비용 × 투하자본

가중평균자본비용(WACC ; weighted average cost of capital)

$$= \text{세후타인 자본비용} \times \frac{\text{타인자본}}{(\text{타인자본} + \text{자기자본})} + \text{자기자본비용} \times \frac{\text{자기자본}}{(\text{타인자본} + \text{자기자본})}$$

2. 종합예산

(1) 의의

종합예산은 기업의 판매, 생산, 구매, 재무 등의 모든 측면들을 전체 계획으로 표현한 것이다.

(2) 편성

① 판매예산의 편성은 예산계획의 출발점이며 종합예산의 중요한 기초를 이룬다.
② 예산편성 시 종업원의 참가 여부에 따라 권위적(authoritative) 예산편성, 참여적(participative) 예산편 성 등으로 나눌 수 있다.
③ 자본예산은 투자의사결정과 관련된 전체적인 계획과정을 말하므로 손익계산서에는 반영되지 않는다.
④ 종합예산 편성 절차의 마지막 단계는 예산 손익계산서, 예산 재무상태표 등의 작성이다.

3. 성과평가

(1) 책임회계제도

① 의의
㉠ 기업에서의 분권적 관리의 진전에 수반하여 회계수치와 관리조직상의 책임을 연계시키도록 하는 업적평가를 위한 회계제도이다.

㉡ 일반적 원가계산제도가 효율적인 원가통제나 성과에 적절하지 못한 것에 비해 발생된 거래기록에 대해서 책임의 범위를 명확히 구분하여 각 책임자별로 수익과 원가를 집계하여 책임자별 성과를 파악하고 원가통제의 목적을 이루기 위한 제도이다.

㉢ 조직을 특정 업무수행 및 목적달성에 책임을 지는 단위(책임중심점)로 구분하여, 책임단위별로 활동결과(수익과 비용 등)를 집계하여 성과평가를 수행한다.

② 책임중심점
㉠ 원가중심점 : 원가발생에 대해서만 책임을 지는 조직단위
㉡ 수익중심점 : 수익창출에 책임을 지는 조직단위
㉢ 이익중심점 : 조직의 이익에 대해서 책임을 지는 단위
㉣ 투자중심점 : 자산의 관리 및 투자의사결정에 대해 책임지는 단위

③ 특징
㉠ 책임회계의 평가지표는 각 책임단위가 통제할 수 있는 결과를 이용하며, 이를 통제가능성의 원칙이라고 한다.

㉡ 투자책임단위는 다른 유형의 책임단위보다 가장 분권화된 단위이며, 바람직한 성과지표로는 투자수익률, 잔여이익, 경제적 부가가치 등이 있다.

㉢ 원가책임단위의 예로 생산부문, 구매부문, 인력관리부문, 재무부문 등이 있다.

㉣ 자산을 기준으로 한 투자수익률, 즉 자산수익률(ROA)은 듀퐁분석이 가능하다.

④ 장점
㉠ 예산과 성과의 차이를 쉽게 파악함으로써 예외에 대한 관리가 가능하다.

㉡ 조직에 있어서의 신속한 의사결정과 대응이 용이하고 책임자로 하여금 원가와 수익의 관리를 효율적으로 수행할 수 있도록 해준다.

(2) 균형성과표

균형성과표(BSC ; balanced scorecard)는 과거의 성과에 대한 재무적인 측정지표와 미래지향적인 비재무적 측정지표인 고객, 공급자, 종업원, 프로세스 및 혁신에 대한 지표를 통하여 미래가치를 창출하도록 관리하는 시스템이다. 균형성과표는 영리기업뿐만 아니라 비영리조직에도 사용이 가능하다. 균형성과표의 여러 관점은 서로 연계되어 인과관계를 가지고 있으며, 영리기업의 경우에 최종적으로 재무적 성과를 향상시키는 것으로 연계된다.

① 고객관점
고객들의 주요관심사항을 반영한 측정지표를 사용하여야 한다. 고객관심사항은 시간, 품질, 성능·서비스, 비용 등의 범주로 구분된다. 성과지표의 예시로는 고객만족도와 충성도 등이 있다.

② 내부 프로세스관점

고객측면과 핵심역량측면에서 접근할 수 있다. 고객측면에서는 고객들의 기대에 부응하기 위하여 내부적으로 무엇을 어떻게 해야 하는가를 결정하는 것을 말한다. 즉, 균형성과표의 내부 프로세스 측정지표는 고객만족에 가장 큰 영향을 미치는 업무프로세스에서 나와야 한다. 핵심역량측면에서는 경쟁사보다 뛰어나야 하는 주요기술과 업무프로세스를 확인하고 그것에 대한 측정을 구체화한다. 성과지표의 예시로는 적시배송률, 불량률, 생산능력 등이 있다.

③ 학습과 성장관점

기업의 비전을 달성하기 위해 조직이 어떻게 학습하고 무엇을 개선해야 하는지를 측정한다. 성과지표의 예시로는 근로여건과 복지정도, 능력개발지원, 이직률, 지식의 창출과 공유, 정보분석능력 등이 있다.

④ 재무관점

재무성과 측정지표는 기업경영이 기업의 손익개선에 기여하고 있는지를 나타내준다. 성과지표의 예시로는 수익률과 시장가치 등이 있다.

(3) 투자수익률

① 투자수익률(ROI ; return on investment)은 영업이익을 영업자산(or 투자액)으로 나눈 비율을 나타내는 수익성지표이다. 투자수익률은 매출액이익률과 자산회전율로 나눌 수 있다.

$$\text{투자수익률} = \text{영업이익} / \text{영업자산(or 투자액)}$$
$$= (\text{영업이익} / \text{매출액}) \times (\text{매출액} / \text{영업자산})$$
$$= \text{매출액이익률} \times \text{자산회전율}$$

② 장점

㉠ 투자액 대비 이익의 크기로 성과평가를 하므로 투자중심점(사업부) 책임자의 성과평가에 유용하다.

㉡ 비율로 성과를 나타내므로 투자규모가 다른 사업이나 기업 간에도 비교가 용이하다.

③ 단점

㉠ 사업내용이 다른 투자중심점(사업부) 간에는 사용하기 어렵다. 사업부마다 직면한 환경과 사업내용이 다른 상황에서 비율로만 성과를 평가하는 것은 정당하지 않기 때문이다.

㉡ 준최적화현황이 발생할 수 있다. 사업부의 투자수익률 극대화에 초점이 맞추어져 있어 회사 전체의 투자수익률이 극대화되는 투자안을 기각할 수 있다. 즉, 회사 전체의 투자수익률 극대화를 선택하면 어느 사업부의 투자수익률이 감소되는 현상이 나타날 수 있다.

(4) 잔여이익

① 잔여이익(RI ; residual income)은 영업자산(or 투자)에 최소요구수익률을 곱한 금액을 초과하는 영업이익을 말한다.

$$\text{잔여이익} = \text{영업이익} - \text{영업자산(or 투자액)} \times \text{최소요구수익률}$$

② 장점
　㉠ 준최적화현황이 나타나지 않는다. 투자중심점에서 최저요구수익률을 초과하는 투자안은 모두 채택하므로 회사 전체의 잔여이익을 극대화할 수 있다.
　㉡ 사업내용이 다른 투자중심점(사업부) 간에도 성과를 평가할 수 있다. 사업위험이 높은 투자중심점에는 최소요구수익률을 높이고 위험이 낮은 투자중심점에는 최소요구수익률을 낮게 설정함으로써 성과평가가 가능하다.
③ 단점
　투자규모가 상이한 투자중심점은 비교하기가 어렵다. 투자수익률이 같더라도 투자규모가 큰 투자중심점에서 잔여이익이 크게 나타나기 때문이다.

02 | 실전대비문제

01 (주)한국제조는 표준원가계산제도를 사용하고 있으며 제품 단위당 표준원가는 다음과 같다.

구분	수량표준	가격표준	표준원가
직접재료원가	2kg	₩20	₩40
직접노무원가	3시간	₩20	₩60
변동제조간접원가	3시간	₩10	₩30
고정제조간접원가	3시간	₩20	₩60
합계			₩190

(주)한국제조는 20x1년 4월에 제품 1,100단위를 생산하였다. 이와 관련하여 당월 중 직접재료 2,420kg을 kg당 ₩19에 외상으로 구입하여 이 중 2,300kg을 생산에 투입하였다. 20x1년 4월 직접재료의 월초재고는 없었으며, 월초재공품과 월말재공품 또한 없었다. (주)한국제조가 직접재료원가 가격차이를 사용시점에서 분리하는 경우, 20x1년 4월의 직접재료원가 가격차이와 수량차이는 각각 얼마인가? (2017년)

	가격차이	수량차이
①	₩2,000(유리한 차이)	₩2,300(불리한 차이)
②	₩2,000(불리한 차이)	₩2,300(유리한 차이)
③	₩2,300(유리한 차이)	₩2,000(불리한 차이)
④	₩2,300(불리한 차이)	₩2,000(유리한 차이)

[해설]

실제사용량 × 실제가격	실제사용량 × 표준원가	표준수량 × 표준원가
2,300kg × ₩19	2,300kg × ₩20	1,100 × 2kg × ₩20
= ₩43,700	= ₩46,000	= ₩44,000

      ₩2,300 유리한 차이   ₩2,000 불리한 차이

답 ③

02 (주)한국은 전자부품 B를 생산할 공장을 설립하고자 한다. 두 가지 대안이 제안되었는데 하나는 일반공장이고 다른 하나는 자동화공장이다. 자동화공장은 일반공장에 비해 고정제조원가가 크나 변동제조원가가 작다. 전자부품 B의 단위당 예상 판매가격은 ₩100이고 관련 제조 자료는 다음과 같다.

	투자대안	
	일반공장	자동화공장
• 단위당 재료원가	₩20	₩20
• 단위당 변동비(재료원가 제외)	₩40	₩20
• 고정제조원가	₩5,000	₩25,000
• 고정판매관리비	₩5,000	₩5,000

두 가지 투자대안의 변동원가계산에 의한 영업이익이 동일해지는 판매수량은 얼마인가?(단, 계산금액은 소수점 첫째 자리에서 반올림하며, 단수차이로 인한 오차가 있으면 가장 근사치를 선택한다) (2016년)

① 2,000개　　　　　　　　　　　② 1,000개
③ 750개　　　　　　　　　　　　④ 667개

[해설] 변동원가기준 일반공장 영업이익 : (₩100 − ₩20 − ₩40) × 판매수량 − 고정원가 ₩10,000
변동원가기준 자동화공장 영업이익 : (₩100 − ₩20 − ₩20) × 판매수량 − 고정원가 ₩30,000
(₩100 − ₩60) × 판매수량 − ₩10,000 = (₩100 − ₩40) × 판매수량 − ₩30,000

판매수량 $= \dfrac{₩20,000}{₩20} = 1,000(개)$

답 ②

03 (주)한국은 단일 제품 P를 생산·판매하고 있다. 20x1년 제품 P의 생산·판매와 관련된 자료는 다음과 같다.

• 생산량	30개	• 판매량	25개
• 매출액	₩2,250	• 변동제조원가	₩1,200
• 고정제조원가	₩300	• 변동판매관리비	₩125
• 고정판매관리비	₩375		

20x1년 초 재고자산이 없을 때, 전부원가계산에 따른 (주)한국의 20x1년 영업이익은? (2018년)

① ₩450　　　　　　　　　　　② ₩500
③ ₩1,000　　　　　　　　　　④ ₩1,125

[해설] 단위당 변동제조원가 = ₩1,200/30 = ₩40
단위당 고정제조원가 = ₩300/30 = ₩10
영업이익 = 매출액 − 매출원가 − 판매비관리비
= ₩2,250 − (₩40 × 25 + ₩10 × 25) − (₩125 + ₩375)
= ₩500

답 ②

04 정상원가계산을 사용하고 있는 (주)한국은 솔라셀 부품 S-110을 생산하여 판매하고 있다. S-110의 20x1년도의 예상 생산량은 5,000단위이며 부품생산과 관련한 자료는 다음과 같다.

• 단위당 판매가격	₩180	• 단위당 변동제조원가	₩80
• 단위당 변동판매관리비	₩20	• 연간 고정제조원가	₩100,000
• 연간 고정판매관리비	₩72,000		

(주)한국의 전부원가계산에 의한 손익분기점(판매량)은? (2016년)

① 900단위　　　　　　　　　　　　② 1,200단위
③ 1,800단위　　　　　　　　　　　　④ 2,150단위

[해설] 단위당 고정제조원가 = ₩100,000/5,000 = ₩20
(₩180 − ₩80 − ₩20 − ₩20) × 손익분기점 판매량 = ₩72,000

$$손익분기점\ 판매량 = \frac{₩72,000}{₩60} = 1,200(단위)$$

답 ②

---

05 (주)한국은 단위당 판매가격이 ₩50인 보조배터리 A5를 생산·판매한다. A5의 단위당 변동원가는 ₩30이며, 연간 고정원가는 ₩50,000이다. (주)한국은 A5를 연 5,000개 생산·판매하고 있다. 차기에는 (주)한국의 단위당 변동원가는 전기와 동일하나, 고정원가는 ₩10,000만큼 증가할 것으로 예상된다. 이에 따라 단위당 판매가격을 20% 인상할 것을 고려하고 있다. 이와 같은 가격인상으로 인해 다음 연도부터 A5의 생산·판매량은 4,000개로 감소할 것으로 예상한다. 당기 대비 차기 (주)한국의 안전한계매출액 증감은? (2018년)

① ₩35,000 감소　　　　　　　　　　② ₩5,000 증가
③ ₩5,000 감소　　　　　　　　　　　④ ₩35,000 증가

[해설]
$$당기\ 손익분기점\ 판매량 = \frac{고정원가}{판매가격 - 단위당\ 변동원가} = \frac{₩50,000}{₩50 - ₩30} = 2,500(개)$$

$$차기\ 손익분기점\ 판매량 = \frac{고정원가}{판매가격 - 단위당\ 변동원가} = \frac{₩60,000}{₩60 - ₩30} = 2,000(개)$$

당기 안전한계매출액 = 판매가격 × (판매량 − 손익분기점 판매량) = ₩50 × (5,000개 − 2,500개) = ₩125,000
차기 안전한계매출액 = 판매가격 × (판매량 − 손익분기점 판매량) = ₩60 × (4,000개 − 2,000개) = ₩120,000
∴ 안전한계매출액 증감 = ₩120,000 − ₩125,000 = −₩5,000

답 ③

06 (주)한국은 이익중심점인 A사업부와 B사업부를 운영하고 있다. 현재 B사업부가 모터를 외부에서 단위당 ₩5,000에 10,000단위를 구입하고 있는데, 이를 A사업부로부터 대체받을 것을 고려하고 있다. A사업부가 생산하는 모터의 변동제조원가는 단위당 ₩4,000이고 고정제조원가 총액은 ₩400,000이며, 외부 판매가격과 판매비는 단위당 각각 ₩6,000과 ₩200이다. A사업부는 B사업부가 필요로 하는 모터의 수요를 충족시킬 유휴생산능력을 보유하고 있으며, 사내대체하는 경우 판매비가 발생하지 않는다. A사업부가 사내대체를 수락할 수 있는 최소 사내대체가격은?

(2019년)

① ₩4,000　　　　　　　　　　　　② ₩4,400

③ ₩5,000　　　　　　　　　　　　④ ₩6,000

해설 사내대체 수락 시 고정원가는 고려하지 않으며 판매비 등이 발생하지 않기 때문에 변동제조원가인 ₩4,000이 최소대체가격이 된다.

답 ①

07 (주)한국 드론사업부의 20x1년의 손익과 관련한 사항은 다음과 같다.

• 매출액	₩9,000	• 매출원가	₩5,000
• 판매관리비	₩2,600	• 총자산	₩3,000
• 유동부채	₩1,000	• 가중평균자본비용	15%
• 법인세율	30%		

20x1년 (주)한국 드론사업부의 경제적 부가가치(EVA)를 구하면 얼마인가?

(2016년)

① ₩300　　　　　　　　　　　　② ₩680

③ ₩1,100　　　　　　　　　　　④ ₩1,380

해설 EVA(경제적 부가가치) = 세후영업이익 - (투하자본 × 가중평균자본비용)
= {(₩9,000 - ₩5,000 - ₩2,600) × (1 - 30%)} - (₩2,000 × 15%)
= ₩680

답 ②

08 종합예산에 관한 설명으로 옳지 않은 것은? (2019년)

① 종합예산은 판매·생산·구매·재무 등의 기업 전체를 대상으로 편성된 예산을 말한다.

② 종합예산은 변동예산의 일종이다.

③ 예산편성 시 종업원의 참여정도에 따라 권위적 예산, 참여적 예산, 자문적 예산 등으로 나눌 수 있다.

④ 종합예산의 편성은 크게 운영예산과 재무예산으로 나누어진다.

[해설] 종합예산은 기업 전체를 대상으로 일정기간 동안의 각 분야별 예산을 종합하여 집계한 예산편성으로 예상판매량이라는 고정된 조업도 수준에 맞게 편성되므로 고정예산의 일종이다.

① 종합예산은 기업 전체의 세부단위의 대상들을 요약하여 판매, 생산, 구매, 재무 등 기능별로 작성한 예산을 의미한다.

③ • 권위적 예산 : 상위부서에서 하위부서로 하달하는 방식
　 • 참여적 예산 : 일선 종업원의 현장지식과 정보를 반영한 예산 방식
　 • 자문적 예산 : 경영자가 종업원의 생각은 청해 듣지만 최종예산은 경영자가 혼자서 결정하는 방식

④ 종합예산은 판매·생산·구매 등 영업활동에 관한 예산인 운영예산과 영업활동을 뒷받침해주기 위한 투자 및 재무활동에 관한 예산인 재무예산으로 나누어진다.

탑 ②

09 (주)한국은 20x1년 전부원가계산을 사용하여 ₩250,000의 영업이익을 보고하였다. 20x1년 1월 1일의 재고는 4,000단위, 20x1년 12월 31일의 재고는 5,000단위였다. 제품 단위당 고정제조간접원가 배부율은 전기에 ₩5, 당기에 ₩6이었다. 변동원가계산에 의한 영업이익은 얼마인가?(단, 기초재고는 당기에 모두 판매되었다고 가정한다) (2019년)

① ₩230,000　　　　　　　　　　　　② ₩240,000

③ ₩250,000　　　　　　　　　　　　④ ₩260,000

[해설] • 변동원가계산이익 = 기초재고자산 고정제조간접원가 − 기말재고자산 고정제조간접원가 + 전부원가계산이익
　 • 기초재고자산 고정제조간접원가 = ₩4,000 × 5 = ₩20,000
　 • 기말재고자산 고정제조간접원가 = ₩5,000 × 6 = ₩30,000
　 ∴ 변동원가계산이익 = ₩20,000 − ₩30,000 + ₩250,000 = ₩240,000

탑 ②

10 (주)한국은 신재생에너지 설비부품 A-1을 생산하여 판매하고 있다. 다음은 (주)한국의 월간 예상 손익계산 정보이다. 설비부품 A-1의 단위당 판매가격은 ₩300이고 월간 기준조업도는 1,000단위이다. 생산부품은 전량 판매된다.

• 매출액	₩300,000
• 매출원가	₩(160,000)
• 매출총이익	₩140,000
• 판매관리비	₩(100,000)
• 영업이익	₩40,000

매출원가 중 고정 제조간접원가는 ₩20,000이고 판매관리비 중 고정비는 ₩30,000이다. 최근 (주)서울에너지로부터 100단위를 단위당 ₩250에 구입하겠다는 주문을 받았다. 이 주문을 수락하면 (주)한국의 영업이익에 미치는 영향은 얼마인가?(단, (주)한국은 추가적인 주문을 생산하는 데 충분한 설비를 보유하고 있다고 가정한다)

(2016년)

① ₩11,000 증가한다.

② ₩9,000 감소한다.

③ ₩7,000 증가한다.

④ ₩4,000 증가한다.

[해설] 매출원가 단위당원가＝₩160,000/1,000＝₩160
판매관리비 단위당원가＝₩100,000/ 1,000＝₩100
매출원가 변동 단위당원가 ₩140
판매관리비 변동 단위당원가 ₩70
추가주문을 생산하는 데 충분한 설비를 보유하고 있으므로 변동원가가 단위당 판매가격을 초과하지 않으면 수락한다.
추가주문 시 영업이익 증가분 : (₩250－₩140－₩70)×100단위＝₩4,000

답 ④

11 (주)한국은 스마트폰 카메라모듈 CA-22를 생산 판매하고 있다. 생산관련 정보는 다음과 같다.

	조립공정	인쇄공정
• 연간처리능력	5,000단위	4,000단위
• 연간생산수량	4,000단위	4,000단위
• 고정운영원가(직접재료원가 제외)	₩50,000	₩80,000

카메라 모듈은 조립공정과 인쇄공정을 통하여 생산되는데 최근 수요가 급증하고 있어 연간 인쇄공정 처리능력을 1,000단위 증가시키는 설비 증축을 고려하고 있다. 증축 설비의 연간 고정운영원가는 ₩20,000이다. 재료는 조립공정의 초기에 전량 투입되며 직접재료원가는 단위당 ₩50이고 이외의 변동원가는 없다. 카메라모듈은 단위당 ₩120에 판매되고 생산된 모듈은 모두 판매가 가능하다. (주)한국의 연간 고정판매관리비가 ₩10,000일 때, 설비 증축이 회사의 영업이익에 미치는 영향을 구하면 얼마인가?

(2016년)

① ₩50,000 증가 ② ₩40,000 증가

③ ₩50,000 감소 ④ ₩40,000 감소

[해설] 설비 증축으로 인한 영업이익 변화＝(₩120/단위－₩50/단위)×1,000단위－₩20,000＝₩50,000(증가)

답 ①

12 (주)한국의 20x1년 분기별 판매예산은 다음과 같다.

분기	예산판매량
1분기	12,000단위
2분기	16,000단위
3분기	9,000단위
4분기	11,000단위
계	48,000단위

20x0년의 기말제품재고는 3,600단위이었다. 각 분기말의 제품재고량은 다음 분기 판매예산의 30% 수준으로 유지할 계획이다. (주)한국의 20x1년 2분기 생산수량예산은 얼마인가?

(2017년)

① 12,800단위 ② 13,900단위

③ 15,200단위 ④ 16,800단위

[해설] 기초수량＝16,000단위×30%＝4,800단위
기말수량＝9,000단위×30%＝2,700단위

재고자산			
기초	4,800단위	판매	16,000단위
생산	13,900단위	기말	2,700단위

답 ②

13 (주)한국의 전자사업부는 제품 A와 제품 B를 생산·판매하고 있다. (주)한국이 매월 사용가능한 기계시간은 60,000시간이다. (주)한국의 20x1년 4월 중 예상되는 제품 A와 제품 B의 판매가격, 원가 및 시장수요량에 관한 자료는 다음과 같다.

구분	제품 A	제품 B
단위당 판매가격	₩270	₩520
단위당 변동가격	₩190	₩280
단위당 고정원가	₩20	₩20
단위당 필요 기계시간	4시간	8시간
월간 시장수요량	8,000단위	5,000단위

(주)한국이 매월 최대 사용가능한 60,000 기계시간을 증가시킬 수 없는 경우, 제품 A와 제품 B 각각에 대한 20x1년 4월 최적생산량은? (2018년)

	제품 A	제품 B
①	5,000단위	5,000단위
②	8,000단위	3,500단위
③	6,000단위	4,500단위
④	7,000단위	4,000단위

해설

구분	제품 A	제품 B
단위당 이익	₩80	₩240
시간당 이익	₩20	₩30
시장수요량	8,000단위	5,000단위
필요한 최대시간	32,000시간	40,000시간

단위당·시간당 이익이 제품 B가 더 크기 때문에 제품 B를 우선적으로 시장수요량만큼 생산한 후 남은 20,000시간으로 제품 A를 5,000단위 생산한다.

답 ①

14 (주)한국은 수작업이 요구되는 장식품을 생산·판매하고 있다. 새로운 장식품 A를 최초 1개 생산하는 데 10시간이 소요되었고, 추가로 3개를 더 생산하는 데는 15.6시간이 추가로 소요되었다. (주)한국이 장식품 A를 생산하는 데 누적평균시간 학습모형을 적용한다면, 이 경우 학습률은? (2018년)

① 70%　　　　　　　　　　　　　② 80%

③ 85%　　　　　　　　　　　　　④ 90%

해설

누적생산량	누적평균시간	총누적시간
1단위	10시간	10시간
2단위	?	?
4단위	6.4시간(25.6시간/4단위)	25.6시간(10시간＋15.6시간)

10시간×학습률×학습률＝6.4시간
10시간×학습률^2＝6.4시간
학습률^2＝0.64
학습률＝$0.64^{1/2}$＝0.8(＝80%)

답 ②

15 여성용 구두를 생산·판매하는 (주)한국의 20x1년 분기별 판매예산은 다음과 같다.

구분	1분기	2분기	3분기	4분기
매출액	₩9,000	₩10,000	₩12,000	₩12,400

구두 단위당 예상판매가격은 ₩4이고, 20x1년 초 제품 재고는 225단위이다. (주)한국의 각 분기말 제품 재고수량은 다음 분기 예상판매량의 10%를 유지하는 재고정책을 유지하고 있다. (주)한국의 20x1년도 상반기에 생산하여야 할 제품수량은? (2018년)

① 2,250단위　　　　　　　　　　② 2,500단위

③ 4,250단위　　　　　　　　　　④ 4,825단위

해설　기초＋생산＝판매＋기말

[1분기] 기초 : 225단위, 판매 : ₩9,000/₩4＝2,250단위, 기말 : ₩10,000/₩4×10%＝250단위, 생산 : 2,275단위

[2분기] 기초 : 250단위, 판매 : ₩10,000/₩4＝2,500단위, 기말 : ₩12,000/₩4×10%＝300단위, 생산 : 2,550단위

∴ 상반기 생산＝2,275단위＋2,550단위＝4,825단위

답 ④

16 (주)한국은 풍력발전에 사용되는 기어박스를 생산·판매하는 부품부문과 기어박스를 이용하여 발전설비를 생산·판매하는 설비부문으로 구성되어 있다. (주)한국의 부품부문의 기어박스의 제조와 관련한 자료는 다음과 같다.

연간 최대생산능력	1,000단위
기어박스의 단위당 제조원가	
직접재료원가	₩20
직접노무원가	₩40
변동제조간접원가	₩40
고정제조간접원가	₩50

부품부문은 단위당 판매가격 ₩180에 연간 최대 생산한 기어박스 1,000단위를 외부시장에 판매할 수 있으며, 외부판매 시 변동판매관리비가 단위당 ₩20이 추가적으로 발생한다. 설비부문은 발전설비를 생산하는 데 연간 400단위의 기어박스가 필요하다. 부품부문의 기어박스를 설비부문으로 이전하는 경우 단위당 최소 대체가격은? (2018년)

① ₩160
② ₩180
③ ₩100
④ ₩150

[해설] 단위당 최소 대체가격＝단위당 판매가격 ₩180 – 외부판매 시 변동판매관리비 ₩20＝₩160

답 ①

17 (주)한국은 제품 A를 100,000단위 판매할 것을 계획하고 있다. 현재 (주)한국의 고정원가 총액은 ₩3,000,000이고 변동원가는 판매가격의 60%이다. (주)한국이 ₩4,500,000의 목표이익을 달성하고자 한다면 단위당 판매가격은 얼마가 되어야 하는가?(단, 법인세는 무시한다) (2019년)

① ₩125
② ₩135
③ ₩187.5
④ ₩197.5

[해설] 목표이익＝(판매가격 – 변동원가) × 판매수량 – 고정원가
＝[{판매가격 – (판매가격 × 0.6)} × 100,000] – ₩3,000,000＝₩4,500,000
∴ 판매가격 = ₩187.5

답 ③

18 (주)한국의 직접재료원가에 대한 자료가 다음과 같다면, (주)한국의 직접재료원가 수량(능률)차이는 얼마인가? (2019년)

- 직접재료 표준사용량 : 3,000kg
- 직접재료 실제사용량 : 3,500kg
- 직접재료 kg당 표준가격 : ₩100
- 직접재료 kg당 실제가격 : ₩120

① ₩50,000(유리한 차이) ② ₩50,000(불리한 차이)

③ ₩70,000(유리한 차이) ④ ₩70,000(불리한 차이)

해설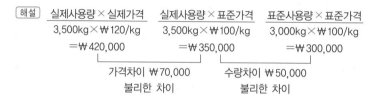

답 ②

19 (주)한국은 단위당 판매가격 ₩250인 제품 A를 생산·판매하고 있다. 이 제품의 생산·판매와 관련하여 단위당 변동원가는 ₩150이고, 월 고정원가는 ₩35,000이다. (주)한국은 현재 이 제품을 월 평균 400단위를 생산·판매하고 있다. 회사의 판매관리자는 월 광고비를 ₩10,000만큼 증가시키면 월 매출액이 ₩30,000 증가할 것으로 추정하였다. (주)한국이 월 광고비를 ₩10,000 증액한다면 회사의 월 영업이익에 미치는 영향은 얼마인가? (2017년)

① ₩1,000 증가 ② ₩1,000 감소

③ ₩2,000 증가 ④ ₩2,000 감소

해설 현재 영업이익 = (₩250 − ₩150) × 400 − ₩35,000 = ₩5,000
광고비 ₩10,000 증가시 매출액 ₩30,000 증가 추정
→ 매출액 ₩30,000 증가하기 위해선 120단위 판매량 증가 필요
광고비 증가시 영업이익 = (₩250 − ₩150) × 520 − ₩45,000 = ₩7,000
∴ 광고비 증가로 인한 영업이익 변화 = ₩7,000 − ₩5,000 = ₩2,000 증가

답 ③

합격의 공식
SD에듀
SDEDU

얼마나 많은 사람들이
책 한 권을 읽음으로써
인생에 새로운 전기를 맞이했던가.

– 헨리 데이비드 소로 –